何以华夏

从传说时代到西周

李琳之 著

图书在版编目（CIP）数据

何以华夏 / 李琳之著. -- 北京：研究出版社，2023.11（2024.9 重印）

ISBN 978-7-5199-1448-6

Ⅰ.①何… Ⅱ.①李… Ⅲ.①中华民族—民族历史—研究 Ⅳ.① K28

中国国家版本馆 CIP 数据核字 (2023) 第 056891 号

出 品 人：陈建军
出版统筹：丁 波
责任编辑：张立明

何以华夏

HEYI HUAXIA

李琳之 著

研究出版社 出版发行

（100006 北京市东城区灯市口大街 100 号华腾商务楼）
北京隆昌伟业印刷有限公司　新华书店经销
2023 年 11 月第 1 版　2024 年 9 月第 3 次印刷
开本：710 毫米 ×1000 毫米　1/16　印张：24
字数：285 千字
ISBN 978-7-5199-1448-6　定价：89.00 元
电话：（010）64217619　64217652（发行部）

版权所有・侵权必究
凡购买本社图书，如有印制质量问题，我社负责调换。

本书由山西省"1331工程"重点学科建设计划、山西大学三晋文化与旅游产业协同创新中心资助出版

序

  李琳之先生的最新论著《何以华夏》即将在研究出版社推出。作者融汇中国20世纪以来一百余年的考古总成果，勾勒创作出一部简明扼要的中国上古史，起于传说的三皇时代，止于西周之灭。以公元纪年计，起于距今9000年至7000年的贾湖—裴李岗时代，止于周幽王之灭的公元前771年，共约6000年的中国上古史。作者不以"中国上古史"为书名，而称"何以华夏"，具有卓识和创新深意。题称"上古史"，重心在"史"字上，要详述历史变迁的发展过程，作者已创作了三部详述历史发展过程的"史"，即《前中国时代》《元中国时代》《晚夏殷商八百年》。作者的这部新著《何以华夏》，是对三书构建中国上古史体系的一个升华，一个总结，突出一个专题内容，解读"中华民族是怎样形成的"，定书名为"何以华夏"。这是李琳之先生第一次提出，也是第一次回答这一重大历史问题，具有非常重大的历史意义。其意义就是作者首次真正揭示了立于世界民族之林独特的中华民族与中华文化。

  中华民族自古以来就是一个多民族共同认可的一个大家庭，中华文化传承绵延不绝从未中断，多元包容，这一独特的民族和文化是怎样形成的呢？作者的回答浓缩为四个字——何以华夏。作者运用考古新成果生动形象地勾勒了中华民族的形成过程，中原族群不断向四周迁徙，四周的族群不断向中原挺进，所以形成了多元包容的民族与文化。这一形成过程如同大洋上的波涛，中心波涛不断向四周扩散，四周波涛又不断向中心聚结，作者的这一发现提升了考古成果的价值是其卓识。中华民族和文化的形成为何是这样，作者未做出进一步的解读。笔者受其启发，大胆做一个推论，这是中华大地奇特的地理环境形成的。中华大地在亚洲东南部是一个巨大的板块，东面、东南是万里海域，西面、西南是世界屋脊的大山阻隔，而中华大地的地貌复杂，大江大河、高山峻岭、丘陵、平原交错，把中华大地分割成为若干小块，因而形成多元族群与多元文化，族群的迁徙发展被限制在中华大地上，也就是在有限的空间中迁徙，因此才形成如同大洋上的汹涌波涛，不断扩散、不断聚结的交错分布、多元融合。中华大地的北方是大漠和寒冷地带，在古代只能形成游牧经济；而中华大地早早进入农业社会，又早早形成秦汉大帝国，当北方游牧最强大的匈奴南下之际，受阻于汉武帝的抗击，可以说汉匈大战就是一场古代农业文化战胜游牧文化的世界大战，捍卫了先进文化。其后蒙古人与金人入主中原，建立了元朝和清朝，入主族群只是军事的暂时胜利，经济、文化、政治，特别是人口比例，都不占优，入主中原只能被同化。中华民族与中华文化永远不可战胜，所以传承连绵不绝不被中断。

综上所述，人类社会的发展、进步，是生产力的发展，必然促使族群不断迁徙扩张，必然导致族群间的不断碰撞、征服与融合。中华大地复杂的地貌、地理，产生无数的族群与文化，而在有限的中华大地上反复交错碰撞，必然形成多元包容文化。这就是《何以华夏》一书对考古成果升华出的中国古史新贡献，也可称之为一个伟大的新发现，值得庆贺。

此外，《何以华夏》有两个溢出的重大历史价值，分说于下。

其一，开拓了中国古史研究的新方法、新领域。历史存在于一定范围的时空之中，即历史存在的两个条件，时间与空间，缺一不可。由于时间转瞬即逝，所以存在的原生态历史不可知。人类社会存在上百万年或更长，而已知的人类历史只有五千年至一万年，这是人类社会发明语言文字之后留下的历史记忆，我们称之为历史碎片。人们已知的历史并非原生态历史，而是史家搜集历史碎片重新拼接粘合而成的历史复制品。即一切已知的历史都是史家依据语言、文字记录的历史记忆重新勾勒的历史复制品。语言记忆的历史碎片就是古代的神话、传说，以及历代以来民间口耳相传的历史，中国古代的语言记忆留下的历史起于"三皇"的神话与传说，距今七八千年至一万年。中国古代的文字记忆留下的历史起于黄帝为首的"五帝"时代，距今只有5000年。原生态历史只有一个版本，而史家重构的文字记录的历史可以有多个版本。我们已知的历史均为史家运用语言与文字留下的历史记忆重构的复制品历史，号称中国全史的"二十四史"莫不如是。《何以华夏》运用考古成果重构中国古代史，这是一个新方法、新开拓的领域，这一发现起始意义不可估量。

其二，《何以华夏》弥补了《史记》的不足，两者勾勒了两个中国古史版本，互为补充，互为参考，今后可以蝉联出版，推向大众。《史记》起于"五帝"，迄于西汉中叶，述史3000年，突显的是家国情怀与大一统历史观。黄帝立家建国，故为述史之始。秦汉大一统，结束夏、商、周三代天下共主与地方诸侯共治的时代，彰显的是社会进步与政治制度的发展。《史记》没有记载三皇时代，作为人类社会没有开头。《何以华夏》全书共八章，约30万字，其中第一至第五篇幅占全书三分之二，载述的恰恰就是三皇五帝时代。《何以华夏》主旨是勾勒中华民族的形成，主要运用考古资料，所以下限至西周之灭。因为西周的分封建制与周公旦制礼作乐，华夏民族已经形成。两书的主旨不同，重心不同，形成两个古史版本，不是对应，而是互补，这是溢出效应的最重大历史价值，可以说作者非始料所及。

还有，《何以华夏》一书文风简洁明快，文笔通俗，具有普及的价值，此亦一长。一句话，《何以华夏》是一部优秀的中国古史论著，值得推荐评记。

最后，有两点说明。

其一，《何以华夏》再版还有改进提升空间。行文内容述及几十个族群文化遗存，使人眼花缭乱，若能附上地图，将所有上古族群的文化遗存的起迄时间、地理范围，即存在的时空一一标注在地图上插入行文，条理清晰，这是普及所必须。

其二，我本人不懂考古，对《何以华夏》一书关于考古的问题只字未提，本文仅以历史架构为说，特此说明。

张大可

2023年9月20日

目 录

	序	1
	题 解	1
	从伏羲氏说起	21
	贾湖先人的华夏基因	26
	迁徙和交流	33
第一章	北上	39
贾湖—裴李岗先人的迁徙和扩张	东进	43
	西迁	48
	南下	55
	遍地开"华"	61

第二章 仰韶先人的迁徙和扩张

仰韶的曙光	77
兄弟阋墙	82
"华"统中原	87
后岗一期先人的北上、东进和南下	92
西阴遗民的西迁	98
三祖的背影	105

第三章 大汶口时代的逐鹿中原和向外扩张景观

大汶口中期集团的西进	117
屈家岭集团的北上	123
从大汶口到凌家滩，再到良渚	128
良渚集团的北上	133
大汶口晚期集团的西进	138
大汶口晚期集团的南下	143
从少昊到帝喾	147

第四章 龙山时代的逐鹿中原和向外扩张景观

黄河改道和海岱地区新旧政权的更替	163
南下消灭良渚集团	169
西进中原	175
"最早中国"破空而出	181
庙底沟二期文化人群北逃	189
征服石家河势力（一）	194
征服石家河势力（二）	199
帝喾"四子""皆有天下"的背后	204

第五章 夏代的逐鹿中原 和向外扩张景观	石峁集团南下平毁陶寺古城	219
	黄河下游再次改道引发的动荡	225
	石峁居民整体迁徙中原	230
	多族群并存的二里头王国	237
	尧舜禹及其他	243
	先商发微和夷夏之争	254

第六章 商代的逐鹿中原 和向外扩张景观	商革夏命	269
	入主中原	275
	征伐四方	282
	西疆边患	287

第七章 西周时期的逐鹿 中原和向外扩张 景观	西进伐商	301
	武王封建	307
	周公东征	311
	周公封建	316
	镇抚四方	321

第八章 **华夏形成**	华夏概念形成	337
	华夏民族形成（一）	342
	华夏民族形成（二）	346
	华夏民族形成（三）	350

尾声："逐鹿中原"背后的玄机　　357

图片来源　　364

后记　　369

题 解

一

"华夏"同"中华""中国"一样,地理上是指中国幅员辽阔的大地,民族上是指以汉族为主体的多民族国家。但"华夏""中国"的原始内涵和外延却很狭窄,其地域范围仅指今山西、陕西、河南、山东等黄河中下游地区,其族群也仅是指以"三皇五帝"为祖先的华夏诸部落联盟群体。

从文献记载看,先有"华"族,而后有"夏"族,之后才有了"华夏"族群这一概念的诞生。

先说"华"。

"华"同传说中的华胥氏有关。《帝王世纪》记载:庖牺"母曰华胥。履大人迹于雷泽,而生庖牺于成纪"。[1]《人表考》引《春秋世谱》记载:"母曰华胥,遂人之世,有大人之迹,出于雷泽之中,华胥履之,生庖牺于成纪。"[2] 庖牺即伏羲。《列子·黄帝》又说:"黄帝……

梦游华胥国……其国无帅长,自然而已。"[3]显然,华胥是一个孕育了伏羲和女娲,又同黄帝有密切关系的原始部落或者说是该部落首领的统称。

"华"和"花"同源、同音、同义,是通假字。《尔雅·释草》说:"木谓之华,草谓之荣。"[4]《说文通训定声》说:"开花谓之华。"[5]《诗经·周南·桃夭》说:"桃之夭夭,灼灼其华。"[6]西周金文中的"华"字,就如同草木开花的样子。繁体字华的写法是"華",更是一树鲜花灿烂,绽放出赫赫光华的写照。

▲ 西周金文"华"字

胥是一个虚词,相当于现代汉语里的语气词啊、呀等赞叹的意思。所以"华胥"这个词强调的就是"华":赞叹女人像鲜花一样美丽,是母系氏族社会女性崇拜的物化体现。进而言之,赞叹女人的生育像花落蒂存、蒂落成果一样,具有欣欣向荣、生生不息的旺盛的生殖繁衍力量,寓含着生殖崇拜。

在商代甲骨文中,"华"的写法像一朵下垂的花。按字原象形,是为祭名,用作祈祷之意。[7]究其本源就是说,花的生命、人的生命都来自天地和祖先的恩赐,因此人们用美丽下垂的花朵来祭祀祖先和上天,以示感恩之情,寓含着祖先崇拜和天地崇拜。

在华夏创世神话中,华胥"子"伏羲及其后继者黄帝所在的昆仑虚,即是鲜花满地,芳香四溢。屈原在《天问》中就美其名曰"昆仑悬圃"[8]，意为悬在空中的花园，"华"也因而成为昆仑虚的另一种意象表征。

正因为"华"不但象征着开花、美好，而且蕴含有女性崇拜、生殖崇拜和祖先崇拜等哲学意味，"华"才成为华胥氏部落的名称，并成为后来继其衣钵的伏羲、女娲等部族的统称，像渭南的华阴、华山，晋南的华谷、华水等带有"华"字的地名、山名、水名等，都可能是华胥以及伏羲和女娲部族的孑遗。因为这一带，包括整个黄河中下游地区，正是传说中华胥以及伏羲和女娲部族活动的核心地域。

再说"夏"。

"夏"显然是来源于大禹创立的夏王朝。但先夏族群的滥觞可以追溯到距今约4800年诞生在西阴文化故地，又继承了西阴文化精髓的庙底沟二期文化。[9] 先夏人在经过700余年的辗转流离后，于距今4070年建立了中国历史上第一个王朝——夏朝。夏人虽然称"夏"，但其族群主体却是"华"族之后裔，也就是说"华""夏"乃前后连续发展的同一个族群。

甲骨文中至今没有发现可以让学界公认的"夏"字，但其实体毋庸置疑是存在的，甲骨文是用"西邑"这一词语来指代的。[10] 古文献中，也有不少"西邑"是指代夏或夏都的记载，如《礼记·缁衣》："《尹吉》曰：'惟尹躬天，见于西邑夏，自周有终，相亦惟终。'"[11] 但周代金文中出现了"夏"字，且周人自称为"夏人"。

金文中的"夏"字，"从夊从页从臼。臼，两手；夊，两足也。"[12] 从表面看，人的手脚裸露，且形象完整，那是炎热天气中一个人除衣以图凉快的真实形态，清人朱骏声在《说文通训定声》中就说："夏，像人当暑燕居，手足表露之形。"[13]

小篆的"夏"字，虽省减了笔画，人的身躯部分没有了，只留一只脚（夂），但其义未变。仔细分析会发现，金文和小篆的"夏"字形象都像一个器宇轩昂、仪表堂堂的人，上面的"页"，似为人头，脸庞大而方正，表现的是有智慧的样子；下半部的手与足，寓意人有创造能力。即便是今日的"夏"字，较金文少了"臼"和"手"的符号部件，但人的头、脚依然保留，依然是一个器宇轩昂者的形象。

▲ 西周金文"夏"字　　　　▲ 小篆"夏"字

《说文解字》曰："夏，中国之人也。"[14] 就是说，"夏"字一开始就是以中国人自美自许的一个智慧形象而出现的，充分表达了华夏先人自信和审美的精神追求。

"夏"还有大的意思："夏，大也。自关而西秦晋之间凡物之壮大而爱伟之，谓之夏。"[15] 这句话不但指出了"夏"字大的内涵，还进一步说明了此内涵出自夏人较早时期的活动居地——"自关而西秦晋之间"。

二

由于夏、商、周三代所在的中原地区，政治、经济实力和文明化程度普遍高于四围其他族群，因此这时候"夏"和"华"又被赋予了另一层含义："中国有礼仪之大，故称夏；有服章之美，谓之华。"[16] "冕服采章曰华。大国曰夏。"[17] 可见，彼时的华夏人，是以服饰华采之美为华；以疆界广阔与文化繁荣、文明道德兴盛为夏。

同时，经过几千年的发展，到西周时，中原地区作为"天地之中"的正统意义进一步深入人心，华夏族群的文明优势地位得以进一步确立——这种确立事实上同夏、商、周三代均是从蛮夷之地"逐鹿中原"有关[18]：夏鲧部族先是被尧部族从晋南崇山一带驱逐到晋西北、陕北和内蒙古中南部，再由此南下在中原故地建立了夏王朝；商人是东夷族群中一支北上至冀南，在此同南下的北戎一支融合后形成先商族，又经过700年的成长、发展、壮大后，进军中原灭夏，建立了商王朝；而周人则是东夷族群所属一支西进至关中地区，在此同南下的先夏人一支融合后形成先周族，而后在此繁衍发展1200余年后东上灭商，建立了周王朝。

华夏民族意识也在这个时期正式形成，《尚书·周书》云："华夏蛮貊，罔不率俾。"[19] 意思是说无论是中原地区的民族，还是边远地区的民族，都对周武王表示顺从。这里的"华夏"就是指中原地区的民族，即后来的汉族。

当然，单纯就"华夏"这个词语而言，最早是见于春秋时期形成的《左传》一书。《左传·襄公二十六年》记载：蔡国大夫公孙归生向楚令尹子木讲楚材晋用之事，提到成公六年（前585年）晋、楚两国的"绕角之役"，晋军因接受析公的建议，使得"楚师宵溃"，以至于"楚失华夏"。[20] 但这里出现"华夏"一词并不意味着"华夏"概念形成于这个时期。因为，一般而言，一个群体意识概念的形成往往要早于相应词语的诞生，这在书写载体较为珍稀、书写较为困难的西周尤其如此。

"华夏"概念形成于西周时期的最重要表现就是，西周封建制度的确立和"中国"一词的出现。西周分封制的实质在于超越夏商两代单纯封邦建国的政治实体，而将周人、商人和原土著居民通过封建亲戚以藩屏周的方式有机地融合在一起，抟铸成了一个彼此认同的华夏文化共同体。而这种认同又大体是通过唤醒共同祖先记忆的办法来进行的。虽然以"三皇五帝"为代表的华夏古史体系直至秦汉之际才得以最终确立，但不能否认华夏族群的这种历史记忆是一直存在的，只是到了西周时期，由于新型封建制度的确立，才促发了这种共同祖先记忆的集中醒悟和整合。

1963年，陕西宝鸡贾村出土了青铜器何尊——西周成王时期一个名叫何的西周宗室贵族铸的祭器。其铭文云：

> 唯王初迁宅于成周，复禀武王礼，祼自天，在四月丙戌，王诰宗小子于京室，曰："昔在尔考公氏，克弼文王，肆文王受兹大命，唯武王既克大邑商，则廷告于天，曰：'余其宅兹中或，自兹乂民。'"

意思是说，周成王初迁居于成周，沿用武王的祭礼，祼祭于天。四月丙戌这天，王在京室训诫宗族的年轻人，说道："从前你们的父亲公氏，能够辅弼文王，因此文王接受了天降的大命，然后武王战胜了大邑商，并且告示天下说：'我要在此中国定都，从这里开始治理天下之民。'"

何尊铭文的"或"就是国的繁体字"國"。在西周及其以前,所谓"国"是以城圈为限的,城圈以内为国中,住在城圈里的人称"国人";城圈以外为郊,住在城圈外的人称"野人"。成周正处于"土中""中土""天下之中"的"城圈"以内,故称为"中国"。

▲ 何尊铭文

"中国"其实就是华夏的另一种表述形式:"华、夏,皆谓中国也。"[21] 在古代文献里,大多数情况下,"华""夏""华夏"和"中国"表述的是同一个意思,大都是指位居"天下之中"的中原之国或中原族群,所谓"裔不谋夏,夷不乱华"[22]。

夏、商、周系邦国、王国、帝国三个时代中的王国时代。在满天星斗的"万邦时代"过渡到一轮朗月的王国时代,直到春秋还有很多诸侯小国,这些小国族邦就被统称为"诸夏",其实也就是"华夏",如《左传·闵公元年》中管仲所言:"戎狄豺狼,不可厌也。诸夏亲昵，不可弃也。"[23]

华夏民族的形成也意味着华夏边缘的形成。等华夏民族共同的祖先记忆被唤醒时，华夏边缘族群的祖先记忆其实也同时被唤醒。他们发现，他们的祖先竟然同华夏民族的祖先是同一群人，都是所谓的"三皇五帝"，所以，他们也都以共同的族源来证明自己是华夏人，并同时把自己外围，也就是距离中原更遥远的地方视作他们眼中的华夏边缘。

或许正是有了这样正当的理由，从西周晚期开始，边缘族群趁西周衰弱之际，发动了新一轮逐鹿中原的浪潮。尤其是西北方的戎狄、猃狁和东南方的淮夷、徐夷，不时大举内侵，从而造成了中原"诸夏"和"四夷"杂处的局面。齐桓公高举"尊王攘夷"的旗帜，适时而起，春秋列国由此开始了一个多世纪的争霸战争。所谓"尊王"就是要团结诸侯，维护华夏的统一；所谓"攘夷"，就是为了严夷夏之别，保障华夏的正统性和纯洁性。正是在这样的历史背景下，华夏开始部分舍弃"三皇五帝"共祖这个内涵，而主要是着眼于其是否生活在中原或"中国"，即所谓"诸侯用夷礼则夷之，夷而进于中国则中国之"[24]。

春秋"尊王攘夷"的结果是，狄族分散，楚人同化。至春秋末年，北狄被晋吞并，东夷被齐、鲁征服，西戎被晋、秦瓜分，春秋中期崛起的蛮族吴、越也先后以华夏自居称霸。由此，东南西北各强国都带着蛮夷戎狄的成果汇入到了华夏民族中，华夏版图因而由西周时期的黄河中下游地区扩展到了长江中下游地区，蛮夷戎狄则变成了更远的华夏边缘概念。

三

华夏边缘族群认为他们的祖先同华夏民族的祖先是同一群人，也并非完全是攀附华夏或者说是给自己找一个显赫的祖宗。从考古学方面观察，自裴李岗文化至西周时期，中原族群的融合变迁可以明显地分成分流与汇聚两个阶段。距今9000～5300年的裴李岗、仰韶文化时期是以中原族群向外分流、扩张为主；距今5300年的大汶口文化中期至西周时期则是以边缘族群向中原汇聚、交融为主。

距今9000～7000年的裴李岗时代，中原地区表现出了较为先进的思想观念和知识体系，以及颇为复杂的社会形态，可看作是中国文明起源的第一阶段。[25] 裴李岗先民向周边地区分流、扩张，导致中原边缘地带一批继承了其文化传统的新的考古学文化得以诞生，如淮河流域的双墩文化、海岱地区的北辛文化、渭河流域和汉水上游的白家—大地湾文化等。而像辽河流域的兴隆洼文化、淮河下游流域的顺山集文化、长江下游流域的跨湖桥文化、长江中游流域的彭头山文化、城背溪文化以及以湖南沅水中上游为核心分布区的高庙文化等，也同裴李岗文化及其"再传"文化有这样或那样的关系。这些不同文化之间通过在宗教祭祀、空间观念等方面交流——其中包含着大量的中原人口向外迁徙，形成了一些像种植、养殖技术等生存技能一类的共同特征，但更重要的是形成了共同的宇宙观、宗教观等精神信仰方面的内容，如观象授时、八卦思想的萌芽等，包括模拟大道运行，用于推算历数或用于占卜的简陋工具等。这些构成了后来华夏文化的基本底色。

大约距今6800年前后，中原进入仰韶时代。继承了白家—大地湾和裴李岗文化因素的半坡文化在渭河流域率先崛起。[26] 距今6500年前后，后岗一期文化从渭河流域的半坡文化中分离出来，迁徙至豫北冀南地区；后来发展壮大后北上西辽河流域，同当地土著赵宝沟文化碰撞融合，形成后岗期红山文化；又东进海岱地区，迫使北辛文化变身而为早期大汶口文化。[27]

距今 6000 年左右，西阴文化在晋南崛起，[28] 随后强势驱逐了后岗一期文化和半坡文化势力，一统中原大地。"花"作为"华"族共同记忆的标识开始显现出来：西阴文化彩陶以玫瑰花和菊花图案为标志，就像一面旗帜，从豫西、晋南和关中东部这一西阴文化核心地区向周围强力辐射，使得整个黄河中上游及其周边地区的文化面貌都打上了"华"的烙印，达成空前一致的局面，从而进一步确立了华夏族群在语

▲ 庙底沟遗址出土的西阴文化花纹彩陶钵

言和心理上的基本底色，完成了中原文化的第二次大整合，并由此奠定了中国多元一体文明的基本格局。这一范围西至甘肃、青海以及四川西北部，东至河南东部，北过河套地区，南达江汉平原。不仅如此，其影响还通过这些地区波及更遥远的地方：往北，抵达内蒙古东南部和辽宁西部；向东到达渤海和黄海之滨的山东和江苏北部；朝南跨越天堑长江，深入长江以南中游区域。[29]

后岗一期文化系统残余势力大部分从中原退出后，经豫西南逃亡至长江中游地区，在汉水东部、江汉平原北端形成了边畈遗址文化第四期，随后又发展为油子岭—屈家岭—石家河文化系统。[30]还有一部分逃亡至里下河平原、宁镇地区、皖江和环太湖流域，在此留下了龙虬庄、北阴阳营、黄鳝嘴、薛城、庙前、崧泽等具有明显共同特征的几支考古学文化。而崧泽文化在整合了前面几种文化后，在距今5300年时，同受大汶口文化打击被迫东进南下的安徽含山凌家滩文化交融，演变为良渚文化。[31]

半坡文化残部也在随后不久，追随后岗一期文化系统残余势力，经豫西南逃亡至长江中游地区，在汉水以东今随州一带繁衍生息大约有1000年之久，留下了特点鲜明的雕龙碑文化遗存。后在距今5100年前后融入屈家岭文化，成为屈家岭文化的一个地域类型。[32]

可以说，在距今6000～5300年的西阴文化时期，由于上述几支考古学文化和西辽河流域的红山文化、黄河下游流域的大汶口文化，都是以鼎、豆、壶、罐、杯等陶器为共同特征，而且都有后岗一期文化这个共同背景，中国大地上实际上形成了西阴文化系统与红山—大汶口—崧泽—凌家滩—油子岭文化系统相互对峙的局面。换言之，北面辽河流域、东面海岱地区、南面长江中下游地区，三面"联手"形成了一个巨大的对中原呈月牙形的半包围圈——一个相互交流频繁、来往密切的文化带。这一文化带的形成,使得彼此之间技术、观念的远距离传播成为可能,从而为华夏的认同、形成创造了必要的条件。[33]

距今 5300 年前后,大汶口文化中期势力开始大规模向西、南两个方向扩张,又一次引发了彼时中国主体区文化格局的变化。向南,大汶口文化集团直接或间接导致了巢湖流域凌家滩文化和宁绍平原河姆渡文化的覆亡,并迫使凌家滩人东进,同当地崧泽文化先民交融,形成了上述良渚文化。[34]

在中原,西进的大汶口文化势力在河南地区形成了一个新的类型——颍水类型[35],大汶口人的足迹遍布豫中、豫西、豫北,甚至连远在黄河北岸的晋南地区也可见到他们的背影。西阴文化政权在大汶口文化冲击下走向覆亡,西阴遗民不堪奴役和压迫,纷纷逃至西北甘青地区,在那里同当地土著融合,形成了马家窑文化。[36]

之后不久,屈家岭文化势力又从江汉平原挺进豫西南,并在此兵分两路,北上豫中、西进渭南。[37]与此同时,中原土著如西王村文化、秦王寨文化和大司空文化等也分别从黄河三角洲、豫中和豫北冀南地区纷纷崛起,中原由此进入类似于军阀割据的状态。

此后 1000 年左右的时间,中原地区虽然在距今 4800 年时,由于庙底沟二期文化诞生,重新整合了各地政治文化势力,但就总的局势而言,还是处于被大汶口—龙山和屈家岭—石家河两大文化集团半殖民化的弱势地位。

距今 4300 年前后,在山东地区发展壮大起来的龙山文化,成为当时东亚大陆最强劲的一支考古学文化。由于人口迅猛增加,各城邦为了获得更多的生存资源,竞相开始向南、向西进行扩张,由此引发了史前中国格局的又一次变脸[38]：向南，龙山文化王油坊类型长驱直入良渚文化腹地太湖流域，给正遭水患的良渚先民插上了致命一刀；向西南，迫使江汉地区的屈家岭文化一变而为湖北龙山文化——后改称青龙泉三期类型；向西，促使河南地区的庙底沟二期文化变身为河南龙山文化——后改称王湾三期文化；龙山文化由此继续西下，促使关中地区的庙底沟二期文化变脸为陕西龙山文化——后改称客省庄二期文化，此即周人祖先后稷文化；向西北，龙山文化使得豫北地区成为后岗二期文化的天下；由此继续北上，龙山文化让此前因黄河改道而满目荒凉的河北平原变成了河北龙山文化的根据地。活动在冀南漳河流域的河北龙山文化涧沟类型正是以商人祖先契为首领的先商文化遗存。龙山文化又从河北平原穿越太行山进入晋中、太原地区，然后直下晋南襄汾崇山一带，驱逐了庙底沟二期文化土著，建立了被称为最早中国的陶寺古国。陶寺古国正是被考古界认定的尧舜文化遗存。

此后，就是夏商周三族先后分别从中原西北、北方和西方入主中原。

四

史前中原族群在考古学上显示出来的分流与融合景观，与古人类遗传基因 DNA 鉴定结果趋向一致。2020 年 5 月 15 日，美国《科学》（*Science*）期刊以研究论文的形式正式在线发表中国科学院古脊椎所付巧妹团队独立完成、多家单位参与的研究论文 *Ancient DNA indicates human population shifts and admixture in northern and southern China*，从遗传学角度揭开了有关中国南北方史前人群格局及迁移与混合这一重大学术问题上的若干谜团。

付巧妹团队从北方山东、内蒙古地区5个新石器时代早期遗址,包括扁扁洞、小荆山、小高、博山和裕民,共采取了7个距今9500~7700年的个体样品,又从南方福建奇和洞、台湾海峡亮岛2个遗址中提取了距今8400~7600年的3个个体样品。对这些个体样品研究表明,沿着黄河流域直到西伯利亚东部草原人群,至少从距今9500年前起,都携有一种以新石器时代山东个体为代表的古北方人群成分,而中国大陆沿海及台湾海峡岛屿人群至少从8400年前起,却携带的是另一种截然不同的以新石器时代福建及其毗邻岛屿个体为代表的古南方人群成分。但随着时间的推移,东亚大陆南北方人群之间的这种差异性和分化程度却逐渐缩小,暗示自新石器时代以来,东亚大陆南北方之间一直处于频繁的人群迁移与融合过程之中。研究还发现,距今8300~7700年的山东人群有同古南方人群联系的痕迹,距今约8300年的台湾海峡亮岛1号人群也有古北方人群影响的明显迹象,暗示南北方人群从那时已经开始互动。

研究数据显示,大概在距今5000年时开始,人群的南北迁移和融合仍是东亚大陆的时代主题。南方人群表现出了与东亚北方沿海人群具有基因上的联系。当然,这种联系是双向的,南方人群遗传成分也向北影响,不过要弱很多。

付巧妹团队还注意到,现今的东亚人群,不管是来自北方还是南方,都同时混合有古北方人群成分(以黄河沿岸的山东人群为代表)和古南方人群成分(以福建与台湾海峡岛屿人群为代表),但古北方人群成分影响更为广泛,而古南方人群成分在中国南方大陆却显示出了大量下降的情况。也就是说,新石器时代及其之后,黄河以北人群向南方的大量迁移，基本构成了现今东亚南北方人群的基因组成。

那么，古南方人群去哪里了呢？付巧妹团队提供的遗传学证据表明，现今广泛分布于台湾海峡、东南亚和太平洋西南部岛屿的南岛语系人群，与新石器时代的中国南方沿海人群有着非常密切的遗传联系。换言之，最早的南岛语系人群起源于中国南方的福建及其毗邻地区，时间可以追溯到8400年前。

五

长期以来，我们被这样的问题所困扰：为什么被华夏正统视为文化落后的"戎狄蛮夷"都自认为是"三皇五帝"的后裔？为什么几千年以来，"戎狄蛮夷"像飞蛾扑火似的要不断地逐鹿中原？或许正是由于在距今9000年至西周时期，中原先民不断向外扩张、迁徙，以及由此带来的关于华夏记忆、观念的认同，才有了他们的后裔——周边地区各族群——在距今5300年至西周时期不断地逐鹿中原又不断地向外扩张景观的出现。不只是因为中原地区的人文自然环境要好于周边，更重要的还在于，这里是他们祖先曾经生存的故地，是他们祖先认定的"天地之中"，是华夏民族立地建国以告慰祖先的正统象征。而不论从文献记载、民间传说，还是从新石器时代以来层出不穷的考古成果来观察，敬天祭祖自始至终都是贯穿华夏文化的一根红线，正所谓"国之大事，在祀与戎"[39]。

西周时期，"华夏"民族意识被唤醒，"诸夏""中国"等概念得以确立，华夏族群从混沌的自在阶段过渡到了主动的自为阶段。至此，"华夏"族群经过了从传说时代到夏、商、西周——总计6000年的民族融合演变史。

注　释

1. （晋）皇甫谧撰，徐宗元辑：《帝王世纪辑存》，中华书局1964年版，第3页。

2. （清）梁玉绳：《人表考》，（清）梁玉绳等撰，吴树平等点校：《史记汉书诸表订补十种》，中华书局1982年版，第512页。

3. （南唐）徐铉著，李振中校注：《徐铉集校注》，中华书局2016年版，第756页。

4. （清）郝懿行：《尔雅义疏》，（清）郝懿行著，安作璋主编：《郝懿行集》，齐鲁书社2010年版，第3558页。

5. 黎翔凤撰，梁运华整理：《管子校注》，中华书局2004年版，第846页。

6. （汉）毛亨传，（汉）郑玄笺，（唐）陆德明音义，孔祥军点校：《毛诗传笺》，中华书局2018年版，第10页。

7. 周婷婷：《释"花言巧语"》，《辞书研究》2017年第4期；晁福林：《从"华夏"到"中华"——试论"中华民族"观念的渊源》，《史学史研究》2020年第4期。

8. 游国恩主编：《离骚纂义》，中华书局1980年版，第459页。

9. 李琳之：《元中国时代——公元前2300～前1800年华夏大地场景》，商务印书馆2020年版，第238～240页。

10. 蔡哲茂：《夏王朝存在新证——说殷卜辞的"西邑"》，《中国文化》2016年第2期。

11. （西汉）戴圣著，王文锦译解：《礼记译解》，中华书局2001年版，第832页。

12. （汉）许慎撰，陶生魁点校：《说文解字》，中华书局2020年版，第171页。

13. 转引自金辉：《赤日炎炎且说"夏"》，《光明日报》2015年6月12日。

14. （汉）许慎撰，陶生魁点校：《说文解字》，中华书局2020年版，第171页。

15. 顾颉刚、刘起釪：《尚书校释译论》，中华书局2005年版，第233页。

16. （清）阮元校刻：《十三经注疏·春秋左传正义（清嘉庆刊本）》，中华书局2009年版，第4664页。

17. （清）王先谦撰，何晋点校：《尚书孔传参正》，中华书局2011年版，第535页。

18. 李琳之：《元中国时代——公元前 2300～前 1800 年华夏大地场景》，商务印书馆 2020 年版，第 233～260 页；王震中：《商族起源与先商社会变迁》，中国社会科学出版社 2010 年版；牛世山：《先周文化探索》，《文物世界》1998 年第 2 期；李琳之：《晚夏殷商八百年：大历史视野下的早中国时代》，研究出版社 2022 年版。

19. （宋）蔡沉撰，王丰先点校：《书集传》，中华书局 2017 年版，第 159 页。

20. （清）洪亮吉撰，李解民点校：《春秋左传诂》，中华书局 1987 年版，第 581～590 页。

21. （清）阮元校刻：《十三经注疏·春秋左传正义（清嘉庆刊本）》，中华书局 2009 年版，第 3876 页。

22. （清）洪亮吉撰，李解民点校：《春秋左传诂》，中华书局 1987 年版，第 832 页。

23. （清）洪亮吉撰，李解民点校：《春秋左传诂》，中华书局 1987 年版，第 262 页。

24. 刘尚慈译注：《春秋公羊传译注》，中华书局 2010 年版，第 691 页。

25. 韩建业：《裴李岗时代与中国文明起源》，《江汉考古》2021 年第 1 期。

26. 黄怀信：《仰韶文化与原始华夏族——炎黄部族》，《考古与文物》1997 年第 4 期。

27. 张忠培、乔梁：《后冈一期文化研究》，《考古学报》1992 年第 3 期；张星德：《后冈期红山文化再考察》，《文物》2015 年第 5 期。

28. 薛新明、宋建忠：《庙底沟文化渊源探析》，《中原文物》2003 年第 2 期。

29. 陈星灿：《庙底沟时代：早期中国文明的第一缕曙光》，《中国文物报》2013 年 6 月 21 日。

30. 韩建业：《涿鹿之战探索》，《中原文物》2002 年第 4 期。

31. 李琳之：《前中国时代——公元前 4000～前 2300 年华夏大地场景》，商务印书馆 2021 年版，第 285～410 页。

32. 中国社会科学院考古研究所湖北队：《湖北枣阳市雕龙碑新石器时代遗址试掘简报》，《考古》1992 年第 7 期；林邦存：《关于屈家岭文化区、系、类型问题的初步分析（续）》，《江汉考古》1997 年第 2 期。

33. 陈明辉：《距今 6000 年前后环太湖流域的文化格局——兼论后冈时代》，浙江省文物考古研究所编：《崧泽文化学术研讨会论文集》(2014)，文物出版社2016年版。

34. 李琳之：《前中国时代——公元前4000~前2300年华夏大地场景》，商务印书馆2021年版，第316~328、375~410页。

35. 杜金鹏：《试论大汶口文化颍水类型》，《考古》1992年第2期。

36. 苏海洋：《论马家窑文化形成的动因及传播路线》，《青海民族大学学报》2019年第1期；段小强：《马家窑文化的渊源与属性》，山东大学东方考古研究中心编：《东方考古》（第9集），科学出版社2012年版。

37. 许永杰：《距今五千年前后文化迁徙现象初探》，《考古学报》2010年第2期。

38. 李琳之：《前中国时代——公元前4000~前2300年华夏大地场景》，商务印书馆2021年版，第508~516页。

39. （清）阮元校刻：《十三经注疏·春秋左传正义（清嘉庆刊本）》，中华书局2009年版，第4149页。

第一章
贾湖—裴李岗先人的迁徙和扩张

从伏羲氏说起

在中国创世神话传说中，中华文明起始于伏羲、女娲和神农"三皇"时期。伏羲之前还有巢人氏和燧人氏。巢人氏以巢居树上为特征，燧人氏以钻木取火为特征。从考古学视角来看，巢人氏和燧人氏是人类社会发祥时经历的两个阶段，处在旧石器时代晚期，距今20万至1万年。到伏羲氏时，进入原始社会的华夏才有了质的飞跃。这表现在：

首先，伏羲氏发明了网罟，完成了人类生存工具的超越，从而奠定了原始社会渔猎业发展的基础。《周易·系辞》载："古者庖牺氏之王天下也……作结绳而为网罟，以佃以渔。"[1] 庖牺氏即伏羲氏。

其次，伏羲氏通过观天测象，画出八卦图，找到季节变化的规律，初步制订节令"以授农时"，从而开启了原始农业的发展之路。最初的八卦图实际上就是根据北斗七星移动时天气和时令的变化，在上、下、左、右、左上、左下、右上、右下，分别标注的代表农时的八个节令符号。《抱朴子外篇校笺》引《尸子》云："伏羲始画八卦，列八节，而化天下。"[2] 所谓"斗柄东指，天下皆春；斗柄南指，天下皆夏；斗柄西指，天下皆秋；斗柄北指，天下皆冬"[3]。原始农业的起源使得原始先人由不断迁徙的游猎生活改为定居的农耕生活，实际上是改变了原始先人的生活方式和思维方式，可以看作中华文明滥觞的重要前奏。

　　再次，伏羲氏又通过画八卦图，初步建立了阴阳学说理论体系。"一阴一阳之谓道，继之者善也，成之者性也。"[4]道因而成为中国哲学思想最重要的一个概念。《管子·轻重戊篇》记载："虙戏作，造六峜以迎阴阳，作九九之数以合天道，而天下化之。"[5]虙戏是伏羲的别名，六峜即"六峜授时"，又称"晨考日出"，指不同节气太阳跃升地平面一瞬间时的方位，是由六座石堆组成的原始天文观象台，乃八卦萌芽时的一种表述形式。后来随着八卦学说的逐渐完善，才演变成了乾坤六法：干、离、艮、兑、坎、坤。[6]

　　第四，伏羲氏还通过画八卦图，始创"书契"，也就是创制了中国

▲ 明代刻本《历代古人像赞》中的伏羲画像

最早用以记事的契刻符号。《中论》引《尚书·序》说:"古者伏羲氏之王天下也,始画八卦,造书契。"[7] 伏羲"造书契",实际上是开启了中国汉字衍生的历程。

第五,伏羲氏创造了象征万物和谐生存的"龙",成为传说中的龙祖,开创了中国龙文化的先河。《左传·昭公十七年》杜预注云:"太皞伏羲氏,风姓之祖也,有龙瑞,故以龙命官。"[8]

第六,伏羲氏"定人道,制嫁娶,使人各有偶"[9],改变了原始社会群婚乱伦风俗,提升了人类生产繁衍能力和身体素质。伏羲之名为伏羲,与此有很大关系。东汉的班固在《白虎通义》中说:"古之时,未有三纲六纪,民人但知其母,不知其父。能蔽前而不能蔽后。卧之达达,行之吁吁,饥即求食,饱即弃余,茹毛饮血,而衣皮苇。于是伏羲仰观象于天,俯察法于地。因夫妇,正五行,始定人道。画八卦以治下,下伏而化之,故谓之伏羲也。"[10]

第七,伏羲氏发明乐器,开启民智,成为中国礼乐文明的肇始。《绎史》"太皞纪"篇引《楚辞注》云:"伏羲氏作瑟,造《驾辩》之曲。"[11]《史纲评要·太昊伏羲氏》说:"帝……作荒乐,歌扶来,诵网罟,以镇天下之人,命约立基。斫桐为琴,绳丝为弦,命之曰离徽。以修身养性,反其天真,而乐音自是兴焉。"[12]《世本·作篇》说:"伏羲作琴……女娲作笙簧。"[13]

显然,伏羲每一项发明,都是我们这个古老民族在原始社会中向前迈进的一大步,具有划时代的意义。但是,综合来看,伏羲最伟大的功绩主要有两项:

一是创制了中国古代文化的神秘符号——八卦,画出了阴阳八卦图。后来的周文王据此进一步完善,并由孔子删定,这就是我们所熟知的百经之首《易经》。中国传统文化可以用"三流一源"四字概括。所谓三流就是儒、释、道三个文化流派，其中，释，亦即佛教，虽然最初是从印度传过来的，但它在传播过程中已经被中国人彻底改造成了中国人自己的东西，其核心理念同儒、道两派一样，都是来源于《易经》，着重在某一个侧面阐释伏羲八卦图"和谐大道"的思想。"道"对中国人的影响，完全可以用沦肌浃髓来形容，譬如，我们现在的日常用语"知道""道理""道路"等等，都来源于此。

二是创立了龙文化。伏羲被中国人称为始祖，更被中国人称为龙祖。所谓始祖，并不仅仅是指血缘，更是指文化，这个文化主要就是龙文化。龙文化和八卦思想一脉相承，其核心理念是天人合一的宇宙观、仁者爱人的主体观、阴阳交合的发展观和兼容并包的和合观。龙文化可以说就是中国传统文化的高度哲学概括。它对中国人的影响无处不在、无时不在，中国人至今自称是龙的传人，就是一个很好的证明。

伏羲在华夏大地上完成了中国历史上最早的科技大革命、思想大革命、文化大革命和社会大革命，奠定了中国传统文化之本、之魂、之源。如果从中国传统文化的角度理解文明的话，伏羲这四大革命事实上已经成为古华夏人由愚昧走向文明的重要标志。元代郝经著《〈原古录〉序》引孔颖达疏说："经天纬地曰文，照临四方曰明。"所谓"天下文明者，阳气在田，始生万物，故天下有文章而光明也"。[14]

当然，上述所谓伏羲的发明在我们今天看来就是一个十足的神话，一个人有天大的本事也不可能取得这么多划时代的成就。但剥开这些神话神秘的外衣，我们还是会发现，其中包含着一定真实的历史因子。事实上，伏羲并不是一个具体的生命个体，而是一个绵延有两千年之久的族群及其首领的统称。成书于晋代的《帝王世纪》说得就很明确：

> 包牺氏没，女娲氏代立为女皇，亦风姓也。女娲氏没，次有大庭氏、柏黄氏、中央氏、栗陆氏、骊连氏、赫胥氏、尊卢氏、混沌氏、皞英氏、有巢氏、朱襄氏、葛天氏、阴康氏、无怀氏，凡十五世皆习包牺氏之号也。[15]

就这个角度而言，伏羲可以看作一个时代的表征语，其中的"凡十五代"也应是其所属部落的名称或数代首领的统称。

在那个时代，所有人类有开创性的发明都记在了伏羲这个象征性符号的头上了。如果从相应的考古文化观察，这个时代正处在距今9000~7000年的裴李岗文化时期，我称之为"贾湖—裴李岗时代"。

贾湖先人的华夏基因

在距今9000~7000年的新石器时代中期，中国东、西、南、北、中各地已经普遍由原始社会的采摘阶段进入了农业初始阶段。

在西辽河流域，分布有以内蒙古赤峰兴隆洼遗址为代表的兴隆洼文化；在长江中游流域，分布有以湖北宜都城背溪为代表的城背溪文化、以湖南澧县彭头山遗址为代表的彭头山文化和以洪江高庙遗址为代表的高庙文化；在长江下游地区，分布有以浙江义乌桥头上山遗址为代表的上山文化和以杭州萧山跨湖桥遗址为代表的跨湖桥文化；在渭河流域和汉水上游，主要分布有以甘肃秦安大地湾一期文化为代表的白家—大地湾文化；在海岱泰沂山系北侧的冲积平原地带，分布有以山东临淄后李遗址为代表的后李文化。在中原地区，主要分布有以河南舞阳贾湖和新郑裴李岗两处遗址为代表的裴李岗文化以及以河北武安磁山遗址为代表的磁山文化。

在这几支重要的考古学文化中，裴李岗文化[16]不但发祥时间最早、延续时间最长，而且迄今所发现的遗址数量也最多，达到了160余处，更为重要的是裴李岗文化的内涵也最为丰富，其中还隐藏着传说中以伏羲为代表的种种华夏文化基因。

裴李岗文化因发现于河南新郑市裴李岗遗址而得名，主要分布于河南省中西部地区，可分为早、晚两期，早期以舞阳贾湖遗址为代表，距今9000～8200年；晚期以新郑裴李岗遗址为代表，距今8200～7000年。

贾湖遗址[17]地处黄河中游至淮河中下游之间的南北交接地带，属温带气候向亚热带气候过渡地区，比较适宜原始先人的生存和发展，因而由贾湖先人引领的华夏文明因子能在这里氤氲滋生。

贾湖遗址平面呈不规则圆形，南北长280米，东西宽250米，总面积达5.5万平方米。与同一时期南北各支文化不同的是，这里除发掘出了经过精心磨制的铲、镰、刀、斧、磨盘、磨棒等陶质和石质农业生产、生活工具外，还发现了粟、稻混作的痕迹，尤其是发现了大量炭化稻和稻谷遗存，而且是早、中、晚三期一以贯之，说明稻作农业在当时的经济生活中占有重要地位。

农业的发展使得贾湖先人们在满足了基本的生存需求之后，粮食还有了剩余，于是贾湖人学会了享受美味佳肴。考古人员在贾湖遗址发现了大量内壁有附着物的陶器，经鉴定，这些附着物是一种古酒凝结物。美国宾夕法尼亚州立大学分子生物学实验室的负责人麦考文教授认为，贾湖先人酿酒采用的可能是"嘴嚼法"，就是把米粒和山楂放入口中咬嚼，嚼碎后吐入陶器，靠唾液对粳米等进行发酵。此法在非洲、日本和中国台湾等地至今仍在采用。[18]贾湖先人酿造的酒是迄今所知世界上最早的酒料饮品，比世界其他地方发现的酒至少要早1000多年。

华夏先民用来沟通人神的一个重要手段是音乐。在贾湖等裴李岗文化早期遗址中，目前已出土骨笛总计30余支。这些骨笛均系用鹤类尺骨截去两端关节制作而成，分为五孔、六孔和七孔三种。每孔发一音，加上七个音孔全闭合发出的筒音，正好为八音，组成了一个完整的音阶结构。这是世界上发现最早的笛子和最早出现的音阶形式。贾湖骨笛均出于墓葬之中，但随葬骨笛的墓葬只占墓葬总数的4.5%，暗示这些笛子只为社会少数人所专有，而这些人很可能是拥有一定神权的巫师，笛子或许是他们在巫术仪式上使用的重要道具。[19] 冯时先生认为，这些骨笛可能还是贾湖先人用来"观天测象"的天文仪器律管。[20]

成书于东汉的《淮南子·天文训》在探讨华夏音律起源的情况时说："律之初生也，写凤之音，故音以八生。"[21] 这与贾湖骨笛可吹八音互相对应，也同前述伏羲氏发明乐器，开启民智，成为中国礼乐文明肇始的文献记载不谋而合。

文献记载的伏羲始创"书契"，在贾湖遗址也有相应的反映。贾湖遗址所出17件器物上有21例单独存在的契刻符号，它们既上下左右对称，又横平竖直交叉，其书写和组成方式同在殷墟发现的甲骨文如出一辙。[22]

▲ 贾湖遗址出土的刻符龟甲

21例契刻符号有9例是发现在墓葬出土的龟甲上，而龟甲被普遍认为是巫师沟通人神交流和占卜的道具。这些龟甲既有扣合完整的背腹甲，也有碎片状的龟甲，其中大多数龟甲内还装有颜色深浅不一的若干石子。就此意义而言，龟甲上的契刻符号可能同卦象或者验辞有关。[23]

另外，在有些墓主人头顶成堆出土的龟甲上，还发现了一些骨制叉形器和带有刻度的骨板。[24]这些叉形器极有可能是贾湖先人用来观测星象的道具，因为星象观测者一般要观测上千颗星的位置移动，所以在骨制叉形器下面安置手柄，就可以根据星象的位置变化而相应移动，以适应从不同角度观测星位变化的需要，然后卜筮计算，预测未来的不确定危机。

这些骨制叉形器和带有刻度的骨板或许就是传说中"伏羲女娲"们用来观测星象变化以绘制八卦的工具——"规"和"矩"。自汉代以

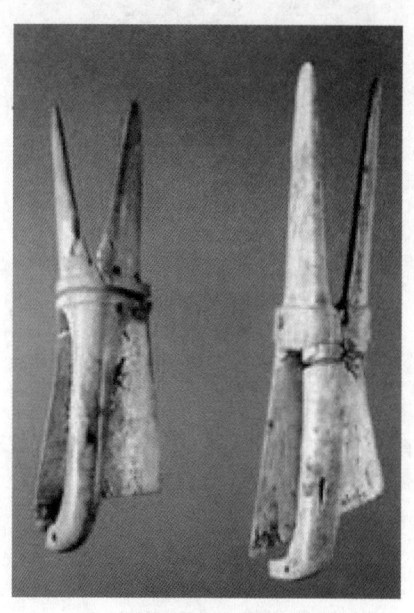

▲ 贾湖遗址出土的骨制叉形器

来，不少地方陆续出土了众多的伏羲女娲画像，尽管这些画像的材质、形式不尽相同，但有一个共同点，就是伏羲和女娲手中分别执有曲尺和圆规。曲尺和圆规是原始先人适应制作生活器具以及在器具上绘制图案纹样需要而产生的绘图工具，后来又随着实践的发展，逐渐形成了一定的标准。《庄子》说："直者中绳，曲者中钩，方者中矩，圆者中规。"[25]古人所敬畏者，莫过于天地，在他们观念中，天是圆的，地是方的，天地不可执，所以就常以物来指代。规象征圆，矩代表方，故而规矩所蕴含的哲学意义就是天圆地方。形而上的"规矩"观念由此树立起来。

伏羲女娲画像中，伏羲、女娲分立左右两边，是"一阴一阳之谓道"的集中体现。一男一女，一规一矩，一东一西，一春一秋，正是

▲ 汉代伏羲女娲手执规矩画像

春秋和规矩,也是弥纶天地之道的象征。《淮南子·时则训》云:"天为绳,地为准,春为规,夏为衡,秋为矩,冬为权。"[26]伏羲和女娲在传说中正是主春和主秋的"帝王"。《帝王世纪》云:"燧人氏没,庖牺氏代之,继天而生,首德于木,为百王先。帝出于震,未有所因,故位在东方,主春。"[27]《山海经·大荒西经》说:"有神十人,名曰女娲之肠。化为神,处栗广之野,横道而处。"[28]大荒经中的四方是对应四时的,西方对应的就是秋,因此,在《大荒经》的时空图式中,身处西方的女娲对应的就是秋季。

含有石子的龟甲、骨规形器和骨笛等特殊器物在贾湖遗址较大墓葬中常以组合的形式出土,这些较大墓葬绝大部分属于裴李岗文化后期,表明了原始先人把观天测象作为精神传承的重要意义。其中,龟甲可能有以背甲象征"天圆"、以腹甲表示"地方"的含义在内。[29]

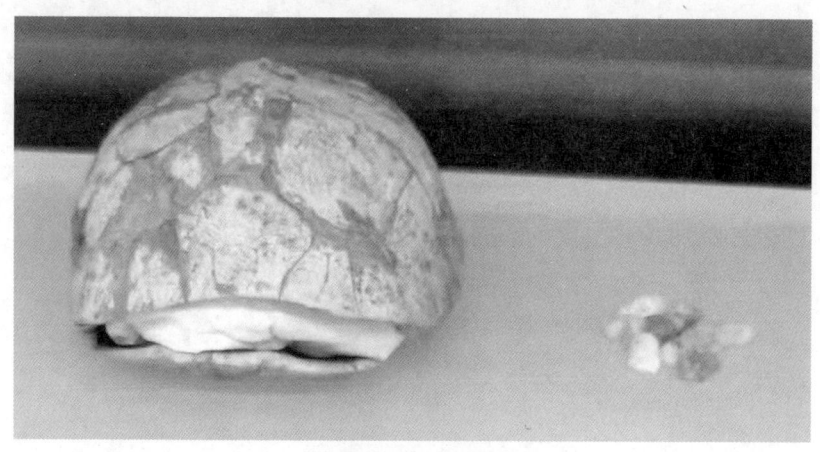

▲ 贾湖遗址出土的龟甲和石子

贾湖遗址前六次发掘有随葬龟甲的墓葬23座,每座随葬1~8副不等,但多为偶数,其中,随葬8副者6座。第七次发掘的后期祭祀坑中也大都随葬有8副龟甲。每副龟甲中的石子数量为3~30粒不等，不过多为10或20粒。从这个意义上讲，贾湖先人用装有一定数量石子的龟甲进行占卜，应该是属于八卦一类数卜的范畴，体现的是"象数思维"[30]。

八卦符号是华夏先民用来沟通神人联系的重要媒介。《周易·系辞下传》说，伏羲氏"始作八卦，以通神明之德，以类万物之情"[31]；《淮南子·说林训》云："必问吉凶于龟者，以其历岁久矣。"[32]这说明，处在原始宗教时期的伏羲们，也就是贾湖—裴李岗时代的先人，既有盲目崇拜自然力量的一面，又有试图破解宇宙奥妙、掌握大自然规律的另一面。

迁徙和交流

原始先民创制并使用卦象符号痕迹,不只发现在贾湖遗址,在距今9000~8500年的浙江义乌桥头上山文化遗址中也有发现,不同的是,桥头卦象符号为彩绘的长横、短横两种符号,六个一组[33],与《周易》的阴阳爻卦画和数字卦象符号相类。或许是传承中扬弃所致,在继之而后起的杭州萧山跨湖桥遗址中,只发现了数字卦象符号一种。[34]

桥头卦象符号和贾湖龟卜应该说都属于八卦类的数卜大传统,桥头、跨湖桥先人是以符号记录卦象,而贾湖先人是以符号记录卜辞;桥头、跨湖桥先人是以算筹计数,贾湖先人则是以石子计数,细节方面略有差别,但基本原理相同。[35]

很有意思的是,在上山文化桥头遗址中也同样发现了酒的痕迹。考古人员在桥头遗址所出7件陶制器皿中,发现有啤酒的残留物,而这些啤酒是一种由大米、薏米和不能确定的块茎制成的发酵饮料。[36] 从酒的原料中都有大米和块茎植物来看,贾湖和桥头两地,有异曲同工之妙。

迄今为止,贾湖和上山两支文化尚未发现有密切交流的直接证据,但八卦符号和酒在两地同时出现,暗示两支文化上层统治者之间有过不同寻常的亲密接触,甚至不排除上山部分主体人群是贾湖先人南下后的"变种"。八卦符号反映的是华夏先人所独具的宇宙观、世界观以及与之相关的原始宗教信仰观念,往往属于某个环境的特定产物,不具有普遍性。酒的概念和酿制等技术信息由于需要传承和学习,也相对私密、保守,是一文化系统中较为稳定的因素,不会轻易传播,所以,这种相对稳定的技术背后,体现的应该是该文化系统人群承载主体的文化坚守。

一般说来,先进文化会影响落后文化,强势文化会取代弱势文化,贾湖遗址面积达5万平方米,而桥头遗址面积只有2000多平方米。另外,在所出器物数量、等次和其他方面,前者都远远高于后者。两支文化所在区域相距也仅1000公里左右,对于逐水草而居、擅长迁徙的原始先民来说,并不足以构成障碍和威胁。

距今8500年前后,地球进入全新世大暖期,东亚大陆人居环境优良,原始先民有了更大的生存空间选择,由此,人类开始了新石器时代以来的第一次迁徙浪潮。义乌的上山先民也趁机四下散开,去寻找更适合他们生存和发展的栖息之地,其中一支经过四五百年时间的辗转迁徙,最后到达杭州萧山跨湖桥一带,形成了以跨湖桥遗址为代表的跨湖桥文化。时间为距今8000~7000年。[37]

地球在进入全新世大暖期后,曾在距今8200年、5200年和4200年,三次出现世界范围的气候突变。每次突变干冷气候都会持续数百年甚至更久,从而给人类的生存、发展造成极大影响。距今8200年时,在大西洋北部和北美洲、非洲、亚洲突然爆发了干旱和降温现象。中东地区的干旱竟然持续了200年之久，结果是地中海东部的黎凡特和美索不达米亚平原北部地区的农业聚落纷纷废弃，但随之而来的暖湿期则促进了美索不达米亚平原南部地区早期灌溉农业的发展。[38] 这次气候突变对中国各地自然环境也造成了一定的影响。为了寻找适合生存的栖息之地，原始先民不得不向异地迁徙，中原大地因此出现了新石器时代以来第一次的迁徙分流场景。

贾湖先人一支主力向北迁徙，在河北武安一带，同迎面而来的保定北福地一期文化遭遇，两支文化得以融合，形成以混合为特色的磁山文化。

磁山文化以河北武安磁山遗址而名，主要分布于河北省南部，影响向北到达燕山南麓一带。较重要的遗址除了磁山遗址外，还有三河孟各庄等遗址，距今绝对年代为8032~7750年。[39]

距今10000~4600年，黄河是取道河北平原注入渤海的[40]，黄河与太行山之间的狭长地带无形中成为南北文化交流的廊道，而贾湖先人的北上，事实上成为中原族群向北开拓、融合北方族群的肇始。

贾湖先人在向北开拓过程中，发现了比黄河与太行山之间狭长廊道更适合他们生存的地方，那就是嵩山以南的近山丘陵和近水台地。这片辽阔的土地更适宜多元化的生存方式。但让贾湖先人始料未及的是，他们在这里生活了不长时间，刚在河北武安一带安营扎寨的磁山文化势力，居然在很短的时间内就蓬蓬勃勃地发展起来，其中一支返身南下，直抵嵩山以南郑州地区，同贾湖先人迎面撞了个满怀。

▲ 新郑裴李岗遗址出土的乳钉纹红陶鼎

贾湖人多势众，文化水平比对方也要高出很多，两支人马在经过短时间的碰撞、摩擦后，贾湖先人吸取了磁山文化先进因素，并同对方有机融合后，文化面貌摇身一变而成为裴李岗类型，进入裴李岗文化后期。裴李岗文化中前所未有地出现了钵形陶鼎、石铲、石锛、石凿等器物。尤其是鼎，乃迄今所见最早的陶鼎。之后数千年的岁月，鼎在仰韶文化、庙底沟二期文化、河南龙山文化中代代相传，直至进入夏、商、周王国时代及之后的帝国时代，成为华夏历代王朝的"精神载体"，"具有了'问鼎中原'的文化认同意义"[41]。

裴李岗文化后期重要遗址中大都开辟有专门墓地，墓地划分为若干区域，墓葬排列整齐，墓坑较深，墓主装殓齐整，体现出对死者的敬重，说明彼时的裴李岗先人已萌生祖先崇拜观念。墓葬分区分组而设，可能对应着裴李岗文化社会的家族、氏族等不同层级组织。墓葬排列整齐，或许与辈分和等级有关，表明裴李岗社会已出现族葬或"族坟墓"一类习俗。所谓"族坟墓"，郑玄注云："族犹类也。同宗者，生相近，死相迫。"[42] 体现了现实社会中人伦亲情和社会秩序观念。[43]

裴李岗文化后期聚落面积呈现出大小不一的情况，如新郑唐户遗址面积约30万平方米，但贾湖遗址面积只有约5万平方米，而一般遗址则仅数千平方米。[44] 另外，这个时期墓葬中的随葬品也出现了数量和质量等次上的差别，如随葬龟甲、骨规形器和骨笛等特殊器类的基本上是比较大的墓葬，而且墓主人大多为成年男性，说明裴李岗文化后期社会存在一定程度的分化，男性地位相对比较高。当然，这种分化只是初步的，可能只发生在宗教文化中心和普通聚落之间、宗教领袖和普通人之间。[45]

可以说，裴李岗文化后期社会中，不管是聚落布局中的房屋建筑、墓地规划，还是所出器物的组合、形制特征等，都充分显示出其内部的高度一致性，第一次让我们看到了早期中原文化在时空框架上的聚合力。[46]

概言之，裴李岗文化后期已经形成了领先时代潮流的思想观念和知识体系，包括先进的宇宙观、宗教观、伦理观、历史观以及相关的天文、数学、符号、音乐知识等。而这些较为先进的思想观念和知识体系的形成，无疑是建立在其较为先进的农业、家畜饲养业以及吸取其他先进文化为我所用的基础上。[47]

贾湖先人变为全新的裴李岗先人后，由于受到种种主客观因素的影响，开始全力向外拓展，由此引发了史前中国族群的第一次

第一章　贾湖—裴李岗先人的迁徙和扩张　　37

大融合，对彼时中国文化格局的改变产生了重大影响，"华"文化得以广泛传播，伏羲氏因而成为整个"华"系族群共同认可的始祖符号。

北上

裴李岗先人转过头来再次北上，强势进击磁山文化老巢。[48]如果把磁山文化按时间分为三期的话，在第二期时，裴李岗文化就进入到磁山文化势力范围，主要证据是，磁山文化遗存中出现了裴李岗文化特有的陶壶，并且陶器的装饰由饰纹到素面都发生了很大改变。到三期时，裴李岗文化北进势力更为庞大，影响也更为强烈，磁山文化的三期面貌较一期发生了更为显著的变化，具体表现就是，具有裴李岗文化因素的素面陶比例和陶壶数量大为增加。当然，裴李岗先人不仅仅进行文化和殖民输出，他们也同时汲取了磁山文化一些优良的传统，如在相当于磁山文化第三期时的裴李岗文化中就出现了椭圆形陶钵这样磁山文化特有的器物。

大约同一时期，以内蒙古赤峰兴隆洼遗址为代表的兴隆洼文化[49]也滥觞并逐渐成长、发展起来。兴隆洼文化主要分布在内蒙古东南部、辽宁省西部以及河北省北部一带。迄今发现遗址共有70余处，时间距今8200~7400年。

兴隆洼文化早期阶段，势力比较强大，兴隆洼人曾向南扩张，影响一度到达河北南部和山东北部，同活动在这两个地区的磁山先人和后李先人发生了一定程度的接触。磁山文化中出现的细石器、后李文化中出现的穿孔石器等，都同兴隆洼早期文化南下有一定关系。但到了兴隆洼文化较为衰落的中期阶段，后李文化势力逐渐强大，反过来对兴隆洼文化施加了更为明显的影响。兴隆洼文化进入晚期阶段后，彼时的后李文化也开始衰落，而河北平原的磁山文化势力开始变得强大起来，并由此向北、向东拓展，对兴隆洼文化和后李文化都产生了一定的影响。[50]

令人诧异的是，地处辽河流域的兴隆洼文化却同远隔1400公里之外的裴李岗文化表现出了诸多共同的特征。[51]譬如说，都出现了原始农业的萌芽，发现有炭化了的粟、黍颗粒；都出现了原始畜养业的萌芽，发现有猪、狗等家养动物的骨骼；都是以采猎为主、农业为辅的混合型经济；房址大都是成排分布，排列整齐；房址形状大都以半地穴式为主，炉灶设于室内中部；聚落中心或近中心部位一般有大房子；房屋结构、聚落面积和布局呈现出一定的规制和规律，体现出一定程度上向心、凝聚观念和社会群体的初级分化等等。

最不可思议的是，在兴隆洼遗址一座室内面积为52.21平方米的大房子里，出土了一支骨笛，系用猫头鹰的翅膀骨做成。骨笛环壁较为轻薄，两端腐朽烂坏，中间完好，有5个单钻圆形穿孔。修复后进行测音，该骨笛能准确地奏出一个八度音域内的七个基本音阶，并能发出四种音列。[52]进一步研究表明，这支骨笛是巫师用来沟通天人的音乐媒介，属于巫师的专属乐器。[53]兴隆洼遗址这支骨笛无论其外形外貌、制作技术，还是其内涵功用，都同贾湖骨笛如出一辙，而裴李岗文化发祥时间又远早于兴隆洼文化，这就给了我们太多思考的空间。

▲ 兴隆洼遗址出土的骨笛

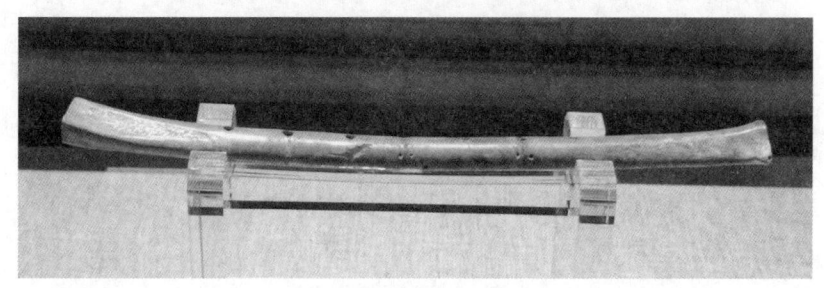

▲ 贾湖遗址出土的骨笛

另外，数千年以来传说为中原华夏始祖伏羲部落图腾的龙，竟离奇地出现在数千里之外的兴隆洼文化遗址中——阜新查海兴隆洼文化遗址就出土了一块浮雕有一段蜷曲龙身的陶片，遗址聚落广场中心部位还出土了一条长达19.7米、宽约2米，用自然石堆塑的"龙"。[54] 敖汉兴隆沟兴隆洼文化聚落灰坑中，则出土了两条用野猪头骨作龙首，用陶片、残石器及自然石摆放而为S形、C形身躯的"猪首龙"[55]。

就龙的本义而言，它不仅是传说中伏羲综合各部落动物图腾所创造的一个虚幻的神物，更是远古先人最早观天测象、制定农时所描绘的一个星象图，其中隐含着古人原始的宇宙观和宗教观。如果两者没有共同的文化背景，这些带有强烈地域色彩的精神信仰是不可能在相距1400公里之外的不同地域出现的。

裴李岗文化虽然目前尚未发现龙的踪迹，但在众多裴李岗文化遗址大墓中都发现了同"龙"形异而神同的龟甲——它们都隐含着原始

第一章　贾湖—裴李岗先人的迁徙和扩张　　　　　　　　　　41

先人观天测象以授农时的八卦思想。另外，在大约 1000 年之后的仰韶早期，继承了裴李岗文化精髓的河南濮阳后岗一期文化西水坡大墓墓主人身旁，也发现了龙，而且是同虎形物摆放在一起的更具有中国传统文化意义的蚌塑龙图案。[56] 这一点后面有详细叙述，这里按下不表。

事实上，兴隆洼文化崛起很突兀，尤其是其最早定居生活方式的发生，至今在兴隆洼之前的考古记录中找不到明显的过渡证据。但可以肯定的是，从小型流动狩猎采集人群发展到庞大的定居社群，兴隆洼人必定会经历巨大的社会政治、经济和文化挑战，像对领地的争夺、对资源的抢掠以及由此导致的战争等。这些根本性的变革在遗址中也有明确的反映——兴隆洼早期聚落住所似乎都是生活消费和礼仪活动的中心，如室内外大都放置有雕像和装饰品，它们都可能是家庭礼仪活动用品。虽然我们现在还难以确定这些雕像是否象征着神灵或祖先，但无论如何，"这种集中于住所的礼仪活动，可能是当时应对社群规模变化和压力的一种社会性反应"[57]。

东进

　　东亚大陆在距今8500年左右进入全新世大暖期后，诞生了一批考古学文化遗址，其中就包括山东地区的后李文化。后李文化因位于临淄的后李遗址而得名，主要分布在泰沂山系北侧的冲积平原，鲁中南可能属于它的边缘区。迄今发现有10余处遗址，其中较重要的除了后李外，还有章丘西河、小荆山和邹平孙家等，距今8500~7500年。[58]

　　后李先民主要依靠渔猎为生，这一时期遗址中发现的农业工具较少，农业生产还处于萌芽时期。像裴李岗等大多数同期考古学文化一样，此时的后李人已开始使用陶器，但是囿于烧造技术等各种主客观条件的限制，陶器形制单一，器类仅有七八种。其中陶釜是其主要特色，这不仅表现在陶釜数量多，约占陶器总量的三分之二以上，且形制多样。因为釜是在圜底器下加上陶支脚作为辅助的炊烧工具，方便而实用，遂成为后李文化重要的指征性器类。

　　后李文化在其成长发展过程中，不但同来自北方的兴隆洼文化有来往，其早期曾一度向南扩展至淮河中游一带，并同位于淮河下游的顺山集文化发生互动影响。顺山集文化覆盖面积不大，目前只发现了

▲ 后李文化陶釜

寥寥几处遗址，文化内涵也不是很丰富，但顺山集遗址[59]却是个环壕聚落，显示了其居住理念相对先进的一面。环壕内聚落面积近7.5万平方米。顺山集遗址出土的陶釜一类炊煮器，就是后李文化的标志性器物，而后李文化晚期发现的少量窄平卷沿、圆弧腹、大圜底一类盆形釜，与顺山集文化同类釜也很相似。[60]

后李先民在悠闲自在的生活节奏中，过了大约1000年之后，受到裴李岗文化的"侵袭"，被迫改变生活方式，文化面貌摇身一变成为北辛文化。[61]北辛文化特色就是以裴李岗文化的典型器物鼎和后李文化的典型器物釜，再加上钵、壶、盆等组成的基本器物群。尤其是在鲁南地区的北辛文化早期重要墓葬中，鼎作为随葬品比比皆是，表明北辛文化主体构成中，裴李岗先民，或者说是被裴李岗文化改造后的后李先民占了相当大的比例。

▲ 后李文化红陶折腹鼎和红陶鼎

东进的裴李岗先人改变的不仅是后李先民的普通生活，同时还影响并改变了后李先民的精神世界。考古人员在北辛遗址中发现了两例近似的刻画符号，分别刻在两个陶器上。这两例符号并非随意刻画，而是在陶器烧制以前就已经存在了。一例出现在泥质灰陶器底上，另一例出现在泥质红陶腹片上。两例刻画符号究竟要表达什么意思，目前尚不得而知。但这种书写传统在后李文化中无迹可寻，显然只能是继承自裴李岗文化。[62]

墓葬最能反映人们生前的社会状况。在考古发现的为数不多的北辛文化墓葬中，我们也看到了裴李岗先人留下的痕迹。例如，在鲁南一些墓葬中就有随葬猪牙和獐牙的情况，这在后李文化墓葬中也无迹可寻，而在裴李岗文化墓葬中却屡见不鲜。

体质人类学的研究表明，我国新石器时代人类可以划分为华南、华北两大类群，华北类群又可以进一步区分为体质上相近的三个小类群，其中"石固组、大汶口组及西夏侯组为一小类群"[63]。石固是指河南长葛石固遗址,大汶口是指山东泰安大汶口遗址,西夏侯是指山东曲阜西夏侯遗址。这说明裴李岗先民与北辛文化先民在体质特征上有较近的亲缘关系。

裴李岗先民东进,主要是沿着济水到鲁西,再到鲁中南地区的。当时的济水流淌在豫中、豫东和鲁西、鲁东南之间,后来被黄河改道所夺,才不见了踪影。《史记·夏本纪》载:"道沇水,东为济,入于河,泆为荥,东出陶丘北,又东至于荷,又东北会于汶,又东北入于海。"[64] 在生产力水平较为低下的史前时期,大部分地区都是成片的森林、草原和沼泽,再加上高低不平的低山丘陵,给人类迁徙造成困难,所以史前先人交流、迁徙更多应该走的是水路。[65]

在史前传说中,与伏羲大略同时,在东方濒海地带也崛起了一支强大的部族——太昊:"帝出于震,未有所因,故位在东方,主春。象日之明,是称太昊。"[66] 太昊又被称作太皞、太皓。三个音同形异的字都有一个共同的日字作偏旁部首,而且三个字的意思都和太阳照耀有相关。太昊是东夷族群中最早出现的"帝",其图腾是太阳,与少昊同族不同宗。[67]

太昊将他们所居之地称为"齐州",名其水曰"济水",名其渊曰"天齐",名其山曰"泰山"。所谓泰者,大也,泰山就是天下最大的山。泰山精就是日神,主太阳升落,主万物生发。所谓齐者,乃"当天中央齐"[68]。"齐所以为齐,以天齐也。"[69] 齐,就是脐。肚脐在人体的中央,天脐也就是天地的中央。

分布在海岱泰沂山系北侧冲积平原的后李文化可能就是太昊部族的生活遗存。而裴李岗文化东进和后李文化融合而形成的北辛文化实际反映的应该是,伏羲族群中的一支同太昊部族交融形成了一个全新族群——太昊伏羲——的史实[70]:"泰帝谓太昊伏羲氏。"[71]"太昊伏羲氏,以木德王。"[72]"太昊伏羲氏风姓,号太昊,都宛丘,今陈州,在位百一十五年。"[73]陈州,就是今河南淮阳地区。淮阳属于豫东,正处在北辛文化和裴李岗文化交接地带。

《左传·僖公二十一年》云:"任、宿、须句、颛臾,风姓也。实司太皞与有济之祀。"[74]这里的太皞可能就是指后李文化族群首领,祭祀济水可能寓意着上述伏羲族群某支曾沿济水东进同太昊部族融合的史实。

任、宿、须句三个小"国"都是太昊伏羲氏的后裔,任在今天的济宁市一带;宿在今东平县东南一带,另一说是在鲁西南或豫东皖北地区;须句即今之山东省东平县西北或东南,距宿较近。[75]这些地方都处在北辛文化势力范围之内。

西迁

　　裴李岗先人在向东、向北扩张时，还有一支向西迁徙，经过若干年的发展后，在渭河流域和汉水上游形成了覆盖面积广大的白家—大地湾文化[76]，相关遗址目前已发现有40余处，其中，渭水及其支流泾、洛河流域分布有28处，汉水上游及其支流丹江流域分布有约20处。这些遗址大都位于依山傍水的台地上，面积一般较小，多在1万~2万平方米之间，大致距今8000~7000年。

　　白家—大地湾文化可分为早晚两期。早期以秦安大地湾一期、天水西山坪一期、渭南北刘下层、临潼白家村遗址为代表；晚期以宝鸡北首岭下层、天水西山坪二期、天水师赵村一期为代表。

　　我们以大地湾遗址一期为例说明。[77]大地湾遗址位于天水市秦安县东北五营乡邵店村，总面积约275万平方米，系渭河上游和汉水上游40处遗址中面积最大的一处。文化层厚1~4米，年代从距今7800年一直延续到距今5300年。其中一期文化距今7800~7300年。

　　大地湾人保留了裴李岗先人诸多特点，如居住面积较小的半地穴式房子；使用质地、形制大同小异的陶器、石器、骨器、蚌器；过着可以吃米、吃猪肉的原始农业定居生活。大地湾人还将猪下颌骨用于随葬，更是对贾湖—裴李岗先人随葬猪牙一类习俗的继承和发展，由此还开启了后来流行于中国北方新石器时代的一种葬俗。[78]

▲ 大地湾半地穴式房子复原场景

总体来看，大地湾聚落定居性程度较高，具体表现就是有大量永久性居住遗存出土，譬如精心规划的墓地、精致的陶器、粟作农业和家猪等畜牧业等，但是整体观察，其生业经济表现出来的仍是偏重依赖狩猎采集的格局，[79]这同他们地处气候偏低的西北地区有一定关系。

大地湾人还继承了裴李岗先人使用契刻符号表意的传统。在大地湾一期所出23个陶片上，发现有13种不同的几何形契刻符号，每件陶器单独成形，以红色或白色颜料描绘，位置往往贴近陶器口沿部位。

前述含有石子的龟甲、骨规形器和骨笛等特殊器物在裴李岗文化部分较大的墓葬中常以组合形式出土，墓葬的主人以男性为主，而且这些较大墓葬绝大部分都属于裴李岗文化后期，暗示裴李岗文化后期已经步入初步的男权社会。大地湾人进一步发展了男权思想——在大

第一章　贾湖—裴李岗先人的迁徙和扩张

地湾文化一期长虫梁半山腰的原始宫殿遗址及其附近就出土了数件陶祖，即陶制的男性生殖器摹状物，这是原始社会男性生殖崇拜的一个典型标志。

《帝王世纪》载："有大人之迹，出于雷泽之中，华胥履之，生庖牺于成纪，蛇身人首。"[80] 伏羲早期的图腾正是蛇，亦可称之为龙或龙的前身。蛇之所以能够成为伏羲部族的图腾，是因为蛇不仅繁殖功能强大，生命力旺盛，而且蛇本身还是男性生殖器的一种隐喻和指代，含有祖先崇拜的意义。

《周易·系辞下传》说伏羲："作结绳而为网罟，以佃以渔，盖取诸《离》。"[81] "离"就是八卦中的离卦。自20世纪60年代以来，考古工作者在大地湾遗址中发掘发现了大量的纺轮坯和尖状骨锥等器物，而这些都是结绳织网的工具。由此看来，《周易》所言或许不是空穴来风。

我们在"贾湖—裴李岗先人的迁徙和扩张"一节中已述及，考古学上的贾湖—裴李岗时代就是史前传说中的伏羲时代，而由贾湖类型过渡到裴李岗类型的裴李岗文化极有可能就是原始的伏羲文化。白家—大地湾文化应该是伏羲族群西迁的一支所创造的考古学文化。他们在西迁时继承了伏羲文化传统，并且予以发扬光大，这不但体现在上述考古发现中，而且在其迁徙沿途及其定居地域都流传有大量的相关传说、习俗等相关人文遗迹。

在渭水和黄河交汇处黄河以北，著名的相关遗址仅晋南地区就有芮城风陵渡——传说为女娲去世后陵墓之所在，女娲风姓，故称风陵；万荣后土祠——传说是女娲"抟黄土造人"之所在，历代皇帝多前往祭祀；乡宁人祖山——传说是伏羲、女娲"兄妹成婚"缔造人类之所在；洪洞娲皇陵——传说是女娲去世后陵墓之所在，这个陵墓还有正陵和副陵之分；洪洞卦地村——传说是伏羲"以通神明之德，以类万物之情"的始作八卦之地，如此等等。

在陕西蓝田县华胥镇孟岩村，现在还保存着一个高约20米，周长约200米的黄土平台，台上有一个不起眼的土丘，这就是名声赫赫的华胥陵。除华胥陵外，在蓝田还分布着许多与华胥有关的人文景点，如华胥沟、三皇庙、毓仙桥、阿氏村（娲氏村）、女娲堡、补天台、人宗庙、磨合山、华胥窑、画卦台等。宋家村还保存有一块明代记载"三皇"功绩的石碑，碑文正中刻有"古华胥国"字样，左右两边分别刻有"伏羲肇娠，黄帝梦游"八个字。

▲ 传说中的宋家村"古华胥国"遗址

蓝田华胥陵及众多同华胥、伏羲和女娲有关的人文遗迹，所隐含的历史真相或许是，华胥—伏羲部族在沿渭河向西迁徙时，有一部分族人留在了此处，把"华"文化也带了过来，所以渭南的华阴、华山，晋南的华谷、华水等流传下来带有"华"字的地名、水名、山名等，都可能是华胥—伏羲部族西迁时留下的孑遗。

不但如此，这支西迁的伏羲部族可能还把昆仑（丘）这个有特殊含义的地名移植到了沿途各地。

原始人处在人类的蒙昧阶段，思维意识还停留于幼稚的混沌状态。在他们的意识中，整个世界有规律的变化，如昼夜更替、四季轮回等都是由上帝主宰的。上帝呢，就居住在浩瀚天空的中央，即所谓天庭，而这个天庭或"天中"的标志就是北斗七星所围绕旋转的那个北天极——恰恰对应着自己。简单的类比思维，使得他们想当然地把自己所生活的地方看作大地的中央，即所谓"地中"。昆仑（丘）就是伏羲部族对他们最初所居大山的称谓，如《山海经·西山经》就说："西南四百里，曰昆仑之丘。是实惟帝之下都。"[82] 这里的"帝"就指的是伏羲氏。

其实，不只中国是这样，在人类起源问题上，其他文明的认知也都是同样的状况。希腊神话中，宙斯从世界的两端同时放了两只鹰，两只鹰在德尔菲（Delphi）相遇。因此，这里就被当作希腊神话中世界的中心；世界三大宗教犹太教、基督教和伊斯兰教都诞生于耶路撒冷，耶路撒冷不仅是他们的圣城，而且还被他们认为是世界的中心；甚至诞生于19世纪中叶以色列境内的巴哈伊教，竟然都还认为安葬其先知巴孛的海法巴哈伊空中花园就是世界的中心。

从这个意义上讲，环嵩山而居的伏羲族群最初所谓的昆仑，可能就指的是嵩山。但原始先人迁徙时受限于思维幼稚，往往把旧的地名移植到新的地方，所以在文献和传说中，我们可以看到分布在豫中沿黄河向西直至渭河流域狭长地带的那些高山峻岭，都有被视作昆仑的说法，如山西阳城析城山、吉县人祖山、乡宁云丘山、陕西秦岭、华山，甘肃祁连山等，而在秦安大地湾附近的一座小山干脆就被乡人称为小昆仑。

事实上，不仅仅是这些地方，由于伏羲族群及其后裔四处迁徙，因而在我国东西南北中各地都留下了很多曾被称为昆仑的大山。正如清代的学者毕沅所言：“《尔雅》云：'三成为昆仑丘'，是昆仑者高山皆得名之。"[83]

尽管全国各地关于伏羲的传说记载和人文遗迹都很多，但是在豫中、豫西、晋南、关中、陇中南等地区，尤其是围绕白家—大地湾文化遗址群方圆一二百公里以内，关于伏羲、女娲活动的遗迹遗址、民俗传说更呈密集状态分布，可谓俯拾皆是。仅华胥氏生伏羲的传说地点见于史料记载的就有成纪、静宁和仇池山等多个地方。

成纪是古地名，在今秦安县北一带。成纪之得名和传说中的伏羲出生有密不可分的关系。古人称十二年为一纪——成一纪之元。华胥氏怀伏羲十二年方生，故伏羲诞生之地被称为成纪。[84]《太平寰宇记》引《汉书》说"成纪属汉阳郡，汉阳郡即天水郡也。古帝庖牺氏所生之地"[85]，天水几千年来一直就被称为"羲皇故里"。

大地湾遗址分布在葫芦河支流清水河南岸的二、三级阶地相接的缓山坡上——当地传说，伏羲部族既用葫芦盛水、装物，又制造了大量的葫芦形陶器，事实上是把葫芦作为宇宙模型，用其上下二球象征天球、地球和日球、月球，寓意有囊括天、地、人三才全都诞生于小小葫芦之中的大宇宙思想。昆仑即为"囫囵",而"囫囵"则是葫芦的谐音,亦是伏羲族称葫芦为"囫囵"的原因所在。[86]

▲ 大地湾遗址二期所出陶葫芦瓶

伏羲氏又被称为"瓠氏",瓠是一种短颈大腹的老熟葫芦,闻一多先生考证后认为,伏羲氏即瓠栖氏,是一个以葫芦为图腾的原始部族。葫芦多子,是子孙繁殖力旺盛的象征。[87]

令人深思的是,在葫芦河畔距大地湾遗址咫尺之遥的秦安陇城镇,正是被传为女娲诞生地的"娲皇故里"。这里有女娲洞、女娲庙,还有风台、风莹、凤尾村等地名,均与女娲氏有关。

南下

裴李岗文化在向东、北、西三面扩张的同时,也有一支以南部贾湖类型所处的淮河上游流域为据点,兵分两路分别向豫东南的淮河流域和豫西南的汉水流域发展。[88]

向豫东南方向发展这一路,由于受桐柏山、大别山和淮河走向的影响,逐渐转为东向,在淮河中游流域同早时推进至此的后李文化遭遇,双方经过长时间的摩擦、冲突后,以裴李岗先人为主,逐渐融合,形成全新的双墩文化。[89]

双墩文化以位于安徽省蚌埠市小蚌埠镇的双墩遗存为代表,大致距今 7500～7000 年。双墩文化社会存在着多种类似于裴李岗文化的经济结构,如从事原始的稻作农业、家猪饲养业、渔猎业、采集业等,还从事陶器、石器、骨角器制作,以及养蚕、缝织等手工生产。

双墩遗址最引人注目的一个发现是,出土了 600 余例承自裴李岗文化的刻画符号,这在同时期国内外文化遗存中虽不能说绝无仅有,但的确十分罕见。符号大都刻画在器底部位,内容主要包括三类,一是日月、山川、动植物、房屋等写实类,二是狩猎、捕鱼、网鸟、种植、养蚕、编织、饲养家畜等生产与生活类，三是记事与记数类，反映了双墩人生产、生活、宗教和艺术等社会状况及其精神风貌。[90]

▲ 双墩遗址出土的部分刻符摹写

　　双墩文化形成后，又渐次向北面泰沂山以南的鲁西南、鲁中南一带发展，在此同来自西北方的裴李岗文化、来自北方的后李文化进一步融合后，形成了前述代表太昊伏羲部族生活遗存的北辛文化。

　　而在更早之前的裴李岗文化先民沿着淮河这条线路向东南迁徙中，还同前述淮河下游流域同时期的顺山集文化发生了关联。顺山集文化中发现有不少裴李岗文化因素。[91]

　　向豫西南一路，穿越伏牛山和桐柏山之间那条天堑——这也是几千年以来从中原进入南阳盆地的重要通道，其南端就是今南阳市方城缺口。他们在此又兵分两路，分别沿着南襄隘道和随枣走廊继续南下，跨越长江，然后直面整个江汉平原。

方城大张庄、邓州八里岗，以及汉水支流白河流域的多个遗址中，都发现有裴李岗文化陶片，尤其是位于汉水另一支流丹江流域的淅川下王岗遗址最早遗存中还出土了用龟甲随葬的墓葬，这属于裴李岗文化的典型特色。[92] 所以有学者认为当时的南阳盆地可能就属于裴李岗文化的势力范围。

彼时的江汉平原分布有以湖北宜都城背溪为代表的城背溪文化和以湖南澧县彭头山遗址为代表的彭头山文化。城背溪文化宜都枝城北遗址仅一个地点就出土了 50 多件陶器，其中近一半是裴李岗文化典型器物，如折沿罐、角把罐、小口双耳壶等[93]，澧县彭头山遗址也出土了类似的小口双耳陶壶。[94] 但在裴李岗文化分布区几乎不见江汉平原文化因素的踪影，表明裴李岗文化南下不仅仅是文化输出，更意味着大规模的人口迁移。

距今 8800～7600 年的彭头山文化，势力非常强大，曾在早期东进，迫使位居长江下游的上山文化接受它的影响而变为跨湖桥文化（距今 8000～7500 年）。[95] 跨湖桥文化形成以后，又西进对彭头山文化发生影响，促使彭头山文化变脸为皂市下层文化。皂市下层文化以湖南石门县皂市遗址下层遗存为代表，主要分布在洞庭湖及其外围地区。

大致距今 7800~7000 年时，沅江、长江三峡等地还分布有一些与皂市下层文化类似的遗存，[96] 其中最引人瞩目的，当属以沅水中上游为核心分布区的高庙文化。

高庙文化得名于湘西洪江市安江镇东北约 5 公里处的高庙遗址。[97] 这是一处贝丘遗址，位居沅水中游北岸的一级台地上，面积约 3 万平方米。遗存中的淡水螺、贝壳堆积如山，可见的还有鹿、猪、麂、牛、熊、獾、象、獏、犀牛等各种水陆生动物骨骸以及植物遗存，不仅种类多，而且数量大，暗示当时人类获得食物以渔猎与采集为主。

高庙遗址出土了大量的陶器，其中罐器品种尤为丰富，器型多达十余种。但其最富特色的是陶器装饰艺术。在高庙文化早期阶段，常见由双线或单线刻画纹构成的简单图案，如网格、鸟头、鸟翅、兽面和八角星等。进入中期开始盛行用戳印篦点纹组成的各种图案，最具代表性的是形态各异的鸟纹、獠牙兽面纹、太阳纹和八角星纹等。

考虑到绘有这类图案的陶器，质地都比较好，制作技艺精湛，器类与器型也相对固定，因此这些陶器很可能是高庙人在祭祀礼仪中所使用的祭器。[98] 而那些獠牙兽面、太阳和八角星等图案，应该是高庙人所崇拜的自然神灵，反映了他们对于原始巫教的虔诚与狂热。

1991年，高庙遗址出土了一件高直领白陶罐，罐颈部绘有带双羽翅的獠牙兽面，两侧还分别绘有盘旋而上的"梯阙"。带獠牙的怪兽能飞翔天际，显然是一种虚构的神性动物，而绘在两侧的高耸梯阙，或许就是古代祭祀场所中专供神灵上下的天梯或供神灵进出的天门。[99]

高庙遗址还出土了一处大型祭祀场地，面积1000平方米左右。整个祭祀遗迹呈南北中轴线布局，由主祭场所、祭祀坑以及与祭祀场所相连的附属建筑及其附设的窖穴，共三部分组成。祭祀场发现了四个边长约1米的方形大柱洞，复原起来可能是个非常高大的"排架式梯状建筑"。另外，还有数十个祭祀坑，其中一个可能是人祭坑，坑内发现有一具成年男性头骨，还有鹿角、猪下颌等动物骨骸，并且还有火燎的痕迹。这一大型祭祀场地还出土了一件精美的白陶祭器，上面绘

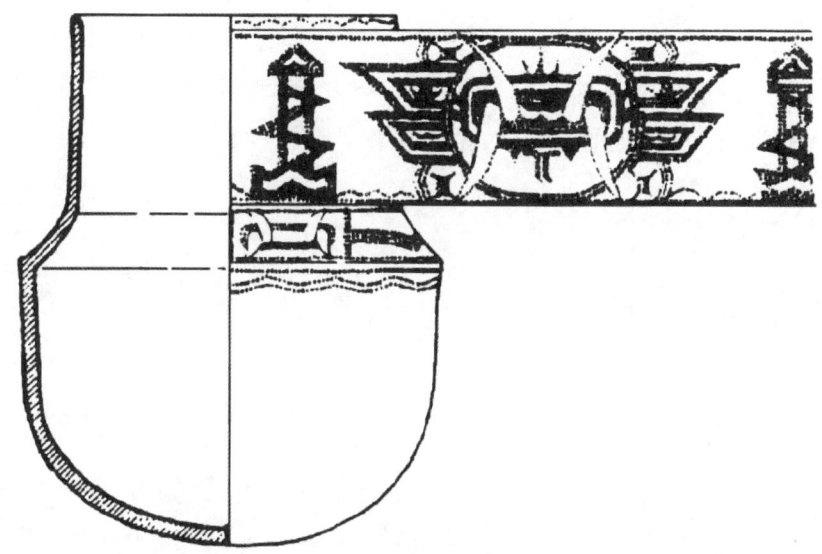

▲ 高庙遗址出土的白陶罐，颈部所绘獠牙兽面和"梯阙"

有复杂图案，包括可以和祭祀场主建筑对应的"梯阙"式图像，以及太阳纹、八角星纹、鸟纹、獠牙兽面纹等。[100]

发掘者认为獠牙兽面纹两侧常带有双"翼"，并绘在"梯阙"之间，表达的是有飞龙、天梯等在内的通天祭祀仪式；鸟纹常附载日、龙、八角星纹等，或许为凤的形象。而八角星纹被普遍认为与太阳历以及天圆地方的宇宙观有关。[101]

姑且不论高庙遗址的八角星纹是否同太阳历有关，至少在表达八方九宫、天圆地方等空间观念方面，与裴李岗文化和双墩文化有较为一致的一面。[102]尤其是那具成年男性头骨与鹿角、猪下颌等动物骨骼共存的情况，不能不让我们想起裴李岗文化以及由裴李岗文化西进发展而来的白家—大地湾文化中随葬猪牙和猪下颌骨的墓葬习俗。

这或许同受裴李岗文化浸染的皂市下层文化南下，对高庙文化发

第一章　贾湖—裴李岗先人的迁徙和扩张

生强烈影响有关。高庙文化和皂市下层文化关系较为密切,彼此之间都有不少对方的因素存在,而且在其晚期,两种文化在湘江中下游和洞庭湖东岸地区迎面碰撞,进而交融,形成了一种崭新的文化——大塘文化。[103]

遍地开"华"

高庙文化并没有局限在沅江流域和长江三峡这片狭窄的地域，而是在它羽翼丰满之后，极尽所能地向外进行了一系列的扩张行动。由于在其东、北、西三面都有强敌环伺，如裴李岗文化、双墩文化和皂市下层文化等，南方就成了高庙文化扩张的主要方向。

高庙人沿着广西龙胜、资源县境内的寻江支流河谷，逆流进入今湖南城步和通道县境内，在此南下西江，到达珠江三角洲地区。贵州远口镇的坡脚遗址、广西桂林甑皮岩和平乐纱帽山遗址、深圳咸头岭遗址等，均出有主体特征属于高庙文化的遗存。[104]

高庙文化的生命力极其顽强，尽管表面上看，它只延续了800年之久，大约在距今7000年时被后来居上的大溪文化所吞灭，但由她或者说是由它间接传承裴李岗文化传统所创立的一些基本的宇宙观、宗教观却成为后世文化中国不可或缺的一部分而被继承下来，如八角星纹图案，在后续的4000年中，先后见于距今6800～6300年分布于澧阳平原的汤家岗文化、距今6300～4500年分布于海岱地区的大汶口文化、距今5900～5300年分布于太湖流域的崧泽文化、距今5500～5300

年分布于巢湖流域的凌家滩文化，等等。

▲ 高庙遗址出土的陶器上压印有八角星纹

这种跨时空的文化现象突破了地缘和血缘的阻隔，实际上反映了当时人们已经拥有了某种共同的宇宙观，成为彼时各个地域文化共同认可的"华夏"文化要素之一。其很可能与观象授时的历法以及后来的八卦有联系，甚或是中国古代模拟大道运行，用于推算历数或用于占卜工具的雏形。

▲ 凌家滩遗址出土的八角星图案玉版

在有关华胥、伏羲等的传说中,"华"还被认为有象征日月星辰与光芒的意思,如"日华""月华""火花"等,因此,"华"字最初的含义应是对花和一切光彩夺目东西的总称[105],像《尔雅·释草》所谓"木谓之华,草谓之荣",《礼记·郊特牲》所谓"天子树瓜华"[106],这里的"华"就泛指一切花草瓜果等美好的东西。

▲ 大汶口遗址出土的八角星纹彩陶豆

在距今约9000～7000年的贾湖—裴李岗时代,或许是受裴李岗文化扩张影响所致,北至辽河流域,南至长江流域,在这一幅员辽阔的范围内,几乎到处都可见到刻有太阳纹的陶器出现,这种现象反映的或许不仅仅是中华先民们日崇拜的精神信仰,其背后深层次的原因可能同他们自认是华胥、伏羲后裔有关。

在文献记载和传说中,伏羲的生活地点不仅仅是在中原地区,在北起蒙古、南至岭南、东南亚，东起海岱地区、西到青藏高原，把伏羲认作始祖，并崇日、崇花的现象比比皆是。

我们以南方为例说明。闻一多先生曾将芮逸夫《苗族的洪水故事与伏羲女娲的传说》一文收录的流传在南方的20余则洪水故事加以深入研究，他将这些材料"依地理分布，由近而远"排列，最后勾勒出以"洪水故事，兄妹成婚"为中心母题的伏羲文化分布情况：湘西—川南—贵州—广西—云南—"法领东京"—"交趾"（今越南北部红河流域）—印度中部—海南岛[107]。

与此密切相关的是，这些地区的居民至今大多都还有花崇拜的习俗。[108] 在湖南沅湘之间，也就是高庙文化所在核心区域，老人们普遍认为，花是人的灵魂，而"花魂"则由花林女神掌管。花魂只有进入胎体之后，婴儿才会顺利生下来，获得生命，否则就会生下死胎。因此，当妇女怀孕之后，首要的就是去祈求花林女神赐予花魂。围绕这一主题，衍生了一系列礼仪风俗：没有孩子的夫妇，要相跟着到花树下去祈求女神赐子。怀上孩子，还须经常为这株花树浇水除虫。生下孩子，做父母的要给孩子栽一棵花树，作为他的生命树。如果孩子生病了，就认为是孩子的生命树病了，就必须请巫师来为孩子的生命树浇水除虫。孩子长到三、六、九岁时，还要请巫师来为他"度花树关"，只有度过了花树关，孩子才能平安无事地长大成人。

在西南民族地区，当孩子成长为青年时，便可以去参加"跳花"活动。就是在铺满鲜花的场地中，或立花树，或立花柱，或立火花（即生篝火），妙龄少男少女绕花歌舞。这些花树、花柱、火花，由聪敏伶俐的青年男子吹着芦笙看守。芦笙吹得悦耳动听的，他的花树上就会挂满姑娘们赠送的花带、花包等礼物，爱情也会随之降临。老人去世，人们则认为是花林女神将他的"花魂"召回到花树林去了，因此就得做"安花魂"一类法事，请巫师来唱《散花歌》，送"亡灵上天台"。《散花歌》的歌词，如"你散花，我收花，收到西天王母家，再等来年春三月，南风吹动又发芽"等，就都是将花比人，正所谓"人生如花开，人死如花散，来春花魂又变人"。[109]

不仅如此，在南方好多地区，不管过什么喜庆节日，人们在举行庆祝礼仪中，都是以两棵花树开路，并以鲜花或花树装饰神坛。妇女们手持花树，"踏歌珠坛"，男人喝酒也要唱《盘花歌》。他们还有"插花节"，届时，人们都在屋内屋外插满花枝，到处是一片鲜花的海洋。

广东和广西还有祭祀"花王父母"的习惯，广州有"西王母祠"与"金华夫人庙"。《广东新语》"花王父母"条记载："越人祈子，必于花王父母，有祝辞云：'白花男，红花女。'"同书"西王母"条记载："广州多有祠祀西王母，左右有夫人，两送子者，两催生者，两治痘者，凡六位。""金华夫人"条记载："祈子金华，多得白花，三年两朵，离离成果。"[110] 说明两广地区同样有花魂崇拜，广州之所以称为花城，与此有很大关系。

一般认为"西"音同"羲"，西王母就是羲王母华胥氏。[111]

其实，崇拜花不仅在长江以南，还在黄河流域，乃至辽河流域，一直以来就是悠久的传统。国家重大礼仪要摆放鲜花，人生喜庆礼仪要点缀鲜花，甚至人在去世后，人们也要送花圈、戴白花以示哀悼。如此等等。

中国人对花的崇敬、衷爱之情，很大程度上应该是传承自华夏始祖华胥、伏羲等以花为图腾、以花为其族群标识这一传统，几千年以来在华夏民族这个巨大的躯体里已经是沦肌浃髓、根深蒂固，所以，中国人自称为华人，可谓渊源有自。

在距今9000~7000年的贾湖—裴李岗时代，中国各地文化在基本面貌和性质方面，出现相同或相似的一面，当然不仅仅是原始先人所面临的生存环境大体相似，更重要的还应该是彼此迁徙往来中的文化交流和族群融合所致。而在东西南北中各地考古学文化的互动中，起主导作用的无疑是居于中原地区，且文化更为先进、实力更为雄厚的裴李岗文化。正是由于贾湖—裴李岗先人向周边地区的迁徙、拓展，一批继承了其文化传统的新的考古学文化才得以诞生，这些考古学文化又在成长发展过程中，同更外围地区的文化发生碰撞、交融，由此形成了不同文化之间在宗教祭祀、空间观念等方面的共同特征。其背后所体现的，是贾湖—裴李岗族群和周边族群的文化乃至血缘的大融合，贾湖—裴李岗先人所带去的不仅仅是一些必要的生存技能，如种植、养殖技术等，更重要的是他们的宇宙观、宗教观等精神信仰方面的东西，如观象授时的历法以及八卦的思想萌芽，包括模拟大道运行，用于推算历数或用于占卜的简陋工具等。这些构成了全体华族互相认同的基本心理底色。

是以在距今9000~7000年这个时代，就不仅是居于中原地域的贾湖—裴李岗先人可以称为伏羲，而且四方所有和裴李岗文化有着同样宇宙观和宗教观等精神信仰的族群，都可以称为伏羲。因为在文化上，甚至在血缘上，他们是一脉相承，他们打出来的旗帜，都是伏羲；他们喊出来的族名，都是"华"人。

注 释

1. （唐）李鼎祚撰，王丰先点校：《周易集解》，中华书局2016年版，第450~452页。

2. （晋）葛洪著，杨明照校笺撰：《抱朴子外篇校笺》，中华书局1991年版，第380页。

3. 黄怀信撰：《鹖冠子校注》，中华书局2014年版，第70页。

4. （明）来知德撰，王丰先点校：《周易集注》，中华书局2019年版，第729页。

5. 黎翔凤撰，梁运华整理：《管子校注》，中华书局2004年版，第1507页。

6. 华仁葵等：《中华文明圣地昆仑丘》，世界图书出版公司2018年版，第171~178页。

7. （魏）徐干撰，孙启治解诂：《中论解诂》，中华书局2014年版，第225页。

8. 〔日〕竹添光鸿著，于景祥、柳海松整理：《左传会笺》，辽海出版社2008年版，第480页。

9. （清）焦循著，陈居渊校点：《易通释》，凤凰出版社2012年版，第607页。

10. （汉）班固撰集，（清）陈立疏证，吴则虞点校：《白虎通疏证》，中华书局1994年版，第50~51页。

11. （清）马骕撰，王利器整理：《绎史》，中华书局2002年版，第19页。

12. （明）李贽评纂：《史纲评要》，中华书局1974年版，第4页。

13. （汉）宋衷注，（清）秦嘉谟等辑：《世本八种》，中华书局2008年版，第35页。

14. （元）郝经著，田同旭校注：《郝经集校勘笺注》，三晋出版社2018年版，第2186页。

15. （晋）皇甫谧撰，徐宗元辑：《帝王世纪辑存》，中华书局1964年版，第2页。

16. 李彦英：《裴李岗文化与磁山文化关系研究》，《南方文物》2021年第2期。

17. 赵春青：《贾湖遗址》，王巍总主编《中国考古学大辞典》，上海辞书出版社2014年版；蔡运章：《裴李岗文化与文明曙光》，《洛阳日报》2021年5月24日。

18. 张杰民：《河南贾湖遗址，9000年前就酿出世界上最早的酒！》，人民网2018年7月6日。

19. 袁广阔：《裴李岗文化的发展与仰韶文化的崛起》，《中华文化画报》2018年第5期。

20. 冯时：《中国天文考古学》，社会科学文献出版社2001年版，第195~197页。

21. 刘文典撰，冯逸、乔华点校：《淮南鸿烈集解》，中华书局2013年版，第113页。

22. 袁广阔：《裴李岗文化的发展与仰韶文化的崛起》，《中华文化画报》2018年第5期。

23. 蔡运章、张居中：《中华文明的绚丽曙光——论舞阳贾湖发现的卦象文字》，《中原文物》2003年第3期；冯时：《中国古文字学概论》，中国社会科学出版社2016年版，第24~25页。

24. 文丽：《姬英明：八千多年的贾湖遗址发现了骨制"规矩"》，光明网2019年7月15日。

25. （宋）吕惠卿撰，汤君集校：《庄子义集校》，中华书局2009年版，第448页。

26. 刘文典撰，冯逸、乔华点校：《淮南鸿烈集解》，中华书局2013年版，第188页。

27. （晋）皇甫谧撰，徐宗元辑：《帝王世纪辑存》，中华书局1964年版，第3页。

28. 郭世谦：《山海经考释》，天津古籍出版社2011年版，第675页。

29. 李新伟：《中国史前玉器反映的宇宙观——兼论中国东部史前复杂社会的上层交流网》，《东南文化》2004年第3期；徐峰：《中国古代的龟崇拜——以"龟负"的神话、图像与雕像为视角》，《中原文物》2013年第3期。

30. 蔡运章、张居中：《中华文明的绚丽曙光——论舞阳贾湖发现的卦象文字》，《中原文物》2003年第3期；宋会群、张居中：《龟象与数卜：从贾湖遗址的"龟腹石子"论象数思维的源流》，刘大钧主编：《大易集述：第三届海峡两岸周易学术研讨会论文集》，巴蜀书社1998年版，第11~18页。

31. （宋）朱熹撰，廖名春点校：《周易本义》，中华书局2009年版，第246页。

32.（汉）刘安编，刘文典撰，冯逸、乔华点校：《淮南鸿烈集解》，中华书局2013年版，第561页。

33.《浙江义乌桥头新石器时代遗址》，国家文物局主编：《2019中国重要考古发现》，文物出版社2020年版，第23~27页。

34. 韩建业：《试论跨湖桥文化的来源和对外影响——兼论新石器时代中期长江中下游地区间的文化交流》，《东南文化》2010年第6期。

35. 韩建业：《裴李岗时代与中国文明起源》，《江汉考古》2021年第1期。

36. 贺梨萍：《中国考古学家在义乌桥头遗址中发现9000年前南方人喝啤酒证据》，澎湃新闻2021年9月3日。

37. 王心喜：《试论跨湖桥文化》，《四川文物》2006年第4期。

38. 此为CalPal校正后的数据，原文系距今7300年。施雅风等：《中国全新世大暖期气候与环境的基本特征》，施雅风主编《中国全新世大暖期气候与环境》，海洋出版社1992年版；刘莉、陈星灿：《中国考古学——旧石器时代晚期到早期青铜时代》，生活·读书·新知三联书店2017年版，第38~39页。

39. 张渭莲、段宏振：《先秦中原与北方文化交流持久延绵》，《中国社会科学报》2021年9月27日。

40. 王青：《试论史前黄河下游的改道与古文化的发展》，《中原文物》1993年第4期。

41. 刘庆柱、韩国河：《中原历史文化演进的考古学观察》，《考古学报》2016年第3期。

42.（清）孙诒让著，汪少华整理：《周礼正义》，中华书局2015年版，第905页。

43. 韩建业：《裴李岗时代与中国文明起源》，《江汉考古》2021年第1期。

44. 河南省文物管理局南水北调文物保护办公室、郑州市文物考古研究院：《河南新郑市唐户遗址裴李岗文化遗存发掘简报》，《考古》2008年第5期；郑州市文物考古研究院、河南省文物管理局南水北调文物保护办公室：《河南新郑市唐户遗址裴李岗文化遗存2007年发掘简报》，《考古》2010年第5期。

45. 韩建业：《裴李岗文化的迁徙影响与早期中国文化圈的雏形》，《中原文物》2009年第2期。

46. 刘庆柱、韩国河：《中原历史文化演进的考古学观察》，《考古学报》2016年第3期。

47. 韩建业：《裴李岗文化的迁徙影响与早期中国文化圈的雏形》，《中原文物》2009年第2期。

48. 蔡金英：《磁山文化的谱系研究》，《华夏考古》2021年第1期。

49. 任式楠：《兴隆洼文化的发现及其意义——兼与华北同时期的考古学文化相比较》，《考古》1994年第8期。

50. 杨海燕：《试论后李、兴隆洼及磁山文化的关系》，《文物春秋》2017年第2期。

51. 游雪晴：《穿越8000年探究小米起源之谜》，《科技日报》2015年10月30日；罗运兵、李想生：《中国家猪起源机制蠡测》，《古今农业》2012年第3期；席永杰、滕海键：《兴隆洼文化研究述论》，《赤峰学院学报》2011年第2期；李永强：《裴李岗文化生业经济研究现状与思考》，《南方文物》2018年第4期；韩建业：《裴李岗时代与中国文明起源》，《江汉考古》2021年第1期。

52. 席永杰等：《内蒙古敖汉旗兴隆洼文化八千年前骨笛研究》，《北方文物》2011年第1期。

53. 石琳、张国强：《兴隆洼文化、骨笛及巫文化研究》，《赤峰学院学报》2016年第12期。

54. 辽宁省文物考古研究所：《阜新查海新石器时代遗址试掘简报》，《辽海文物学刊》1988年第1期。

55. 薛志强：《中国东北西辽河地区"龙"起源的几个问题》，《东疆学刊》2012年第2期。

56. 濮阳市文物管理委员会等：《河南濮阳西水坡遗址发掘简报》，《文物》1988年第3期。

57. 刘莉、陈星灿：《中国考古学——旧石器时代晚期到早期青铜时代》，生活・读书・新知三联书店2017年版，第142页。

58. 杨海燕：《试论后李、兴隆洼及磁山文化的关系》，《文物春秋》2017年第2期。

59. 南京博物院、泗洪县博物馆：《顺山集——泗洪县新石器时代遗址考古发掘报告》，科学出版社2016年版；韩建业：《双墩文化的北上与北辛文化的形成——从济宁张山"北辛文化遗存"论起》，《江汉考古》2012年第2期。

60. 燕生东：《顺山集文化与大伊山类型》，《东南文化》2018年第1期。

61. 杨小燕：《裴李岗文化的东进与北辛文化的形成》，《中华文化画报》2018年第5期。

62. 崔宗亮：《裴李岗文化对海岱地区的影响》，《南方文物》2021年第2期；杨小燕：《裴李岗文化的东进与北辛文化的形成》，《中华文化画报》2018年第5期。

63. 陈德珍：《中国新石器时代居民体质类型及其承继关系》，《人类学学报》1986年第2期。

64. （汉）司马迁：《史记》，中华书局1982年版，第70页。

65. 崔宗亮：《裴李岗文化对海岱地区的影响》，《南方文物》2021年第2期。

66. （晋）皇甫谧撰，徐宗元辑：《帝王世纪辑存》，中华书局1964年版，第3页。

67. 李琳之：《前中国时代——公元前4000~前2300年华夏大地场景》，商务印书馆2021年版，第117~123页。

68. （清）郝懿行：《尔雅义疏》，（清）郝懿行著，安作璋主编：《郝懿行集第4册》，齐鲁书社2010年版，第3357页。

69. （汉）司马迁：《史记》，中华书局1982年版，第1367页。

70. 杨复竣：《中华始祖太昊伏羲》，上海大学出版社2008年版，第13页。

71. （汉）司马迁：《史记》，中华书局1982年版，第472页。

72. （清）吴乘权等辑，施意周点校：《纲鉴易知录》，中华书局1960年版，第4页。

73. （清）李渔：《古今史略》，（清）李渔著，张克夫、舒驰点校：《李渔全集》，浙江古籍出版社2014年版，第7页。

74. 顾颉刚、刘起釪：《尚书校释译论》，中华书局2005年版，第231页。

75. 栾丰实：《太昊和少昊传说的考古学研究》，《中国史研究》2000年第2期；常兴照：《少昊、帝舜与大汶口文化（下）》，《文物春秋》2004年第1期。

76. 张宏彦：《渭水流域老官台文化分期与类型研究》，《考古学报》2007年第2期；韩建业：《裴李岗时代与中国文明起源》，《江汉考古》2021年第1期。

77. 郎树德：《甘肃秦安县大地湾遗址聚落形态及其演变》，《考古》2003年第6期；甘肃省文物考古研究所编：《秦安大地湾——新石器时代遗址发掘报告》，文物出版社2006年版。

78. 祁国琴等：《大地湾遗址动物遗存鉴定报告》，甘肃省文物考古研究所编：《秦安大地湾——新石器时代遗址发掘报告》，文物出版社2006年版。

79. 刘莉、陈星灿：《中国考古学——旧石器时代晚期到早期青铜时代》，生活·读书·新知三联书店2017年版，第161页。

80. （晋）皇甫谧撰，徐宗元辑：《帝王世纪辑存》，中华书局1964年版，第3页。

81. （宋）朱熹撰，廖名春点校：《周易本义》，中华书局2009年版，第246页。

82. 郭世谦：《山海经考释》，天津古籍出版社2011年版，第159页。

83. 转引自郭世谦：《山海经考释》，天津古籍出版社2011年版，第438页。

84. 杨复竣：《中华始祖太昊伏羲》，上海大学出版社2008年版，第50页。

85. （宋）乐史撰，王文楚等点校：《太平寰宇记》，中华书局2007年版，第2900页。

86. 张远山：《昆仑台传播史——解密华夏核心奥秘"昆仑之谜"》，《社会科学论坛》2017年第2期。

87. 闻一多：《伏羲考》，《闻一多全集》，湖北人民出版社1993年版。

88. 罗伊：《裴李岗文化的南向影响》，《中华文化画报》2018年第5期。

89. 韩建业：《双墩文化的北上与北辛文化的形成——从济宁张山"北辛文化遗存"论起》，《江汉考古》2012年第2期。

90. 李陈续：《"双墩文化"折射7000年前淮河流域文明曙光》，《光明日报》2005年11月15日。

91. 罗伊：《裴李岗文化的南向影响》，《中华文化画报》2018年第5期。

92. 南阳地区文物队、方城县文化馆：《河南方城县大张庄新石器时代遗址》，《考古》1983年第5期；北京大学考古文博学院、南阳市文物考古研究所：《1991年唐白河流域及淮源史前遗址的考古调查》，《江汉考古》1996年第2期。

93. 湖北省文物考古研究所：《宜都城背溪》，文物出版社2001年版。

94. 湖南省文物考古研究所：《彭头山与八十垱》，科学出版社2006年版。

95. 王心喜：《试论跨湖桥文化》，《四川文物》2006年第4期。

96. 韩建业:《试论跨湖桥文化的来源和对外影响——兼论新石器时代中期长江中下游地区间的文化交流》,《东南文化》2010年第6期。

97. 贺刚、陈利文:《高庙文化及其对外传播与影响》,《南方文物》2007年第2期。

98. 贺刚:《中国史前艺术神器的初步考察》,湖南省文物考古研究所编:《长江中游史前文化暨第二届亚洲文明学术讨论会论文集》,岳麓书社1996年版。

99. 贺刚、陈利文:《高庙文化及其对外传播与影响》,《南方文物》2007年第2期。

100. 湖南省文物考古研究所:《湖南黔阳高庙遗址发掘简报》,《文物》2000年第4期。

101. 安志敏:《关于良渚文化的若干问题——为纪念良渚文化发现五十周年而作》,《考古》1988年第3期;李学勤:《良渚文化玉器与饕餮纹的演变》,《东南文化》,1991年第5期。

102. 韩建业:《裴李岗时代与中国文明起源》,《江汉考古》2021年第1期。

103. 贺刚、陈利文:《高庙文化及其对外传播与影响》,《南方文物》2007年第2期。

104. 贺刚、陈利文:《高庙文化及其对外传播与影响》,《南方文物》2007年第2期。

105. 林河:《中华为什么叫"华"》,《衡阳师专学报》1997年第1期。

106. (清)孙希旦撰,沈啸寰、王星贤点校:《礼记集解》,中华书局1989年版,第697页。

107. 闻一多:《伏羲考》,《闻一多全集》,湖北人民出版社1993年版。

108. 林河:《中华为什么叫"华"》,《衡阳师专学报》1997年第1期。

109. 林河:《中华为什么叫"华"》,《衡阳师专学报》1997年第1期。

110. 屈大均著,李育中等注:《广东新语注》,广东人民出版社1991年版。

111. 华仁葵等:《中华文明圣地昆仑丘》,世界图书出版公司2018年版,第102~108页。

# 第二章
仰韶先人的迁徙和扩张

仰韶的曙光

公元前五千纪至前四千纪的大部分时光中，地球气候温暖湿润，被称为中新全世最适宜期。这个时期十分适合人类的生存和发展，人口数量开始大规模增长，具体表现就是，各地聚落数量急剧增加，人类活动的范围进一步扩大。中国各地年平均气温与现在相比，华南地区约高1摄氏度，长江流域约高2摄氏度，北方和东北地区要高3摄氏度，而西北地区更高，在距今7290~6380年时，腾格里沙漠一带气温比今天整体要高出3~4摄氏度。[1]但这个最适宜期在中国各地的持续时间以及起始和结束时间都不尽相同，由此导致的最适宜期结束后各地降温、干旱事件也不甚同步。研究表明，在中国北方和西北地区，这一降温时间大致可确定在距今7400~6400年之间。[2]

干旱会影响庄稼的生长和收成，严重的甚至可以导致河水水位下降，小河干涸，进一步影响到渔猎和捕捞业，迫使人们不得不远走他乡，寻找新的生计。另外，干旱还可能造成一些流行疾病的肆虐，如瘟疫、天花等。

大地湾一期和二期之间在距今约7300~6800年时出现了500年的

断层，应该就是这个原因所导致的人群迁徙。这种现象在关中和中原前仰韶时代文化和仰韶时代文化之间都有发生——其各自上下文化层之间都存在着一定程度的缺环。由于气候干燥，人类游移不定，所以为了携带方便，人们在烧制陶器时，就尽量将壶、瓶的口部变小，同时加长颈部，有的还将口部变作花苞状，以防止壶水或瓶水的外溢。这在前仰韶文化大地湾一期和二期下层类型中，表现得特别明显。[3]

▲ 宝鸡北首岭遗址出土的船形彩陶壶

白家—大地湾先人为了寻找温度更为适宜和水源更为充足的地方，就携老扶幼，沿着渭河先向南，然后再向东迁徙，最后汇聚至渭水中游、汉水流域，部分人群还到达了豫西地区。

大体同时或稍后，裴李岗先人也由于同样的原因向南和向西开始迁徙。[4] 裴李岗文化向南、向西迁徙的第一站是河南淅川下王岗遗址，他们在此留下了众多丰富的裴李岗文化遗物、遗迹，如圆形半地穴式房基，西北向墓葬，鼎、罐、壶、钵的随葬品器物组合，龟甲随葬现象，二次葬习俗，以及陶器中都有用蚌片、云母片和滑石粉作掺合料的现象，等等。下王岗位于汉江支流丹江的下游，南下直通汉水，是古代通往陕西和湖北的重要通道。

裴李岗先人在此稍作盘桓后，又沿汉江西进，至安康、汉中地区，最后到达渭河流域。这一路同相向而来的白家—大地湾人不断碰撞、融合，最终形成了类似于宝鸡北首岭下层类型那样的前仰韶文化遗存。在这类遗存中，既有属于白家—大地湾文化明显特征的器物、遗迹，也不乏裴李岗文化因素。另外，像汉中龙岗寺半坡类型的埋葬习俗也同裴李岗文化如出一辙：一是两者墓葬90%大都为西北向；二是两者墓葬大都有随葬龟甲、石磨盘、石磨棒、砺石等习俗。[5]

类似情况在关中地区的北刘、零口，陕南地区的何家湾、阮家坝、马家营、紫荆和陇东地区的大地湾等遗址中，也屡有所出，这些遗址的地层关系都较为一致：最下面一层是前仰韶文化遗存，往上依次是

▲ 大地湾遗址仰韶早期文化层所出小口尖底瓶

第二章　仰韶先人的迁徙和扩张

半坡文化、西阴文化和西王村文化遗存。[6] 尤其是这些遗址中尖底罐和小口双耳壶发展为小口尖底瓶等关键环节的发现，揭开了后来半坡文化的身世之谜，让我们窥到了仰韶文化即将破晓而出的那一缕曙光。

下王岗类型是那些留在下王岗一带的裴李岗先人与当地土著多年共处交融的结果。因为有裴李岗先人迁徙这个共同的文化背景，所以下王岗类型与汉中、渭河流域的龙岗寺、零口等遗址有许多共同或相似的特征。

裴李岗先人在南下淅川地区时，还有一支溯伊洛河而上，向西迁徙。他们在豫西遇到了从关中沿渭河、黄河向东而来的白家—大地湾先人，两支人马在此交融后，形成了一种具有明显豫西地域特色的文化遗存。[7]

或许是裴李岗先人的西迁在豫西遭到了白家—大地湾先人的抵御而无法再进军至关中地区，他们便在此掉头向北进入一河之隔的晋南地区，[8] 并由此参与了这一地区迄今为止所发现的最早考古学文化——距今7000年的枣园文化——的形成。翼城枣园、垣曲古城东关、芮城东庄村等都发现有属于裴李岗文化器物的特点。[9]

北首岭下层、零口一类前仰韶时期文化遗存在经过不长的时间发展后，即晋身为更为强大的半坡文化。半坡文化立足于渭河上游，以西安半坡、宝鸡北首岭和临潼姜寨等遗址为核心向外辐射，时间大约为距今6800~6000年。

与此同时，继承了裴李岗文化因子的大河村类型也在豫中地区崛起。半坡文化、枣园文化和大河村类型以黄河中游流域为立足点，携手进入仰韶时代。

仰韶文化[10]是一支分布在甘肃、陕西、山西和河南等黄河中游流域的新石器时代彩陶文化，大约距今6800~4800年，因1921年首次发现于河南省三门峡市渑池县仰韶村而得名。其以渭、汾、洛诸黄河支流汇集的关中、豫西和晋南为中心，北到长城沿线及河套地区，南达鄂西北，东至豫东一带，西到甘、青接壤地带。仰韶文化包含众多的地域类型，早期以半坡文化为代表，中期以西阴文化为代表，晚期以西王村文化为代表。

半坡文化时期，居民大多选在河谷阶地上营建聚落。村落或大或小，比较大的村落房屋多为向心布局，并环以围壕。村落外设有专用墓地和窑场。相比于贾湖—裴李岗时代，农业已成为半坡居民的支柱生业。其生活用品也更讲究艺术性和质量，陶器上绘制有蜿蜒流转的彩陶纹饰、神秘的人面鱼纹，它们与造型独特的小口尖底瓶成为半坡文化的代表性符号。[11]

兄弟阋墙

半坡文化发展到大约距今 6500 年时达到鼎盛，这时候内部出现了不和谐现象，后来名声大噪的后岗一期文化开始在河套至张家口地区和太行山西侧的汾河流域初露端倪。弦纹罐、施纹陶和彩陶等本是半坡文化的特色，在最初露头的后岗一期文化上表现得也比较明显。但由于受到半坡文化向东扩张的挤压，初具雏形的后岗一期文化被迫从这一地区跨越黄河向东退去。其身上固有的这一特色随之呈现出了一种越是向东越见衰微的趋势，最终在豫北冀南地区形成了自己独特的文化风貌。[12]

后岗一期文化得名于河南省安阳市洹河南岸的后岗遗址。遗址平面呈不规则椭圆形，面积大约 10 万平方米。其文化层从下往上依次是仰韶、龙山和商代文化。后岗一期文化流行以鼎、壶、钵构成的基本组合，器表以素面为主，大都有彩陶或陶衣等文化因素。代表性遗址除后岗外，还有濮阳西水坡。[13]

▲ 后岗一期文化夹砂红陶鼎

豫北、冀南地区是晋冀鲁豫四省交会地带，是东方文化、中原文化和西方文化交融的前沿阵地。后岗一期文化退至此地后，吸收四方文化因素，逐渐开始变得强大起来。包括豫中、豫北、冀南和南阳盆地等地区都成为她的分布范围，其中豫北、冀南是其活动的核心区域。

壮大起来的后岗一期文化，并不满足于此，而是野心勃勃地向南、北、东三面进行了极尽所能的扩张。向南使豫中地区变成它的一个地方类型——大河村一期文化[14]，向北使西辽河流域继兴隆洼文化而起的赵宝沟文化变成它的一个准类型——后岗期红山文化[15]，向东使山东半岛的北辛文化变身为大汶口文化。[16]

在后岗一期文化向外强力扩张时，半坡文化也携带着将后岗一期文化从河套地区驱逐出去的余威，扩展到了陕西大部乃至于鄂尔多斯地区西南部，并把触角伸向东北方。后岗一期文化完成东、南、北三面扩张目标后，又整装回头西进，两支文化在内蒙古中南部、冀西北、晋西北和晋中一带迎面碰撞，略占优势的后岗一期文化融合了半坡文化，形成了以内蒙古自治区准格尔旗鲁家坡遗址为中心的鲁家坡类型。[17]

距今6200年左右，以晋西南芮城东庄遗址为代表的仰韶东庄类型由于受半坡文化强烈影响而变得强大起来，其向西，在关中地区，削弱半坡文化势力，使其步入晚期阶段；向东北，在冀西北和晋北地区，促使鲁家坡类型变脸为大同马家小村类型；向东，可能是受到了后岗一期文化的顽强抵抗，东庄类型对当地土著文化的影响不是很明显。

到距今6000年左右时，东庄类型接受西部半坡文化先进因素晋身为更强大的西阴文化。西阴文化，也称庙底沟文化，因1926年中国考古学先驱李济首先在山西夏县西阴村发现该类遗存而得名。

受西阴文化强势扩张影响，彼时的冀西北、晋西北和内蒙古中南部地区的遗存变成了以内蒙古自治区清水河县白泥窑子遗址为代表的白泥窑子类型。河北平原除磁县钓鱼台等少数地方发现有与西阴文化近似的遗存外，大部分地区呈现出的是一派战后萧条衰败的景象，原先在汾河流域和黄河以西地区活动的后岗一期文化因素已经荡然无存。[18]

▲ 西阴文化彩陶钵

后岗一期文化在中原地区被西阴文化取代后，其残余势力分成了若干部分，一部分南逃至长江下游地区，在太湖流域留下了崧泽文化一类遗存，成为良渚文化直接来源之一；[19]一部分逃亡至长江中游地区，在江汉平原东部留下了边畈文化四期一类遗存，成为屈家岭、石家河三苗文化之前身[20]；一部分留在当地，融合进了西阴文化族群中。[21]另外，原在山东半岛的那部分后岗一期文化势力，则可能就地融入大汶口文化系统之中，成为东夷族群的一个组成部分。

西阴文化所取代的不仅是后岗一期文化，还有此前强盛一时的半坡文化。距今6800~6000年这一阶段，渭水流域半坡文化的发展可以说是非常繁荣，而西阴文化及其前身东庄类型，不论是发达程度还是影响范围，都远远不能同它相比。但到了距今6000年以后，半坡文化基本上偃旗息鼓、销声匿迹，而西阴文化不仅从中原向南、北、东扩张到极致状态，而且还西进导致原来由半坡文化控制的陕东地区一变而为西阴文化面貌。[22]而后西阴文化又继续西进，并向北，向南，驱逐了泾渭流域、陇东和陕南等地的半坡势力，随后在渭水流域实施怀柔政策，使得两支文化得以融合，形成了一个新的西阴文化地方类型——泉护类型。泉护类型以陕西省华县泉护村遗址为代表，主要分布在渭河中下游地区。[23]

失败后的半坡先人，主体部分留在当地，成为西阴文化势力的顺民百姓，另一部分拒绝投降的"顽固"分子，则循着不久前刚刚败退长江中游地区的后岗一期文化足迹，撤到豫西南丹江流域，在此稍作休整后，又南下江汉平原，在汉水以东今随州一带重建了自己的根据地。他们在这里繁衍生息大约有千年之久，留下了特点鲜明的雕龙碑文化遗存。[24]

半坡文化和西阴文化多年的角逐在其各自所属的彩陶上也都有明显的反映。[25]半坡文化彩陶上出现最多的动物图案是鱼，西阴文化彩陶上出现最多的动物图案是鸟。这两种图案都不是个别的、偶然的现象，而是贯穿于两种文化始终，并且遍布于两种文化的各个主要遗址当中。

两种纹饰图案一般单独绘制在各自所属文化风格的器物上，不过，也有相当一部分器物，两者是并存的，而且在两种不同文化的遗址中，出现的是两种不同甚至截然相反的画面。

▲ 西阴文化"水鸟衔鱼"彩陶壶

在半坡文化晚期和西阴文化早期及其前身东庄类型时期，两者大多时间处于敌对和战争状态，表现在彩陶上，就是鱼鸟相争的场景，并因各自的立场倾向而出现了鱼吞鸟或鸟叼鱼两种截然相反的画面。出现在半坡文化系统器物上的鱼鸟并存场景，一般是大鱼吞噬小鸟，小鸟在鱼口中做挣扎状；出现在西阴文化系统器物上的鱼鸟并存场景，则是大鸟叼琢小鱼，小鱼逆来顺受。西阴文化取代半坡文化一统中原以后，和谐稳定成为这一时期的主题，出现在西阴彩陶上的画面，就随之变成了鱼鸟相融、和谐相处的写意场景。

一般认为，鱼和鸟在这两种文化中都不是简单的装饰图案，而分别是两种文化主人所崇拜信奉的图腾，是他们的族徽或旗帜。[26]

"华"统中原

西阴文化以强势姿态登上历史舞台，完成了女权社会向男权社会的转变，促进了聚落结构的层级化、复杂化，使得整个社会快速步入文明前夜。

房屋作为聚落最基本的组织单位，在西阴时期有了较大发展[27]，这主要表现在，一是房屋种类增多，二是开始出现平地式建筑，三是大型房屋增多，并出现了500平方米以上的特大型房子。另外，聚落格局显得更为讲究、规范、有序，似乎经过了严密的规划和设计，反映出氏族在维护社会关系和生产生活中仍起着重要作用的同时，家族在其中的地位有所加强。家族在氏族中地位的提升，导致了贫富的分化和氏族成员之间地位的差异，但这种差异并不是很明显。

西阴文化时期，在聚落内部，聚落越大，分化现象也越明显；在聚落群中，各聚落之间，聚落越大，该聚落所占据的层级也就越高。相应地，首领或统治者所拥有的财富也就越多，权力也就越大。这种分化昭示着不同群体之间出现了不平等现象，但是尚未达到阶级形成的地步，还处于由简单相对平等的社会向复杂分层社会过渡的阶段。

以传说为黄帝铸鼎处的河南灵宝铸鼎塬为例，铸鼎塬上分布有25处仰韶时代聚落遗址。这25处聚落可分为早、中、晚三个阶段。[28]仰韶早期遗址有13处，至仰韶中期即西阴文化时，遗址数量大幅增加，聚落规模也开始扩大。如面积最大的北阳平遗址达到了95万平方米，西坡遗址为40万平方米，东常遗址为12万平方米，北涧遗址为10万平方米。除此以外，还有一个特点是，聚落的分布范围由河流的下游向上游拓展，密集地分布在沿河两岸。这种情形表明，彼时人口数量和社会聚落规模显著增加，社会结构发生了变化；同时，随着人口的急剧增加，新的居住空间和生计区域也得到了扩展。

▲ 黄帝铸鼎塬旅游区一隅

这一时期，铸鼎塬聚落群的结构已经明显呈现出四个等级层次，表明当时社会已进入复杂化进程：[29]

特级中心聚落1处：西坡遗址。

一级聚落1处：北阳平遗址。

二级聚落2处：东常遗址，北涧遗址。

三级聚落15处：面积均小于9万平方米。

在这个四级结构的聚落群中，西坡遗址居于统御整个铸鼎塬的核心地位，主要控制沙河流域和北阳平遗址。北阳平遗址作为次中心聚落，控制着阳平河流域。东常和北涧均位于西坡北部，共同拱卫着西坡的安全与至尊地位。

西阴时期还存在着相对发达的农业、渔猎业、家畜驯养业和各种手工业，在同一时期东亚大陆上处于领先地位。这使西阴人有了可以大规模向外拓展的底气。

西阴文化作为仰韶时代中期代表，器物的典型特征是两种小口尖底瓶，壶罐口和双唇口；两种花卉图案，玫瑰花和菊花；一种动物图案，鸟儿。其中，菊花、玫瑰花的完整图案是花、蕾、叶俱全的"一枝花"。这"一枝花"彩陶，就像刚从天际冉冉升起的旭日，将它的光芒从豫西、晋南和关中东部这一西阴文化核心区，辐射到周围区域，整个黄河中上游及其周边地区的文化面貌都因此染上了西阴文化那道绚烂的色彩，形成了空前一致的局面。这一范围西至甘青、川西北，东至豫东，北过河套地区，南达江汉平原。

不仅如此，西阴文化还通过这些地区将其影响波及更遥远的地方：向北，抵达内蒙古东南部和辽宁西部；向东，到达渤海和黄海之滨的山东以及江苏北部；向南，深入至长江南部中游区域。

西阴文化对北方地区的影响主要是经黄河，沿汾水过山西全境，至山西北部，在此兵分两路，向西北一路直抵内蒙古河套地区，向东北一路经桑干河抵达河北西北部，再在此折向东北与辽西老哈河、大凌河流域连接，形成一个"Y"字形的文化带。这一"Y"字形的文化带在彼时乃至以后，都曾作为一个最活跃的民族大熔炉而存在，可以看作是中国文化总根系中一个重要直根。[30]

西阴文化向东，不仅仅是影响了与其同时存在的大汶口文化居民的日常生活——在大汶口文化器物中，就发现了不少具有西阴文化特征的彩陶，如鼎、豆、壶、杯等，大都作为死者的随葬品出现在了大汶口文化大墓中，更重要的是影响了大汶口文化居民的精神生活——在大汶口文化一些墓葬中，可以发现其内部结构及装饰工艺同西阴文化保持了惊人的一致性，说明西阴文化社会和大汶口文化社会上层之间可能存在着某种交流。[31]

西阴文化向南，对长江下游两岸的青莲岗—大汶口文化、马家浜—崧泽文化和长江中游流域的大溪—屈家岭文化，也造成了不同程度的影响——这几个文化系统中都呈现出了多少不一的西阴文化因素。[32]

▲ 西阴文化"一枝花"彩陶

西阴文化急剧扩张的年代，实际上就是文化意义上的中国开始形成的时期。彼时，以西阴文化为核心的仰韶诸文化类型及其同周围相关联的诸考古学文化，通过互动形成了一个文化上的"中国相互作用圈"。这个作用圈奠定了当时及其后来的中国地理核心概念，其中所有的区域文化都在后来秦汉帝国所统一的中国历史文明的形成过程中扮演了一定的角色。[33]

根据西阴文化对不同地区影响的情况，学者们将晋南、豫西和关中所在的黄河三角洲划为"核心区"，将"核心区"之外的西阴文化分布区划为"主体区"，又把"主体区"之外明显受到西阴文化影响的更外围地区划为"边缘区"。其中，"主体区"可分为以下几个类型：郑洛地区为阎村类型，晋中、晋西北和内蒙古中南部为白泥窑子类型（或称"王墓山类型"），冀中和冀西北为钓鱼台类型，关中地域为泉护类型，豫西南、鄂东北地区为八里岗类型。[34]

可以说，正是西阴文化的强力扩张，不仅使黄河中上游地区形成了空前一致的文化局面，还使得包括边缘区在内的诸考古学文化交融联系，形成了一个稳定的文化共同体。

尽管在西阴文化时期，以晋南、豫西和关中为核心的中原地区在科技、文化，尤其是在政治等方面还没有表现出绝对的优势，周边一些文化，如辽河西流域的红山文化、海岱地区的大汶口文化、淮河流域的凌家滩文化等反而分别在制陶、琢玉和宗教建筑等方面更为先进，然而毋庸置疑的是，西阴文化的这次强势扩张实际上是夯实了之前裴李岗文化扩张所确立的华夏基因，进一步奠定了华夏族群在语言和心理上的基本底色。

而以对玫瑰和菊花花瓣纹彩陶认知、接受为标识的西阴文化共同体的形成也等于是在向天下宣示，华夏文化完成了历史上的第二次，也是更为彻底的一次整合。中国多元一体文明的基本格局由此得以奠定。

后岗一期先人的北上、东进和南下

　　前已述及，后岗一期先人在豫北冀南地区站稳脚跟后，曾向北、向东进行了极尽所能的扩张。向北，他们经河北平原，穿越燕山，抵达西辽河流域，与当地使用筒形罐传统的赵宝沟文化发生碰撞，改变了红山人的陶器制作系统，创制了以筒形罐为代表的后岗期红山文化。换言之，后岗期红山文化的主体系后岗一期先人北上的一支。

　　向东，后岗一期先人越过黄河，进入海岱地区，以自己先进而强势的文化，改变了北辛文化的走向，使其演变为早期大汶口文化，时当距今6300年左右。早期大汶口文化中含有众多的后岗一期文化因素，尤其是陶器纹饰等精神信仰一类，暗示在这支新兴的文化势力构成中，后岗一期先人占有一定的比例。

　　后岗一期文化势力在中原地区被西阴势力取代后，除了有一部分继续留在中原和山东地区外，还有一大部分南逃至长江中下游地区。逃到长江中游地区的这一支，在汉水东部和江汉平原北端同当地的边畈文化土著交融，形成了具有后岗一期文化明显痕迹的边畈文化四期。

　　边畈文化因湖北省钟祥市九里乡的边畈遗址而得名，是汉水东部和江汉平原北端迄今发现最早的新石器文化遗存。同类遗存在这一地区还见于钟祥市的肖家店砖瓦厂、崔家台，武汉黄陂区的程家墩、河李湾下层、涂家山、城隍庵，云梦县的胡家岗等遗址。[35] 如此之多的遗址一同出现，说明逃到此处谋生的后岗一期文化残余势力不在少数。

也就在这一时期，城头山古城在洞庭湖西北岸澧阳平原上奇迹般地崛起。古城占地面积约 18.7 万平方米，城内面积 8 万平方米左右，这是迄今为止所见中国最早的城址。[36] 考虑到城的最初出现一般是出于安全防御的需要，城头山城址一期又恰恰出现在后岗一期文化残余势力败退江汉平原之时，而且城头山古城还有大量人殉一类战争痕迹，不排除城头山古城的崛起和蚩尤残部败退江汉平原有关。

▲ 城头山古城全景空中俯瞰图

随后不久，摇身变为边畈文化居民的后岗一期文化后裔迁向江汉平原腹地，同当地的大溪文化交融，形成了特点鲜明的油子岭文化。[37] 油子岭文化是大溪文化一个类型，主要分布在汉东地区。油子岭文化后来居上，成为大溪文化的主导力量。大溪文化在晚期时，拥有五个不同地域的文化类型，分别是重庆市东北部巫山县一带的大溪类型、

第二章　仰韶先人的迁徙和扩张

湖南省常德市洞庭湖西北部一带的划城岗类型、湖北省汉水以东天门一带的油子岭类型、武汉以东涢水溳水流域一带的螺蛳山类型和汉水中游宜城一带的曹家楼类型。[38]

这些地方类型尽管文化面貌各有不同，然而其内部共有的文化形态使其联结成了一个不可分割的有机整体。彼时人们的经济生活以稻作农业为主，兼营渔猎业、家畜饲养业、原始纺织业等。墓葬形制多样，有仰身直肢葬、屈肢葬、蹲踞葬、二次葬、瓮棺葬等，反映了他们拥有共同的宗教信仰和精神观念。[39]

大溪氏族部落集团的形成意味着一个以后岗一期文化后裔为主体并融合了当地土著文化的苗蛮集团初具雏形。到距今5300年时，在东方大汶口文化的影响下，大溪文化晋身为屈家岭文化，苗蛮集团正式形成。[40]

后岗一期文化残余势力逃向长江下游地区的一支，经豫东、皖北地区，最后到达里下河平原、宁镇、皖江地区和环太湖流域一带，与当地土著马家浜文化先民经过冲突、融合后，形成了全新的崧泽文化。

后岗一期文化系统并非仅居停于豫北冀南的狭小地带，而是以这一带为核心，以河套地区和山东半岛为犄角，广泛分布于整个黄河中下游地区的一支独立的考古学文化遗存。[41]这一支后岗一期文化南逃人马，主要是属于后岗一期文化系统的豫中地区大河村一期文化。[42]

崧泽文化因上海市青浦区的崧泽遗址而得名，主要分布于上海、江苏南部和浙江北部的环太湖地区，时间大约为距今5900~5300年。文化特色表现在随葬品上，主要是鼎、豆、壶的组合。[43]这同后岗一期文化以鼎、壶、钵为基本组合的特征颇为接近。

▲ 崧泽文化折角足盆形陶鼎、剔刺纹镂孔陶豆

这一支后岗一期文化南逃人马向南迁徙的大致路线是，从豫北、豫中地区经豫东向皖北地区撤退，至安徽定远侯家寨遗址，形成了以鼎作为主要炊器的侯家寨文化。之后，以此为中转站，南下至里下河平原、宁镇地区、皖江流域和环太湖地区，直接导致土著马家浜文化的覆亡，形成了一系列新型考古学文化，如以南京北阴阳营遗址为代表的北阴阳营文化、以南京高淳区薛城遗址为代表的薛城文化、以苏州张家港市金港镇东山村遗址为代表的东山村文化。测年数据显示，作为这些文化共同特征的鼎、豆、罐组合的确立，看上去是一个非常迅速的过程，可能在一两百年之内就陆续完成了。

需要提醒的是，后岗一期文化系统和侯家寨文化向南发生影响并非文化的简单复制，而是一种对所经地区土著文化的适应、借鉴和改造，是这些人群由北向南迁徙时，将以鼎文化为核心的思想观念迅速传播并被当地土著广泛接受的一个过程。在这一传播过程中，由于受到不同地理环境、人文传统和风俗习惯的影响，因此形成了许多支不同的考古学文化。特别是当这一迁徙人群越来越向南远离母源地时，接受地的文化面貌就越来越多地与母源地文化呈现出了不一致的情形，然而因为他们都拥有后岗一期文化系统这个共同的祖源背景，所以这些不同的文化尽管呈现出了不一样的文化面貌，却自始至终保留了共同的特征，诸如鼎、豆、罐、盉、鬶等陶器及其组合的出现和普及等。[44]

▲ 崧泽文化双层镂孔花瓣足陶壶、带盖竹编纹陶罐

可以说，距今6000年前后，正是由于后岗一期文化系统由中原向南方迁徙，直接引发了整个长江中下游地区文化格局的改变。其传统文化几乎在瞬间即土崩瓦解，而代表着未来和希望的薛家岗文化、崧泽文化、边畈四期文化及其后续油子岭文化等则适时破土而出，开始茁壮成长。

需要提醒的是，这几支新兴考古学文化，还有之前300年诞生于西辽河流域和黄河下游流域的后岗期红山文化、大汶口文化，均是以鼎、豆、壶、罐、杯等陶器为共同特征。其背后，也是由于它们共同拥有后岗一期文化系统这个背景，这使它们能够彼此互相认同，紧密联系，频繁互动。

西阴时期，事实上是在南至长江流域，北抵辽河流域这片广阔的区域间，形成了西阴文化系统与红山—大汶口—崧泽（这里包括薛家岗文化、凌家滩文化等）—油子岭文化系统相互对峙的局面。

换言之，从辽河流域，到东部滨海地带，到长江下游、太湖流域，再到长江中游，包括重庆、安徽、湖南部分和整个湖北在内的广大地区，实际上是形成了一个巨大的对中原地区呈半包围状态的月牙形地带，这是一个相互交流频繁、来往密切的文化带。[45]这一文化带的形成，使得彼此之间技术、观念的远距离传播成为可能，文化意义上的"中国"呼之欲出。

西阴遗民的西迁

距今 5300 年时，由于受到大汶口中期和屈家岭两股文化势力的挤压和打击，西阴文化走向覆亡，在其核心地区，被后继者仰韶晚期西王村类型所取代。[46]

彼时，西阴文化时期的典型聚落群——河南灵宝铸鼎塬聚落群文化面貌发生了剧变[47]：

一是聚落遗址的数量急剧减少。西阴文化兴盛时有大大小小 18 处聚落，此时骤减至 8 处，原来的 18 处聚落仅有 6 处得以保留。

二是聚落群分布范围缩小。原来分布于沙河中下游的遗存基本消失，只留下了小常遗址。沙河和阳平河下游流域的遗址也基本不见了，只在中上游留下寥寥几处。

三是西坡作为西阴时期的中心遗址，很多建筑此时都被废弃，往日的喧嚣繁华趋于沉寂萧条。北阳平遗址附近虽然出现了面积达 30 多万平方米的乔营遗址，但二者相距咫尺之遥，说明北阳平在此区域的影响力已不可同往日而语。

总而言之，这一时期聚落遗址数量的减少、面积的缩小和中心聚落的不明朗，显示出该地区社会人口和组织规模处于大幅度下降的过程中。

▲ 铸鼎塬北阳平遗址一隅

铸鼎塬聚落群在这一时期发生衰变不是一个孤立的现象，放眼原来西阴文化所覆盖区域，几乎到处都是相似的情形：

晋南的垣曲盆地，遗址数量由原来的24处下降到了13处，中心聚落面积也由30万平方米下降到了14万平方米，相应地，聚落等级也由原来的三级结构变成了二级结构。[48]

豫中地区这一时期的文化面貌也发生了巨大的变化，原来西阴文化因素占主导地位的王湾一期文化被新崛起的秦王寨文化所取代——该文化因首先在河南郑州荥阳秦王寨遗址发现而得名。[49]

在渭河流域，原来呈现出西阴文化面貌的泉护一期类型此时也一举变为泉护二期类型。[50]

不仅如此，除了核心区外，西阴文化原先的控制区和受其影响的边缘区，文化面貌也都发生了翻天覆地的变化而进入仰韶晚期。晋中地区的文化面貌此时摇身一变而为义井类型，内蒙古中南部变为海生

第二章　仰韶先人的迁徙和扩张　　　　　　　　　　　　　99

不浪类型，豫北冀南地区变为大司空文化，豫西南变为下王岗类型，陇东地区变为大地湾类型……可以说，彼时的中原地区是群雄并起、战火纷飞，像极了20世纪20年代军阀混战、彼此攻伐不休的时期。

西阴文化核心区域聚落数量和聚落总面积骤减，表明彼时的人口出现了断崖式下降的现象，其中，除了战争导致大量人口死亡外，还有一个重要因素可能是西阴遗民的四散逃亡。

事实上，在东有大汶口殖民者西下攻伐，南有屈家岭苗蛮势力北上进击的情况下，为了躲避战争的摧残和殖民者的奴役，大多数西阴遗民可能就都沿着黄河上溯至渭河下游，再由此上溯，向人烟稀少的西北甘青一带逃亡而去。

他们先是逃到华县泉护村一带，与同属于西阴文化的泉护一期文化居民组成迁徙大军，再北上到达渭河上游的陇东地区，在此留下了仰韶晚期大地湾类型。[51] 大地湾类型从诞生的时间上来说，稍早于马家窑文化而又迟于西阴文化。其彩陶保持了西阴文化彩陶纹饰的基本样式，如弧边三角、弧线、圆点等纹样。[52]

▲ 马家窑文化彩陶罐

西阴遗民在此稍作盘桓后，又继续西进至陇西以及青海民和等地繁衍生息，并同当地土著交融，创造出了繁盛一时的马家窑文化。

西阴遗民的西迁给沿途地区带来了大规模的人口，当然，因为这种迁徙是一个漫长的过程，其中也应该包括了这些遗民后裔的繁衍因素在内。具体表现在，这些区域内出现了聚落数量和聚落总面积大规模增长的现象。[53]

在西汉水流域和渭河上游，仰韶晚期的遗址数量比之前有 1.5～1.7 倍不同程度的增长，如渭河上游仰韶晚期遗址和马家窑文化遗址合计 242 处，就比西阴文化时期增加了 70%。

在马家窑文化核心区，遗址数量增长表现得更为突出。白龙江流域马家窑文化遗址有 45 处，是西阴时期的 9 倍；洮河流域及甘肃黄河沿岸马家窑文化遗址有 133 处，是西阴时期的 26.6 倍；青海河湟地区，这一时期马家窑文化遗址及受马家窑文化影响的遗址达到 265 处，是西阴时期遗址总和的 44 倍还多。甘青地区马家窑文化遗址数量总计 549 处，是同时期仰韶晚期遗址数量的 5 倍，而洮河、湟河、黄河三大流域遗址的数量就占到其中的 72.5%。

纵观整个中国大地，在距今 5300 年前后，洮河中下游和河湟地区已经代替晋南、豫西和关中一跃而成为新的经济文化重心所在。[54]

仔细观察马家窑文化，会发现西阴遗民留下的斑斑痕迹。[55] 从马家窑文化早期社会经济形态看，马家窑文化继承了西阴文化传统的经济格局。马家窑文化早期社会居民多是以氏族或部落为单位组成聚落进行社会活动，这些史前聚落大多分布在黄河上游及其支流地区。其主体部分过着以定居为主的农业生活。他们使用以石刀等为主，以研磨器、磨棒、敲砸器等为辅的生产和生活工具，种植樱、粟、大麻等农作物品种；饲养猪、狗、牛、羊、鸡等动物。因为甘青一带地广人稀，森林草原资源丰富，适合野生动物生长，有发展狩猎经济较好的自然和社会条件，所以他们的狩猎经济也相对发达，例如，甘肃东乡林家、武山傅家门、天水师赵村和西山坪等遗址中，就都发掘出了鹿、野猪、羚羊、田鼠和河狸等大量野生动物。

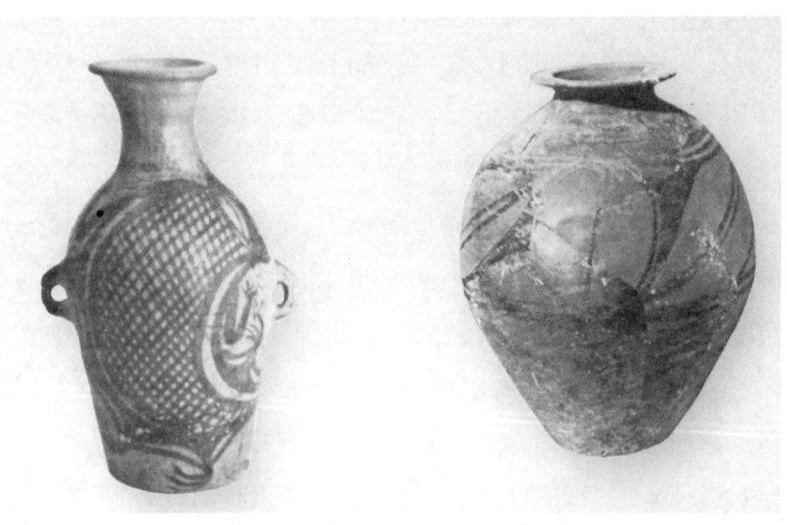

▲ 石岭下类型人面鲵鱼纹彩陶瓶

从马家窑文化早期陶器形制和纹饰看，马家窑文化同西阴文化有明显的渊源关系。以马家窑文化早中期的石岭下类型为例。[56] 该文化类型因甘肃武山石岭下遗址而得名，主要分布于渭河上游及其支流葫芦河、甘肃西汉水上游以及湟水下游地区。石岭下类型同西阴文化一样，制陶业较为发达，制陶技术水平也较高，各个遗址大都保存有完好的陶窑。陶器典型代表是造型浑圆的彩陶罐、壶和瓶。彩绘图案系由变体鸟纹演变而来，清晰地表现出与半坡、西阴文化前后的传承、演变关系。

从马家窑文化的墓葬形制看，也同西阴文化一样有着共同的社会习俗和精神信仰。马家窑墓葬以土葬为主，形制上主要有土坑葬、石棺葬、土洞葬、瓮棺葬等。葬式主要是仰身葬和俯身葬，另外还辅以侧身葬、屈肢葬、二次葬等。这些形制和葬式同西阴文化基本一致。尤其是婴儿瓮棺葬俗，与仰韶文化系统几乎完全相同。

根据前些年的考古调查，陇东泾河上游原有西阴文化遗址697处，到仰韶晚期时遗址数量则锐减至34处。考古学家们的一致看法是，这里原来是西阴文化比较发达的地区，因为人口的迁离而出现了衰败的场景，但南佐遗址考古的新发现，多多少少对这种看法提出了挑战。

南佐遗址位于甘肃庆阳西峰郊区的黄土高原第一大原董志塬，发现于1958年。20世纪八九十年代曾有两个阶段的6次发掘，发现了仰韶文化晚期的一座占地面积800多平方米的大型宫殿式建筑。从2021年开始至今，由中国人民大学历史学院韩建业教授带队进行了第三阶段的考古工作。目前大致可以确定，南佐遗址面积大约有600万平方米。遗址内分布有30万平方米的核心区、9个上千平方米的土台、数千平方米的宫城和800多平方米的主殿。

发掘者将南佐遗址宫殿区分成两个时期，第一期的主殿、侧室等，距今约5100年，第二期夯填成台并营建新建筑的年代距今约4800年。从出土陶器来看，两个阶段都属于仰韶文化晚期。南佐遗址是同时期中国上保存最好、规模最大、级别最高的中心聚落之一。

韩建业认为，大体量的宫城宫殿建筑、宫城外和"九台"外的巨大夯土护壁环壕，体现出南佐统治者强大的组织管理能力和很高的建筑技术水平。"九台"围成的区域在遗址中心，宫城在九台中心，主殿在宫城中心，主殿中门到宫城南门为宫城中轴线，东西侧室大致对称，构成中心对称、中轴对称、主次分明的复杂的封闭式宫殿格局。这表明该遗址是一个具有中心性质的大型都邑性遗址。

此外，南佐遗址还出土了大量精美的白陶、黑陶等，不仅仅体现了南佐人高超的陶器制作水准，还表明是手工业专门化的结果，凸显着南佐中心聚落的特殊性。[57]

由于南佐遗址的考古发掘工作还在进行之中，最新的考古发掘报告也没有出炉，发掘者对其文化性质给出的只是一个仰韶晚期的笼统结论，我们暂时也无法对其文化人群构成有一个清晰的认识，但是根据彼时中原和西北大地西阴遗民迁徙的形势，以及陇东泾河上游文化遗址数量从西阴时期到仰韶晚期急剧减少这一情况分析，南佐遗址的崛起应该同西阴遗民后裔的聚集性迁徙有一定关系。

三祖的背影

在中国传统古史体系中，炎帝、黄帝和蚩尤是联系在一起的。炎帝出现的时间要早于蚩尤和黄帝，三支势力逐鹿于中原，最后以炎黄联盟胜出、蚩尤被杀、蚩尤残部南逃告终。涿鹿之战后，炎黄两部人马又展开角逐，作为老牌"帝国主义"的炎帝不敌新兴势力黄帝，兵败中原，黯然离场，黄帝遂整合中原各方势力，一统华夏，威震四方，成为中华民族的始祖，居"五帝"之首。

传说中的黄帝实际上并非一个具体的人，而是一个延续了将近千年之久的部落及其首领的统称，如古本《竹书纪年》就说黄帝至大禹大约为30世，有学者据此推算黄帝10世1520年，颛顼9世350年，帝喾、挚和尧10世400年。[58]当然，这些记载和推算也不一定准确，但至少反映了这几个"帝"都不是某个具体的人的史实。

黄帝和炎帝是胞亲氏族，黄帝部族诞生于姬水流域，炎帝部族诞生于姜水流域。[59]所以，黄帝以姬为姓，而炎帝以姜为姓。姬姓的本源地就在汾河下游的晋西南一带[60]，姜水在以宝鸡为中心的渭河中上游一带。[61]

黄帝崛起时，炎帝部族已呈现出衰败之势，各诸侯互相攻伐，百姓深受其害。黄帝遂习武练兵，去征讨那些不来朝贡的"诸侯"，各"诸侯"这才陆续归顺。在"作乱"的"诸侯"中，蚩尤部族最为强大。

《路史》说蚩尤就是阪泉氏，系姜姓炎帝的后人[62]，所以蚩尤也被称为炎帝神农氏。这从另一个侧面说明，蚩尤可能是同某代炎帝分庭抗礼的另一支炎帝裔政治势力。

《逸周书·尝麦》记载："昔天之初，诞作二后，乃设建典，命赤帝分正二卿，命蚩尤于宇少昊。"[63]其实际隐含的意思可能是，因为作为炎帝后人的第一代蚩尤和所谓的正统炎帝不和，以至发生了冲突和争斗。实力相对薄弱的蚩尤部族不得已拉出一彪人马，另立旗号，从渭河流域向东发展，占领了少昊东夷族群所属部分领土，并迫使少昊拜伏在自己的脚下。蚩尤在历史上既具有东夷人的特点，又被认为是华夏领袖炎帝的后裔，与此应该有密切关系。

蚩尤能够制造出各种上好的兵器。《史记正义》引《龙鱼河图》说，蚩尤兄弟八十一人"造立兵仗刀戟大弩，威振天下"[64]，《世本》说，蚩尤用葛卢山流出的金属水，制成了剑、铠、矛、戟等[65]。后人关于蚩尤的这些传说，实际上在说蚩尤部族掌握了当时最先进的兵器制造技术，是一支能征善战的彪悍之师。

《史记正义》记载，蚩尤有81个弟兄，也有说是72个的，他们个个铜头铁额，兽身人语，威猛剽悍[66]。这些传说折射的史实应该是，蚩尤有多个部属或同盟军，并且这些部属或同盟军将士在战争中都戴有盔甲。

总之，蚩尤势力的日渐强大引起了炎帝的不安。炎帝便将他的势力从渭河、黄河流域进一步向东、向北扩张，以图遏制蚩尤的发展。

两支人马在今冀西北一带拉开战场。结果，蚩尤打败炎帝，并乘势扫荡了今河北、山西大部分地区，把炎帝赶回了黄河以西他的老巢。炎帝无奈之下，只得求同族同源的黄帝救场。[67]黄帝出兵。于是，就有了改变后世文明格局的涿鹿之战。

这场战争据说延续了很长时间，先后进行了大小战役71次。战火燃遍整个冀州即今山西、河北的大部分地区，真正是血流漂杵，赤地千里。[68]

关于涿鹿的地望，后世说法很多，河北、山西等地都留有众多的传说和遗俗、遗迹。一般认为是在今河北张家口涿鹿一带。这里有很多与涿鹿之战相关的地名，如涿鹿、阪泉、蚩尤城、蚩尤屋场等。还有一种说法是把冀西北的涿鹿和晋南的运城通过涿鹿之战联系在了一起，可能更符合史实，更为合理一些。因为运城有面积广大的天然盐池，在史前中国生产资料奇缺和生产力水平极为低下那个时代，控制了盐池就等于控制了人类生命的主导权。

▲ 运城盐池一隅

第二章　仰韶先人的迁徙和扩张

运城在古代被称为解州,缘由就是这里是黄帝肢解蚩尤的地方。《梦溪笔谈》记载说,蚩尤被杀后,血流如注,汩汩流向盐池,整个盐池因此变成了瘆人的赤红色,俗称蚩尤血。[69]

《尚书》《国语》等文献记载,蚩尤是"九黎之君"[70]。蚩尤及九黎的活动在今山西、河南、山东和河北交界地带——后岗一期文化覆盖地区——都留下了斑斑足迹:春秋时期周文王平定的黎国,在今晋东南黎城、潞城、长治、壶关一带;汉代魏郡黎阳,在今河南浚县境内;汉代东郡黎县,在今山东郓城县西。[71]

黄帝战胜蚩尤,士气大振,实力大涨,威震天下。这引起了炎帝的不安。炎帝遂对拒不听命的"诸侯"实施武力征服。各"诸侯"看到形势危急,便纷纷归顺到了黄帝的麾下。黄帝整顿军旅,研究四时节气变化,安抚民众,训练以熊、罴、貔、貅、䝙、虎等猛兽为图腾的部族,最后同炎帝在阪泉郊野亦即运城盐池一带进行了一场决战。[72]

战争进行得相当惨烈,双方你来我往,刀光血影。经过多次战斗后,黄帝才打败炎帝部族,取得最终的胜利。[73]

阪泉及运城盐池所处地域,正是晋南、豫西和关中交汇的黄河三角洲,也是黄帝族群的发祥地,西距炎帝部族所在的渭河流域咫尺之遥。

炎帝部落早期图腾是鱼,后期却转化为羊,其原因可能是一支以"羊"为图腾的炎帝裔氏族兴旺起来,逐渐取代了"鱼"氏族的首领地位。黄帝部族早期图腾是鸟,龙作为黄帝部族的图腾,是黄帝战胜蚩尤、炎帝,并在统一中原各部落氏族之后,为团结各方势力所选用的一个既有的能容纳各方信仰的新图腾。[74]

从前述考古学反映的仰韶时代场景观察,其时代特点、文化内涵

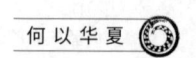

以及各支考古学前后左右关系，同文献记载的炎黄时代以及炎帝、蚩尤和黄帝各自特征、三方关系，都能相互对应，其中半坡文化可能是炎帝族群遗存，后岗一期文化可能是蚩尤族群遗存，东庄类型及其后续西阴文化可能是黄帝族群遗存。[75]

注　释

1. 刘莉、陈星灿：《中国考古学——旧石器时代晚期到早期青铜时代》，生活·读书·新知三联书店2017年版，第181页。

2. 王邨：《近万年我国中原地区气候在年降水量方面的变迁和未来趋势》，《中原地区历史旱涝气候研究和预测》，气象出版社1992年版。

3. 袁广阔：《关于裴李岗文化一支西迁的几个问题》，《华夏考古》1994年第3期。

4. 袁广阔：《关于裴李岗文化一支西迁的几个问题》，《华夏考古》1994年第3期。

5. 袁广阔：《关于裴李岗文化一支西迁的几个问题》，《华夏考古》1994年第3期。

6. 王仁湘：《大仰韶——黄土高原的文化根脉》，巴蜀书社2021年版，第77页。

7. 袁广阔：《裴李岗文化的发展与仰韶文化的崛起》，《中华文化画报》2018年第5期。

8. 袁广阔：《关于裴李岗文化一支西迁的几个问题》，《华夏考古》1994年第3期。

9. 刘庆柱、韩国河：《中原历史文化演进的考古学观察》，《考古学报》2016年第7期。

10. 韩建业：《涿鹿之战探索》，《中原文物》2002年第4期；王仁湘：《大仰韶——黄土高原的文化根脉》，巴蜀书社2021年版，第77页。

11. 王小庆：《半坡文化》，王巍总主编：《中国考古学大辞典》，上海辞书出版社2014年版。

12. 张忠培、乔梁：《后冈一期文化研究》，《考古学报》1992年第3期。

13. 中国大百科全书总编辑委员会考古学编辑委员会：《后岗一期文化》，《中国大百科全书·考古学》，中国大百科全书出版社1986年版。

14. 陈明辉：《距今6000年前后环太湖流域的文化格局——兼论后冈时代》，浙江省文物考古研究所编：《崧泽文化学术研讨会论文集（2014）》，文物出版社2016年版。

15. 张星德：《后冈期红山文化再考察》，《文物》2015年第5期。

16. 张忠培、乔梁：《后冈一期文化研究》，《考古学报》1992年第3期。

17. 韩建业：《涿鹿之战探索》，《中原文物》2002年第4期。

18. 韩建业：《涿鹿之战探索》，《中原文物》2002年第4期。

19. 陈明辉：《距今6000年前后环太湖流域的文化格局——兼论后冈时代》，浙江省文物考古研究所编：《崧泽文化学术研讨会论文集（2014）》，文物出版社2016年版。

20. 尹弘兵：《钟祥地区古代文化与早期历史》，《荆楚学刊》2016年第6期；韩建业：《涿鹿之战探索》，《中原文物》2002年第4期。

21. 张忠培、乔梁：《后冈一期文化研究》，《考古学报》1992年第3期。

22. 戴向明：《庙底沟文化的聚落与社会》，北京大学中国考古学研究中心、北京大学震旦古代文明研究中心编：《古代文明（三）》，文物出版社2004年版。

23. 杨亚长：《谈庙底沟类型》，《中原文物》2000年第5期。

24. 李琳之：《前中国时代——公元前4000～前2300年华夏大地场景》，商务印书馆2021年9月版，第188页。

25. 许永杰：《鱼吞鸟和鸟衔鱼：再现两族斗争史？》，《广州日报》2016年6月5日。赵春青：《鱼鸟共融图试析》，《南方文物》2016年第4期。

26. 曹定云：《炎帝部落早期图腾初探》，《宝鸡文理学院学报》2007年第1期。

27. 戴向明：《庙底沟文化的聚落与社会》，北京大学中国考古学研究中心、北京大学震旦古代文明研究中心编：《古代文明（三）》，文物出版社2004年版。

28. 河南省文物考古研究所等：《河南灵宝铸鼎塬及其周围考古调查报告》，《华夏考古》1999年第3期。

29. 范洁：《河南灵宝铸鼎塬仰韶文化聚落群的结构分析》，《洛阳考古》2014

年第 3 期。

30. 苏秉琦：《晋文化问题——在"晋文化研究会"上的发言（要点）》，《苏秉琦文集（三）》，文物出版社 2009 年版。

31. 李新伟：《中国相互作用圈视角下的红山文化》，《中国社会科学院古代文明研究中心通讯》2013 年第 24 期。

32. 陈星灿：《庙底沟时代：早期中国文明的第一缕曙光》，《中国文物报》2013 年 6 月 21 日。

33. 张光直：《中国相互作用圈与文明的形成》，《中国考古学论文集》，生活·读书·新知三联书店 2013 年版，第 149 页。

34. 杨利平：《庙底沟文化的崛起》，《大众考古》2018 年第 10 期；韩建业：《涿鹿之战探索》，《中原文物》2002 年第 4 期。

35. 尹弘兵：《钟祥地区古代文化与早期历史》，《荆楚学刊》2016 年第 6 期。

36. 湖南省文物考古研究所等：《澧县城头山屈家岭文化城址调查与试掘》，《文物》1993 年第 12 期。

37. 徐祖祥：《长江中游氏族部落文化的考古学考察》，《四川文物》1999 年第 1 期。

38. 徐祖祥：《论大溪文化》，《南方民族考古（第三辑）》，四川科技出版社 1991 年版。

39. 郑若葵：《长江中游地区史前农业文化与古苗蛮文化关系初探》，《华夏考古》2000 年第 2 期。

40. 韩建业、杨新改：《苗蛮集团来源与形成的探索》，《中原文物》1996 年第 4 期；单思伟：《屈家岭文化研究》，武汉大学 2018 年博士学位论文。

41. 张忠培、乔梁：《后冈一期文化研究》，《考古学报》1992 年第 3 期。

42. 陈明辉：《距今 6000 年前后环太湖流域的文化格局——兼论后冈时代》，浙江省文物考古研究所编：《崧泽文化学术研讨会论文集（2014）》，文物出版社 2016 年版。

43. 上海市文物保管委员会：《崧泽——新石器时代遗址发掘报告》，文物出版社 1987 年版。

44. 陈明辉：《距今 6000 年前后环太湖流域的文化格局——兼论后冈时代》，浙江省文物考古研究所编：《崧泽文化学术研讨会论文集（2014）》，文物出版社2016年版。

45. 陈明辉：《距今6000年前后环太湖流域的文化格局——兼论后冈时代》，浙江省文物考古研究所编：《崧泽文化学术研讨会论文集（2014）》，文物出版社2016年版。

46. 西王村类型因位于山西省芮城县黄河北岸总面积达10万平方米的西王村遗址而得名。其以晋南、豫西和关中为核心，并辐射至陕西全境和晋中等地。见张天恩：《浅论西王村类型几个问题》，《考古与文物》1994年第3期。

47. 河南省文物考古研究所等：《河南灵宝铸鼎塬及其周围考古调查报告》，《华夏考古》1999年第3期。

48. 戴向明：《陶器生产、聚落形态与社会变迁——新石器时代至早期青铜时代的垣曲盆地》，文物出版社2010年版，第37页。

49. 孙祖初：《秦王寨文化研究》，《华夏考古》1991年第3期。

50. 泉护遗址地处华山脚下、渭河南岸，文化层可分为三期，一期属于仰韶早中期，二期属于仰韶晚期，三期属于龙山文化时期，前后绵延达2000多年。见北京大学考古学系、中国社会科学院考古研究所：《华县泉护村》，科学出版社2003年版。

51. 朱雪菲、许永杰：《西阴文化的解体与仰韶晚期遗存的生成》，《考古与文物》2012年第6期。

52. 郎树德：《甘肃秦安县大地湾遗址聚落形态及其演变》，《考古》2003年第6期；甘肃省文物考古研究所编：《秦安大地湾——新石器时代遗址发掘报告》，文物出版社2006年版。

53. 苏海洋：《论马家窑文化形成的动因及传播路线》，《青海民族大学学报》2019年第1期。

54. 苏海洋：《论马家窑文化形成的动因及传播路线》，《青海民族大学学报》2019年第1期。

55. 谢端琚：《甘青地区史前考古》，文物出版社2002年版；段小强：《马家窑文化的渊源与属性》，山东大学东方考古研究中心编：《东方考古（第9集）》，科学出版社2012年版。

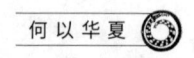

56. 叶茂林:《石岭下类型》,王巍总主编:《中国考古学大辞典》,上海辞书出版社2014年版。

57. 韩建业:《位于黄土高原的南佐都邑性遗址》,《人民日报》2022年12月24日。

58. 许顺湛:《五帝时代研究》,中州古籍出版社2005年版,第20~26页。

59. 顾颉刚、刘起釪:《尚书校释译论》,中华书局2005年版,第2087页。

60. 韩建业:《涿鹿之战探索》,《中原文物》2002年第4期。

61. 徐旭生:《中国古史的传说时代(增订本)》,文物出版社1985年版,第50页。

62. 转引自郭世谦:《山海经考释》,天津古籍出版社2011年版,第646页。

63. 转引自郭世谦:《山海经考释》,天津古籍出版社2011年版,第618页。

64. (汉)司马迁撰,(南朝宋)裴骃集解,(唐)司马贞索隐,(唐)张守节正义:《史记》,中华书局1982年版,第4页。

65. (汉)宋衷注,(清)秦嘉谟等辑:《世本八种》,中华书局2008年版,第14页。

66. (清)孙星衍撰,陈抗、盛冬铃点校:《尚书今古文注疏》,中华书局2004年版,第519页。

67. (清)孙星衍撰,陈抗、盛冬铃点校:《尚书今古文注疏》,中华书局2004年版,第519页。

68. 钱穆:《黄帝》,生活·读书·新知三联书店2004年版,第5页;(清)马骕撰,王利器整理:《绎史》,中华书局2002年版,第33页。

69. (宋)沈括撰,施适校点:《梦溪笔谈》,中华书局2015年版,第20页。

70. (清)阮元校刻:《十三经注疏·尚书正义(清嘉庆刊本)》,中华书局2009年版,第527页;徐元诰撰,王树民、沈长云点校:《国语集解》,中华书局2002年版,第514页。

71. 田昌五:《华夏文明的起源》,新华出版社1993年版,第25页。

72. (汉)司马迁撰,(南朝宋)裴骃集解,(唐)司马贞索隐,(唐)张守节正义:《史记》,中华书局1982年版,第4页。

73. (清)马骕撰,王利器整理:《绎史》,中华书局2002年版,第3542页;

(汉)贾谊撰,阎振益、钟夏校注:《新书校注》,中华书局2000年版,第70页。

74. 李琳之:《前中国时代——公元前4000~前2300年华夏大地场景》,商务印书馆2021年版,第47~49页。

75. 李琳之:《前中国时代——公元前4000~前2300年华夏大地场景》,商务印书馆2021年版,第1~273页。

第三章
大汶口时代的逐鹿中原和向外扩张景观

大汶口中期集团的西进

距今 5500 年，海岱地区的大汶口文化由早期进入中期，随后经过 200 年左右的养精蓄锐后，在西阴文化末期开始发力，向西、南两个方向强势扩张。

回望早期大汶口文化，面对西阴文化碾压式的扩张态势，大汶口先人似乎只有招架之功而无还手之力，在西阴文化中心区域几乎见不到大汶口文化早期因素。但至中期，大汶口文化覆盖范围急剧扩大，除了扩至山东全省以及苏北、皖北、皖南地区外，还有一支力量在其稍晚时候先后深入到了豫北、豫东、豫中、豫西，乃至晋南一带。就其影响而言，北边已经波及辽东半岛，向南则抵达良渚文化势力所占据的江浙一带。[1]

大汶口文化南下始于早期，盛于中期。在淮河及长江下游流域广大范围内，都发现了大量的大汶口文化早中期因素。安徽潜山薛家岗、亳州富庄江、含山凌家滩，江苏徐州花厅、南京北阴阳营、武进寺墩，上海福泉山、马桥、广富林和浙江余杭庙前等遗址，都出土了鬶、彩陶背壶、矮圈足杯、浅腹大口尖底缸一类属于大汶口文化早中期的典

型器物。²

在中期大汶口文化势力的挤压和打击下，淮河流域的凌家滩文化、长江下游流域的崧泽文化、宁绍地区的河姆渡文化，以及分布在长江中游地区的大溪文化，都在经过数百年至千余年的辉煌后，不约而同地踉跄着走向他们的坟墓，而几乎与此同时，良渚文化和屈家岭文化分别在太湖流域和江汉平原崛起，对大汶口文化势力进行了顽强的抵抗和坚决的反击。

大汶口文化势力是趁西阴文化衰败时，开始西下进入中原地区的。从现有材料观察，主要是分布在鲁南和苏北地区的一支人马，沿颍河溯水而上，抵达西阴文化分布的豫南、豫中和豫西地区，充当了颠覆西阴文化政权的推手。中原大地由此群雄并起，呈现出"军阀割据"、战火纷飞的混乱局面。

彼时的中原大地上几乎到处都留有大汶口文化势力铁蹄踏过的痕迹。³周口烟草公司、临汝北刘庄、禹县谷水河、尉氏县椅圈马和郑州大河村等遗址墓葬里，都发现了大量属于大汶口文化中期阶段的陶制生活用具及相关风俗。陶制生活用具如鼎、壶、尊、杯、豆，以及篮纹鼓腹罐、浅盘镂孔粗柄、圈足簋等，几乎囊括了大汶口文化中期的所有陶制生活用具；风俗如用猪牙随葬、死者拔牙等，不一而足。

尽管分布在颍、伊、洛河流域的这些大汶口文化遗存，由于受到中原当地文化的浸染，也在众多方面同海岱地区文化面貌表现出一定的差异性，但其整体性质还是属于大汶口文化，可谓大汶口文化的一个分支在河南境内的地方变种，所以如前所述，有学者把它划归为大汶口文化颍水类型。

▲ 西进大汶口文化颍水类型器物

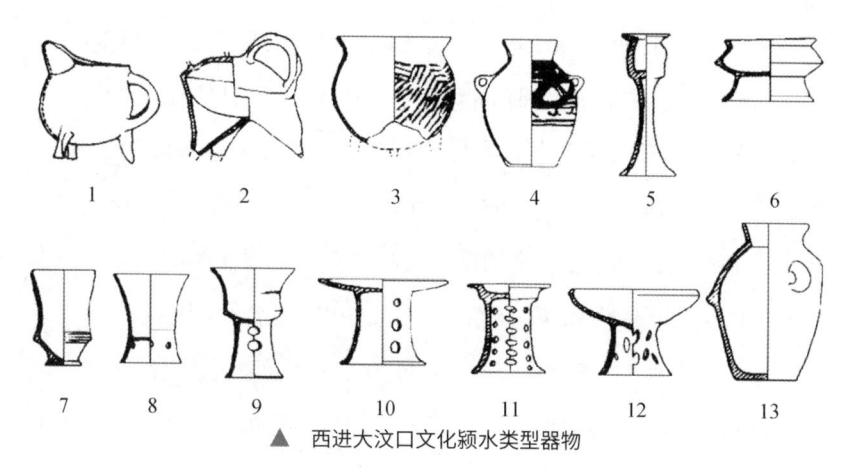

（1.实足鬶 2.袋足鬶 3.篮纹鼎 4.彩陶壶 5.高柄杯 6.镂空豆 7.矮圈足觚形杯 8.觚形杯 9.高柄杯 10.镂孔圈足豆 11.镂孔豆 12.圈足尊 13.背壶）

还不止于此，豫北地区也发现有大汶口文化中期遗存，如位居濮阳东南的高城遗址，就在早期文化层中发掘出了属于大汶口文化中期晚段至晚期早段的陶器等器物，包括鼎、花边罐、双腹盆、大口罐、壶、器盖等。[4]

这一时期，在晋南夏县东下冯遗址也发现了大量的大汶口文化因素。这些遗存既有典型的大汶口文化因素，也有注入本地文化传统经过改造后的大汶口文化因素。随着大汶口文化势力汹涌而来，两地的文化交流出现了逆转的现象，大汶口文化明显处在主导位置上。[5]

可以说，彼时的中原地区，处处都可见到大汶口人的影子，在某些地区，他们甚至还间接地控制了当地政权，充当了殖民者的角色。这一点在秦王寨文化中体现得较为明显。

秦王寨文化[6]是以河南新郑、密县一带为分布中心的仰韶晚期文化，西到豫西的嵩山，东抵豫东平原，北至黄河沿岸，南至伏牛山脉。

时间大约距今5300～4800年，代表性遗址有荥阳秦王寨、点军台、郑州大河村、西山古城等。因首先发现于荥阳秦王寨遗址而得名。

有学者把秦王寨文化器物分为五个群组，分别是本体文化群组、受北辛—大汶口文化系统影响而产生的器物群组、受大司空文化影响而产生的器物群组、受半坡四期—泉护二期文化系统影响而产生的器物群组和受大溪—屈家岭文化系统影响而产生的器物群组。[7]

秦王寨本体文化群组常见于郑州—沙河上游地区和嵩山—伊洛河下游平原，系从西阴文化大河村类型一、二期直接传承而来，属于秦王寨文化的主体部分，暗示其主人是西阴文化大河村类型一、二期居民的后裔。

受大司空文化、半坡四期—泉护二期文化和大溪—屈家岭文化影响而产生的器物群组，虽然在秦王寨文化整个器物群的形成过程中也发挥了一些作用，但因其所占比重较小，影响也局限在表面和局部，对整个秦王寨文化的面貌和性质并未起到决定性的作用。

与这三个群组不同的是，大汶口文化因素在五个群组中所占比重仅次于本体文化群组，而且其影响无所不在，甚至在局部还改变着秦王寨文化主人的习惯、信仰和执政思想。以同属秦王寨文化的大河村三期为例，这里发现了大量典型的大汶口文化因素，如细颈壶、双连壶、深直腹足鼎等陶器和六角星纹、圆圈纹等彩陶纹饰，还有施白衣的技术方法、埋藏在地层或灰坑中的猪骨架，等等。[8]

除此以外，属于秦王寨文化特有的那些因素，如素面或带有网纹、X纹、S纹等纹饰的壶形鼎、鼓腹罐等，也都是大汶口和秦王寨两种文化结合后创新的产物。[9]

一般来说，彩陶纹饰代表着主人的精神信仰，而器物制作技艺属

▲ 大河村遗址出土的 S 纹、X 纹彩陶罐

内部传承所有，二者的私密性都很强。秦王寨文化中能够出现如此众多的代表大汶口人精神信仰和器物制作技艺，以及在地层或灰坑中发现掩埋的猪骨架一类大汶口习俗，暗示秦王寨文化的主人在一定程度上从精神或思想上接受了大汶口文化的影响。

尤其值得注意的是，郑州西山遗址曾发掘出土了 251 例个体的人类遗骸，其中成年男女分别为 79 例和 65 例。与古代人群对比，郑州西山组与来自山东曲阜的西夏侯组和来自黄河中游流域的仰韶合并组，在颅骨形态上最为接近，暗示郑州西山组人群系由当地土著和大汶口人共同组成。

西山遗址 251 例个体人骨标本中，可观察到有明显颅骨人工变形的个体共 35 例，占比达 13.94%，其中还有 11 例存在人工拔牙现象。[10] 颅骨变形和人工拔牙都是大汶口文化所独有的典型习俗。这意味着大汶口人在作为秦王寨文化政治中心的西山古城人口构成中，占有相当大的比例。

显然，以郑州西山古城为政治、经济和文化中心的秦王寨文化集团，已经不具有绝对的独立性，而很可能是一个沦为由大汶口文化集团所控辖的半殖民地性质的政权组织。[11]

屈家岭集团的北上

屈家岭文化是一支承袭了大溪文化油子岭黑陶类型,而又吸收了北部南阳盆地西阴文化和海岱地区大汶口文化因素而形成的一种典型的南北方杂糅性文化,距今5300~4500年[12],主要分布在以江汉平原为中心,西至三峡,东到武汉,北达豫南,南抵湘西北常德一带,因首先发现于湖北京山屈家岭遗址而得名。

前已述及,油子岭文化主要来源于边畈文化,而边畈文化则源自南迁的后岗一期文化,所以,从根本上来说,屈家岭文化集团的主要构成人员是来自北方的后岗一期文化后裔。

仰韶晚期,遗民现象泛起可以说是各地的一种普遍现象。在西阴文化兴盛年代,西阴文化核心及主体区域原来分属不同文化的部族均受到一定程度的压制和打击,等这种压制和打击随着西阴文化的覆亡而消除,这些旧文化遗民长期积压的不平情绪就立刻宣泄出来。譬如,在半坡时期,有一种内凹口双耳尖底瓶,还有一种用于切割谷穗的圆形陶刀,均被认为是半坡文化的典型性器物,但在西阴文化势力统治的700余年中,这两种器物竟然销声匿迹,看不到一点踪影,然而当西阴文化解体后,这两件器物却又离奇地泛出水面,开始在关中一带风行。[13] 这说明半坡文化的遗民后裔虽历经700年左右的压制和打击,但仍然顽强地坚持着祖先的信条,并在仰韶晚期凝聚成了一股新的力量。

类似的现象在大司空、秦王寨等文化中表现得也比较突出,其族群主体均和后岗一期文化主人有着密不可分的关系。[14]

屈家岭文化作为后岗一期文化在长江中游流域的南传隔代延续,在西阴文化衰亡时突然崛起,从根本上说,也可看作一种大时空范围内的遗民泛起现象。但导致大溪文化演变为屈家岭文化的根本原因,还是大汶口文化南下的强势影响,其中包括了一定规模的人口迁徙。

屈家岭文化新出现的尊、高柄杯及其神秘刻画符号,就都与大汶口文化存在一定的渊源关系,这两种器物均贯穿于屈家岭—石家河文化始终[15],暗示在屈家岭文化集团上层人物中,大汶口人占有一定的比例。

当然,融合在屈家岭集团中的大汶口人可能同大汶口文化主流人群分属两个不同的阵营有关,或许就是原来融于大汶口族群的那部分后岗一期文化后裔。可能正是由于大汶口文化主流势力的南下扩张,才给了这部分后岗一期文化后裔趁机反叛的机会,加入有同样祖源文化背景的屈家岭集团,携手共同抗击大汶口主流势力,由此导致了大溪文化的终结和屈家岭文化

▲ 屈家岭文化黑陶镂空高柄杯

的崛起。彼时，正值中原地区向仰韶晚期过渡时期。

江汉平原，尤其京山、天门、钟祥一带，是大溪文化率先转变为屈家岭文化的大本营。大汶口文化大举西进，地处中原的土著势力，如大司空文化、秦王寨文化、西王村文化等也纷纷崛起。或许是由于背后有大汶口集团的支持，秦王寨文化势力发展很快，一度波及豫西南和鄂西北地区，直接威胁到屈家岭文化的生存和发展，这个地区遂成为两支文化激烈交锋的前沿阵地。最终结果是实力更胜一筹的屈家岭集团将秦王寨势力驱逐出去，占有了这个在南北交通中具有枢纽作用的咽喉之地。[16]

但是在丹江、汉水及其大小支流的河旁台地遗址中还可以看到很多秦王寨文化的因素，表明已是强弩之末的秦王寨文化，对当地文化还是产生了一定的影响，这部分秦王寨人群最终融进了屈家岭族群中。

屈家岭文化形成后，经过数百年的潜心发展，农业、家庭饲养业和各种手工业都取得了辉煌的成就，经济和文化实力得到进一步提高。典型的表现就是这一时期，屈家岭文化势力范围以内新崛起了 14 座古城，另外，还有 4 座是建于大溪文化时期，沿用到屈家岭文化时期又被增筑或扩建而继续使用的。如果撇开屈家岭文化时期就已废弃而被石家河取代的谭家岭古城，始建和增筑、扩建于这一时期的古城是 17 座。城址面积在 5 万~120 万平方米不等。其中最大面积的石家河古城是屈家岭集团政治、经济和文化中心所在地。[17]

可以说，在距今 6000~4500 年这个时段，长江中游流域不仅是整个东亚大陆城址出现最早的地区，而且也是城址数量涌现最多的地区。城址林立的屈家岭文化，开启了史前中国的城邦时代，而城邦则意味着战争。

从现有资料观察，屈家岭文化大规模向外扩张，始于早期，盛于中晚期。其向北，先是立足于今豫西南，然后进至郑洛一带，再进入晋南、关中地区；向南，扩及沅水中游、湘水下游，抵达赣西北，并一度深入赣中腹地。[18]

豫西南地区的遗存一般被视作屈家岭文化的一个地方类型，是屈家岭势力北界所在。[19]西阴时期，这里属于西阴文化八里岗类型，房屋规划有序，排列整齐，但到仰韶晚期，屈家岭势力大举北上，双方在这一地域发生战争。一排排齐整的房屋大多遭到战火焚烧而毁弃，室内甚至还有未能及时带走的石斧、石凿和骨锥，另有被倒塌墙体砸碎的大量陶器散落各处。战争的结果是以屈家岭文化势力取得胜利而告终，他们占据这片地方后，在废墟上建立了自己的聚落，并一直延续到距今4500年的石家河文化时期。[20]

位于丹江之滨的淅川下王岗遗址呈现给人们的也是同样的情况，至少有20座建于西阴时期的曲尺形长屋，在仰韶晚期都变成了残垣断壁，大量毁弃的建筑物残块堆积在一起。居住面上还遗留有破毁的陶器残片和残损的工具。另外，在同期遗存中还发现有近百把石斧。[21]石斧在平常是工具，在战争时期就是武器。

屈家岭文化势力在豫西南地区站稳脚跟后，兵分两路，北上豫中，西进渭南。向北的一支，出南襄隘道，穿越伏牛山和外方山，经上蔡十里铺、驻马店党楼、临汝北刘庄、汝州中山寨、禹县谷水河等遗址所在地，抵达豫中平原的郑州大河村，再折而向西，抵达豫西的洛阳王湾，进而抵达灵宝盆地，出现在西坡遗址中。屈家岭人在这一路都留下了斑斑痕迹，如上述遗址就大都发现有壶、杯、簋形器等屈家岭文化器物。[22]

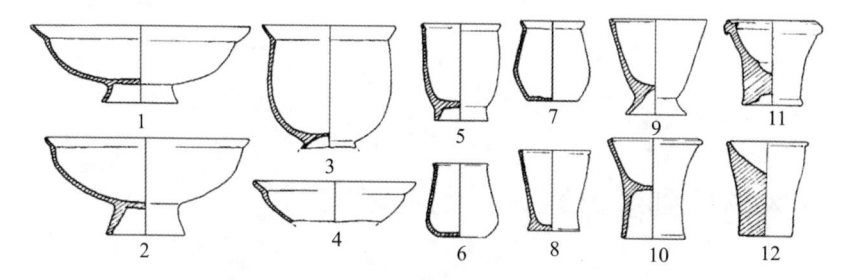

▲ 郑州大河村遗址所出屈家岭文化器物

（1、2、4.双腹圈足盘　3、5.尊形圈足杯　6、7.罐形杯　8、12.觚形平底杯　9-11.觚形圈足杯）

屈家岭文化势力从豫中向西挺进至豫西，事实上是完成了它在河南境内的文化传播拼图。洛阳王湾遗址出土了属于屈家岭文化晚期的器物[23]，临汾赵南遗址也出土了与豫中地区屈家岭文化器物风格十分相近的双腹豆盘、厚胎杯一类陶器，但数量极少，显示其影响已十分微弱。该地仍以原有的土著文化为主。[24]

豫西南这支屈家岭文化势力穿越南襄隘道出现于豫中平原的时候，大致与大汶口文化西下中原同时或稍晚。随后，西进渭南的另一支也整装出发，他们沿丹江溯水而上，出现在地处秦岭山地的商县紫荆遗址，进而翻越秦岭，抵达渭河谷地。陕西商县紫荆、丹凤巩家湾、华县泉护村等遗址，都发掘出了盆形鼎、圈足尊式杯、大口尖底缸、平底尊式杯等一类屈家岭文化晚期器物。[25]

第三章　大汶口时代的逐鹿中原和向外扩张景观　　127

从大汶口到凌家滩，再到良渚

距今 5500 年，大汶口文化由早期阶段转入中期阶段，事实上是东夷集团内部的一次政权交接转移。新旧势力的更替引起了社会的不安和混乱，原来那部分已经归依大汶口文化集团的后岗一期文化残余势力后裔，乘机扯起造反旗帜，意图同新政权分庭抗礼，结果战败，逃亡到了淮河流域今安徽含山一带，建立了凌家滩"古国"，留下了今日在考古界赫赫有名的凌家滩文化。[26]

从考古学观察，这支应为后岗一期残余势力后裔的大汶口文化是通过鲁西南经由淮河下游，进入宁镇地区，在此再分为两支人马，一支沿江而下向太湖流域传播，另一支则溯江而上，在安徽含山一带，形成凌家滩文化。[27]

凌家滩古国是一个神权占主导地位的社会，具备了相当深厚的经济、文化实力，并且有了一个可以调动各方力量的强制性管理机构。农业生产有了较大的发展，并因此带动了家畜养殖业、玉石制造业和纺织业等的发展，社会分工更加细化。尤为重要的是出现了阶级，少数权贵可以占有其他人的劳动。这是野蛮时代向文明时代转变的一个重要特征，反映了社会演进过程中一个突破性的变化。[28]

凌家滩文化尽管已经进入文明前夜，但由于偏居淮河流域一隅，势力范围较小，作为其政治、宗教和文化中心的凌家滩遗址总面积也仅有160万平方米左右，因此，当200年后势力更为强大的大汶口文化集团大规模向南方扩张时，弱小的凌家滩人群几乎未做抵抗，便自巢湖流域向东南撤退到达湖州昆山和安吉地界。他们在这里留下了融有凌家滩基因的两处遗址：昆山和安乐，然后又南下穿过杭嘉湖平原，最后抵达余杭地区。

▲ 凌家滩遗址一隅

昆山遗址分布在浙江湖州市吴兴区八里店昆山周围，东南距钱山漾遗址约7公里，是苕溪流域的重要遗址之一；安乐遗址位于浙江省安吉县递铺镇的长乐村，西距西苕溪约1公里，处于递铺盆地东侧边缘的一处自然山冈上。两处遗址的文化面貌和性质均呈现为崧泽文化晚期至良渚文化早期的地方特色。[29] 另外，在位于湖州市区北约 9 公里处的白雀乡小梅口邱城遗址崧泽文化晚期文化层中，也发现了同庙前遗址良渚文化早期器形一致的圈足盘。[30]

环太湖流域最早出现的新石器时代考古学文化是马家浜文化，距今 5900 年左右。[31] 如前所述，由于以蚩尤残部为载体的后岗一期文化系统南下导致里下河平原、宁镇地区、皖江流域和环太湖地区的文化面貌及性质发生骤然变化，出现了以南京北阴阳营遗址为中心的北阴阳营文化、以南京高淳区薛城遗址为中心的薛城文化和以苏州张家港东山村遗址为中心的东山村文化，而在环太湖流域，马家浜文化被新兴的崧泽文化所取代。崧泽文化中晚期大致与凌家滩文化同期。[32]

或许是由于都有后岗一期文化这个共同的族源背景，或者彼时他们都还面临着被大汶口文化集团铁蹄践踏的共同命运，凌家滩先人迁徙至余杭地区后，很快就同当地土著崧泽先民携起手来，形成了良渚文化集团，并由此稳定了自崧泽文化晚期以来就有的基本格局，即太湖以北的长江沿岸、太湖东南岸和太湖西南的湖州地区以及可以作为一个单独区域的余杭地区，它们共同构成了一个崭新的良渚文化圈。[33]

由于凌家滩先人掌握有当时最为先进的高端手工业技术，如琢玉、漆器和象牙器的制作等，以玉器为载体的良渚文化信仰像浪潮一样迅速向环太湖流域席卷而去，从宗教及其他信仰上将包括当地土著在内的这个文化圈内的居民凝结成了一个水乳交融的命运共同体。

凌家滩先人的到来，带动了环太湖流域人口的飞速增长，这体现在两个方面，一是聚落数量出现了非正常的大规模增长现象。太湖西部地区在崧泽文化早期时，主要聚落遗址只有 3 处，到这个时期增加到了8处；余杭地区在崧泽文化早期时，主要聚落遗址有1处，到这个时期增加到了5处；太湖东南部，即苏州南部、沪西及嘉兴地区，在崧泽文化早期时，主要聚落遗址只有4处，到这个时期猛增到了至少20处。这两个地区聚落数量增长幅度都达到了500%之多[34]；二是墓葬数量增长也出现了同样异常的现象。余杭地区官井头遗址清理出崧泽—良渚文化墓葬106座，均为崧泽文化晚期与良渚文化早期[35]；嘉兴南河浜清理崧泽时期墓葬92座，其中属崧泽早期的墓葬只有7座，其余大都属于崧泽晚期和良渚时期。[36]

新生的良渚文化在高度发达的凌家滩文化、崧泽文化的基础上迅速崛起。

从玉文化方面观察，良渚文化早期琮的基本形制、神人兽面像以及体现墓主人身份等级和地位的玉头饰、玉钺、权杖等，基本上是一步到位，创造性地圆满完成。年代距今5300~5100年。[37]这些因素正是后来发展壮大后的良渚玉器文化的核心要素，意味着环太湖地区独立的玉器流通圈在良渚文化早期已经初具雏形，并且形成了某种共有的宗教观念。[38]

▲ 良渚遗址出土的"玉琮王"和"玉琮王"上刻画的神人兽面像

从墓葬方面观察，良渚文化早期以玉器为主要随葬品的厚葬墓开始陆续出现，良渚社会进入复杂化进程，露出了阶级的萌芽。据统计，这一时期的玉器随葬墓，近70%的随葬品在10件以上，近25%的在40件以上，而且随葬玉器越多的墓葬，玉器的档次和质量也就越高。这些玉器随葬墓大多位于高地或人工土筑台上，有的即便不是安置在高地或人工土筑台上，也占据着墓地中央的最佳位置。但同时，还有更多的墓葬没有玉器，甚至没有随葬品出现。可以说，良渚文化玉器文化系统的形成过程是伴随着环太湖地区社会复杂化进程进行的。[39]

新兴的良渚文化能够迅速崛起，是和其农业的快速发展密切相关的。良渚文化早期社会发明了石犁这一关键性生产工具，仅昆山遗址61座墓葬中就出土了21件石犁。[40]农业从耜耕阶段跨入犁耕阶段，是一个质的飞跃，劳动效率和土地单位产出率由此获得大幅度提高，居民所产粮食有了充分的剩余，由此极大地促进了玉、石器制造等手工业的发展，促进了社会分工的细化和专业化，为社会进入文明历程奠定了雄厚的经济基础。

有大量证据显示，良渚古城面积达30万平方米的莫角山宫殿建筑群就是在这个时期建成使用的，同时，总建筑土方量达288万立方米的古城外围大型综合水利大坝工程也是在此时拉开了大规模施工的序幕，时为距今5000年前后。[41]

良渚集团的北上

良渚文化崛起，并没有让大汶口集团停止向南扩张的脚步，他们反倒直接将自己的势力发展到了良渚文化领地[42]，像前述上海福泉山、马桥、广富林，余杭庙前等遗址中都发现有这一时期的大汶口文化遗存。另在南京北阴阳营遗址还出土了一件大汶口文化陶鬶和一件带有大汶口特有刻符的陶尊，说明大汶口集团是取道南京而抵达上海地区的。

面对大汶口集团咄咄逼人的气势，新兴的良渚集团进行了坚决的抵抗，并扭转战局，将战争的主动权控制在自己手中，进而吹起了大反攻的号角。良渚集团采取的是步步为营、稳扎稳打的兵团式作战策略，最终不但将大汶口文化"侵略军"逼回他们的老巢，而且还乘机占领了其传统领地苏北的部分地区。

良渚集团北上反击的路线大致为：上海—南京—海安—东台—兴化—阜宁—新沂。他们在海安、东台、兴化留下了青墩、蒋庄和开庄等遗址。

海安青墩遗址和位于兴化、东台两市交界处的蒋庄遗址，在区域上都属于长江以北的江淮平原东部，文化面貌显示的是良渚文化。

蒋庄遗址分为东、西两区，东区以唐宋时期堆积为主；西区以良渚文化堆积为主，面积近2万平方米。迄今已清理良渚文化早中晚三期墓葬280余座、房址8座、灰坑100余座以及水井、灰沟等遗迹。出土玉、石、陶、骨等不同材质遗物近1200件。但良渚文化早期墓葬较少，葬式单一，中晚期二次葬与烧骨葬流行。从大多数墓葬保存较好的人骨中，可以看出与战争或暴力冲突有关的几个显明特征：一是大多数人骨残缺不全，二是这些个体骨骼有明显的损伤，三是整体摆放较为凌乱，四是大多墓葬发现有多个头骨，并且还有多种外力损伤现象。[43]

开庄遗址位于东台市溱东镇开庄村北一四面环河的圩田中央，面积约2.7万平方米。早期遗存显示的是南北多种文化因素共存的杂糅性特点；晚期遗存以距今5000年左右的中期良渚文化为主，其中还含有一定数量的大汶口文化因素。[44]

良渚先人在阜宁地区留下的战争遗存是陆庄遗址。该遗址位于淮河故道南侧的阜宁市板湖镇陆庄村，遗存中既有典型的良渚文化玉器、陶器，又有部分大汶口文化晚期陶器，其中良渚文化堆积层平均厚度接近1.5米。这样厚的文化层是需要漫长时间的积累才可以形成，暗示陆庄遗址是良渚集团长期经营的一个北上的战略据点。这同碳14测定的时间为距今5000～4600年，也比较相符。[45]

良渚集团北上反攻时，一度进抵属大汶口文化传统势力范围的苏北地区，在此留下了具有"两合文化"特色的花厅遗址。[46]

花厅遗址位于苏北新沂市区西南18公里泰沂山南侧一残丘地带上，是目前所发现良渚文化出现在最北面的一个据点。遗址分为南北两个墓区，南区属于大汶口文化，共发掘墓葬24座，年代稍早；北区属于良渚文化，共发掘墓葬62座，时间略晚于前者，大约距今5000年左右。其中有10座随葬品丰富的大墓一字排列，形成了北区墓地的一条中轴线。这10座大墓中有7座均发现有不同程度的殉人情况，其中1座可能是主仆关系，其余6座均可归入用战争俘虏做殉葬一类。

有一座墓葬呈现的血腥情形十分骇人。墓主是一30岁左右的中年男子，随葬品多达149件，其中包含很多高等级礼器。在随葬品外侧，躺有中年男女骨架各一具，女体旁边还偎依着一名10~12岁的小孩。另有一具六七岁的儿童骨架横躺在这对中年男女的头部上方。除此以外，墓南侧还躺着一具被压扁、紧贴在坑壁上的少儿骨架。

这一幕血腥情形反映的极有可能是，胜利者一方将失败者全家拿来殉葬以达到血亲复仇目的的史实。类似殉葬现象在早期阶段的良渚文化中司空见惯，如上海福泉山、吴县张陵山、昆山赵陵山等都是同样的情况。[47]

可能是由于战争中不可避免的伤残所致，这些墓中有两座人骨几乎无存，还有两座墓主的头骨基本上是破碎的，只有两座墓骨架保存尚可。给我们传达出更为明确的战争信息的，是这些男性墓中都还随葬有或多或少的玉钺、石钺以及作为武器的石镞、石刀等。钺在上古社会就是军权或战争的象征。

花厅遗址北区发现的陶器有良渚文化和大汶口文化两种类型。良渚文化陶器，质量相对较好，保存状况也不错。这部分陶器可能是这些良渚先人从良渚文化领地带过来，或者是专门派人远距离运输过来的。但大汶口文化陶器的火候和保存状况却很差，有的甚至连器形都难以分辨。有学者认为，这些陶器可能是这些良渚先人同当地的大汶口居民交换而来的劣质产品,也有可能是他们学习技术不过关而造成的。

▲ 花厅遗址所出良渚文化神人兽面纹琮

与北区显示出来的良渚文化性质不同,南区显露出来的完全是大汶口文化的性质,这其实暗示着,战争的双方主人就是良渚和大汶口两支文化的先民。有学者据此还原了这一幕历史场景:花厅北区墓葬的主人们在生前是良渚文化集团一支远征军战士,他们打败原来的大汶口敌人后,占领了这片土地,并将阵亡的将士就地安葬。毕竟,这里距离故乡十分遥远,运送不便。然而,他们不想把自己的战友同敌人安葬在一块墓地上,遂在其北面 600 米处另设陵园,并将战时携带在身边具有本族特色的玉器、陶器,以及一些战利品,用作了随葬品,还按照本族的风俗,将那些战俘和抓获的妇女儿童同猪狗一起殉葬,由此表达他们对阵亡将士的怀念和敬意。[48]

良渚集团有计划、有路线步步为营的兵团式作战行动,直接构成了对大汶口文化南部居民的威胁，这在苏北一带表现得尤为突出。这一带的大汶口文化居民，在良渚集团大兵压境的情况下，出现了大规模向外逃亡的现象。[49] 苏北地区在大汶口文化早期及中期前段都是聚落众多、文化繁荣的地区之一，据统计，在泇河故道不足4公里的沿河两岸就发现了6处遗址，其中邳州大墩子遗址面积达到了5万平方米，而进入距今5000年以后的大汶口晚期，这里的遗址数量急剧减少，而且也缺乏像大墩子那样在大汶口文化中有举足轻重作用的聚落，整体呈现出的是一片衰败荒凉景象。而与此同时，大汶口文化早期人口稀少的鲁东南和淮北地区却不可思议地一下冒出了很多聚落，甚至出现了一些文化较为繁盛的大型遗址或墓地，如莒县陵阳河、大朱村，安徽蒙城尉迟寺等。陵阳河同诸城前寨、蒙城尉迟寺三处遗址还发现有相同的大口尊刻文。不难判断，这是相隔数百公里的两个族群曾经有过文化上甚或是血统上联系的标识。这或许正是他们的先人当年迫于良渚势力的威胁不得不从苏北各奔东西，以至于骨肉相离的实际情形的反映。

  当然，良渚集团对大汶口集团的反击，不仅仅是通过战争手段，他们还采取了"润物细无声"渗透的方式，直接将其文化输入大汶口文化腹地，如泰安大汶口、诸城呈子和滕县岗上等遗址都发现了属于良渚文化早期的双鼻壶，而邹县野店遗址不但发现有双鼻壶，还发现有属于良渚文化同一时期的实足鬹等。[50]

大汶口晚期集团的西进

大汶口文化中期晚段，大汶口集团腹背受敌。在南方，有良渚集团高举刺刀的步步紧逼；在中原，有仰韶晚期诸雄和屈家岭势力的奋力角逐；在西南，原属于中原文化传统领地的豫西南和鄂西北地区，也早已被屈家岭势力占领，成为其北上中原的根据地和桥头堡……彼时的大汶口政权四面楚歌，岌岌可危。

而就在此时，鲁东南莒县一带由于大批从苏北逃来的难民蜂拥而至，出现人口暴涨现象，各种文化激荡、碰撞，很快使得这片原本属于大汶口中期呈子类型边缘地带的文化面貌一变而为陵阳河类型，大汶口文化由此进入晚期，大汶口文化中期统治集团黯然走下历史舞台。

调查发现，陵阳河类型所在的鲁东南地区是大汶口文化晚期各文化类型中经济文化最发达、人口最多的地区，而沂、沭河流域以及东部沿海地区则是陵阳河类型遗址分布最为密集的地区，仅日照一地就有 600 余处，这一人口密度即便与今天相比，也不遑多让。[51]

陵阳河类型的发达与先进，体现在两方面：一是出现了较多的磨光黑陶和大量酿酒与饮酒器物。如陵阳河遗址所出 45 座大汶口文化墓葬中，高柄杯一类饮酒器具随葬品就发现有 663 件，约占全部出土物的 45%。[52] 磨光黑陶的出现反映出大汶口文化晚期社会生产力水平较高，暗示其制陶技术趋于成熟，而大量酿酒与饮酒器物的发现，说明其农产品丰富，有了较多的剩余粮食可以用于酿酒；二是大汶口文化晚期发现的 ☉ 和 ⚱ 一类刻符，大部分出自这一类型众多的遗址之中，如莒县陵阳河、大朱村、杭头，诸城前寨，日照尧王城、丹土等。考古工作者初步判定这一类刻符是程序化的符号，代表着一种至高无上的精神信仰，既是该族群的图腾或族徽，同时又是有着象形意义的汉字前身。[53]

▲ 陵阳河遗址出土的带有刻符的大口尊

陵阳河类型形成以后，开始向四面八方扩张。[54] 向东，在潍河上游和胶莱河流域促成了以胶州三里河遗址为代表的三里河类型的诞生；向东北，在胶东半岛地区促成了以栖霞杨家圈遗址为代表的杨家圈类型的诞生；向北，在曲阜、邹县一带促成了以曲阜西夏侯遗址为代表的西夏侯类型的诞生；由此再向北，在泰山脚下的大汶河流域促成了以泰安大汶口遗址为代表的大汶口类型的诞生。在鲁北地区的淄河、小清河流域促成了以广饶五村遗址为代表的五村类型的诞生；向西，在枣庄、滕州地区促成了以枣庄建新遗址为代表的枣滕类型的诞生。陵阳河类型势力又通过曲阜、邹县、枣庄和滕州地区，继续西下，再进而南进，在豫东和皖北地区形成了以安徽蒙城尉迟寺遗址为代表的尉迟寺类型。

大汶口文化早期，乃至更靠前的北辛文化晚期以来，海岱地区的文化中心就一直稳定在以大汶口遗址为中心的汶、泗河流域，但进入大汶口文化晚期，随着陵阳河类型的强势崛起，大汶口文化重心则转向了以陵阳河遗址为中心的鲁东南地区。

以陵阳河类型为中坚力量的大汶口文化晚期统治集团掌控并稳固了大汶口文化大本营的局势后，随之将目光瞄上了来自西、西南和南方正"乘机作乱"的中原仰韶晚期诸雄、屈家岭文化集团和良渚文化集团。

前述在大汶口文化中期时，中原地区就基本上沦为大汶口文化和屈家岭文化的半殖民地和准半殖民地，中原仰韶晚期各支势力为此屡屡掀起反抗浪潮，顽强抵抗着殖民者的入侵，其中以大司空文化势力最为典型，大司空文化势力因而成为大汶口文化晚期集团西进试刀的第一个对象。

大汶口文化晚期集团主要还是沿着中期以来开拓的路线向西挺进：分布在鲁南苏北地区的一支先头军沿颍河溯水而上，进入豫南、豫中和豫西地区，并深入到了秦王寨文化腹地。鹿邑栾台、郸城段寨、商水章华台、平顶山寺岗、禹县谷水河、偃师滑城和郑州大河村等遗址中，均发现有大汶口晚期典型器物和墓葬习俗，如各类鼎、觚形杯、背壶以及墓主的拔牙现象等。[55]

另外，前述河南濮阳高城遗址，在早期文化层中曾发现有鼎、花边罐、双腹盆一类大汶口文化中期晚段至晚期早段器物，暗示大汶口文化晚期集团曾经占领此地，并且可能在此联手豫中一带的秦王寨文化势力，从东、南两个方向，向位居太行山东麓今辉县一带的大司空文化势力发动了攻击，大司空势力不敌，遂转身向西穿太行山而过，进占了太行山西侧的晋南垣曲盆地，再在此兵分两路，分别向北、向南进入临汾盆地和运城盆地。又从临汾盆地沿汾河继续向北发展，进入晋中盆地和吕梁地区。西逃的这部分大司空人马，在太行山深处留下了山西黎城东阳关、长治小神等遗址，在晋南垣曲盆地留下了古城东关、垣曲商城仰韶文化晚期等遗址，在运城盆地留下了芮城西王村遗址，在临汾盆地留下了天马—曲村、襄汾陈郭村等遗址，在晋中盆地留下了太谷白燕，在吕梁离石地区还留下了杏花村和马茂庄等遗址。这些遗址均出土有一定数量的大司空文化器物及纹饰。[56]

踌躇满志的大汶口晚期势力在驱逐大司空文化势力，试图在中原地区建立自己的统治秩序时，却遇到了一个极其难缠的对手——屈家岭文化集团。前述屈家岭文化大规模向外扩张，始于距今5300~5000年的早期，盛于距今5000~4500年的中晚期——这个时段也正是大汶口文化中晚期势力在历史舞台上尽兴表演的时候。屈家岭文化向北进击，先是立足于今豫西南地区，进军至郑洛一带，然后进入了晋南、关中地区。屈家岭文化甚至还从豫西南或豫中地区将其传统文化渗透到了大汶口文化腹地——山东泰安大汶口墓地就出土了屈家岭文化的典型器物双腹豆。[57]可以说，大汶口集团自始至终都未能解决屈家岭集团这个心腹大患，双方逐鹿于中原，冲突、纠缠乃至战争时有发生。

▲ 南阳淅川下王岗遗址出土的屈家岭文化彩陶壶

但就总的发展态势来说，这个时段的大汶口文化还是居于强势地位。正是由于大汶口晚期集团西进造成的强烈影响，中原地区在距今4800年左右，结束了仰韶晚期诸雄纷争的局面，而进入了庙底沟二期文化时代。庙底沟二期文化是最早的先夏文化，核心分布范围大致与此前的西阴文化核心地区相同，主要是晋南、豫西和关中东部地区。[58]

与庙底沟二期文化同时存在的，在豫中地区有大河村五期文化，在关中西部还有案板三期文化，所以，庙底沟二期文化虽然完成了西阴文化之后大中原文化的再一次整合，但其力度和范围远远不能同西阴文化相提并论。而且在之后的数百年间，庙底沟二期文化也没有表现出足够明显的优势，甚至还被大汶口及其之后的龙山文化屡屡压迫，但她能沉下身心，广收博取，韬光养晦，最终在距今4070年时，建立了中国历史上第一个王朝——夏。

大汶口晚期集团的南下

大汶口晚期集团虽然在中原地区的扩张受到了屈家岭文化和当地土著文化的顽强抵抗，但在南下途中却是势如破竹、所向披靡。

大汶口文化晚期早段，陵阳河类型居民源源不断地从鲁东南地区迁到豫东和皖北地区，形成了尉迟寺类型，这个地区事实上就成了大汶口晚期集团进一步南下打击良渚集团的根据地和桥头堡。因为淮河作为南北自然和人文区隔的分界线，也是大汶口文化居民进可攻击、退可防御的一道坚固屏障。为了有充分的保证打赢这场可能持续很长时间的战役，大汶口文化晚期统治者又有组织、有计划地从豫东和皖北地区向苏北地区移民，从而在苏北地区培植出了赵庄类型文化势力。[59]

陵阳河类型的这次移民南征，从大汶口文化晚期一直持续到龙山文化早期——豫东淮阳平粮台龙山文化古城可能就是这次南征时建立的据点。[60]

尉迟寺类型在皖北地区可以分为四个聚落群，分别是位于淮北丘陵地带的金寨聚落群、位于涡河和沱河下游之间的尉迟寺聚落群、位于西南泉河流域的陈冢聚落群和位于沱河下游、洪泽湖西侧的泗河聚落群。[61] 其中，经济文化相对发达的尉迟寺聚落群处于核心地位。该聚落群以蒙城尉迟寺遗址为中心，周围分布有 22 处聚落。尉迟寺遗址面积大约 10 万平方米，周围还环绕有宽 25～30 米的人工壕沟——这是我国迄今所见史前最大的人工环壕。[62]

尉迟寺类型和赵庄类型的形成过程实际上就是大汶口文化集团将此前盘踞在苏北、皖北和江淮大部分地区的良渚文化势力"赶尽杀绝"的过程，这一地区因而成为大汶口晚期集团南下征讨良渚文化势力的起点。[63]

培植并夯实了皖北和苏北大片的根据地以后，大汶口集团统治者将大量的人马，从这里源源不断地向包括皖中腹地、皖西南和皖东在内的江淮西部地区输送过去。像皖中地区的长丰古城、寿县青莲寺、六安西古城、肥西古埂，皖西南地区的安庆张四墩、潜山薛家岗、怀宁孙家城等遗址，都发现了大量的大汶口文化晚期因素。皖东地区在凌家滩遗址废弃后，基本上处于千里无人烟的荒芜状态，仅在今含山县境内发现大成墩遗址 1 处。该遗址也发现有竖篮纹鼎口沿、带凹槽扁足、黑陶高柄杯等大汶口晚期文化器物。[64]

从现有材料观察，大汶口集团越过淮河以后，是循着淮河南岸的支流如淠河、东淝河、窑河等到达六安、合肥一带的。他们在此又向东、向南，兵分两路而行。向南通过杭埠河抵达皖西南地区；向东则是通过巢湖和张八岭之间的平原直下滁河中游和宁镇地区。彼时，这一带水系众多，纵横交错，无论是大汶口文化南下太湖，还是良渚文化北上江淮，蚌埠—肥东—全椒—南京都是一条重要的水上交通线路。两路人马又分别从皖西南地区和宁镇地区再渗透到良渚文化的大本营——太湖流域。⁶⁵ 其中应该既有刀光血影的武力征服，也不乏和风细雨的文化输出。

这支大汶口集团南下将士不只是在这一路上留下了诸如大口尖底缸、空足鬶、矮圈足尊式杯等炊煮器一类生活遗存，还在良渚文化势力范围内留下了大量带有大汶口文化晚期刻符的礼器。上海马桥遗址第五层出土的一件灰陶杯，杯底刻有 1 例类似于莒县陵阳河遗址"戉"字的符号⁶⁶；浙江嘉兴雀幕桥出土的黑陶壶上也刻有许多类似◎的符号⁶⁷；上海青浦福泉山和松江广富林遗址出土的陶鼎盖上也刻有 4 例类同于◎及其下部的符号。⁶⁸

▲ 肩部带有 12 个刻符的良渚文化黑陶罐

据统计，良渚文化各种玉器刻画符号共有 11 种，其中 5 种与大汶口文化陶器符号相同或相似。⁶⁹ 由于良渚文化领地内发现的此类刻符均属良渚文化晚期，在时间上略迟于大汶口文化晚期陵阳河类型，所以，此类刻符应该是来源于陵阳河类型⁷⁰，是对陵阳河类型刻符的模仿和改造。

和两种大汶口晚期文化刻符可能是少昊族系，亦即帝喾族群的图腾或族徽，而后边那些仅见于某一遗址或地域的单个符号，则很可能是帝喾族群中某族或某氏的标志。这或许就是后来从同一父系家族公社中分离出来的姓氏的最初写法。就形式和性质而言，大汶口文化刻符与后世甲骨文、金文中的族徽十分相似，很可能是族徽或者人名。[71] 从这个意义上讲，大汶口文化晚期刻符集中见于鲁东南的陵阳河类型，散见于三里河类型和皖北地区的尉迟寺类型，最后还传播到900公里之外的良渚文化阵营内部，其背后凸显的或许是陵阳河类型统治者南下进击良渚势力步步为营的战略部署。

考虑到良渚文化主人作为后岗一期文化系统的后裔源自大汶口文化这一历史背景，尤其是大汶口文化中晚期居民和良渚文化居民都是"太阳鸟的崇拜者"，出现在良渚文化领地内的大汶口文化刻符，也可能是良渚先民一种被动情况下的主动选择接受。这包含着两种文化之间的战争、通婚以及不同信仰之间的交流与融合等。[72]

总之，在这一时期的文化交流中，大汶口文化处于较为主动和强势的地位，而良渚文化则是被动和弱势的一方。双方的交流在其交界边缘地带应该主要是通过战争进行的，而在良渚文化腹地，大汶口势力则可能采取了一种较为平和的文化输出形式。有一个明显的例证是，在进入大汶口文化晚期以后，大汶口文化领地内来自良渚文化的因素大大减少，而至晚期晚段，良渚文化因素就基本绝迹了。[73]

从少昊到帝喾

在传统的中国古史传说体系中，少昊是继太昊之后、颛顼之前的古帝王，司马贞作《史记索隐》、苏辙作《古史》都把少昊放到"五帝"之首，而且硬生生地把黄帝给挤了出去。这"五帝"分别是少昊、颛顼、帝喾、尧和舜。[74] 秦时吕不韦召集门客编纂的《吕氏春秋》[75] 和北宋司马光编撰的《资治通鉴》[76] 也都把少昊排进了"五帝"之列。

前述《逸周书·尝麦解》记载，天地开辟之初，诞生了炎帝和黄帝两位大帝，朝纲政典由此诞生。炎帝手下有蚩尤和少昊两位卿士。炎帝让蚩尤进驻少昊势力范围，并监视四方的动静。蚩尤顺应上天的旨意发展起来了，却生二心，在涿鹿之野和炎帝发生了战争，欲驱逐炎帝。炎帝不敌，只好求救于黄帝。黄帝出兵，在冀州中部生擒并斩杀了蚩尤，替炎帝出了这口恶气。黄帝重整天规朝纲，纪号曰大帝，在一个叫绝辔之野的地方举行了加冕大典，命少昊主持政事，管理以鸟为图腾的那些部落军队，规范百官之位，所以少昊又叫质。

由此可以看出，少昊也同炎帝、黄帝和蚩尤一样，不是一个单纯的生命个体，而是一个族群、族群领袖和族群联盟领袖的称号。少昊族群崇鸟，且以"昊"字作为名称，显然同太昊一脉相承。太昊还被称作太皞、太皓，而少昊也被称作少皞、少皓。三个音同形异的字都有一个共同的"日"字作偏旁，三个字的意思都和太阳照耀相关，说明太昊和少昊都崇拜太阳，属于东夷族群两个前后相继走上历史前台的不同部族。

《逸周书》是先秦史籍，旧说《逸周书》是孔子删定《尚书》后所剩，是为《周书》之逸篇而得名。今人多以此书主要篇章出自战国人之手。但不管怎么说，都是后人以正统的华夏史观所写成，所以该书和其他史籍一样，均将彼时的中国看成是一个由黄帝主宰的"大一统"帝国，实际上那时候是一个"万邦林立"的部落联盟时代。《逸周书》所谓黄帝命少昊主持政事，管理以鸟为图腾的那些部落军队，规范百官之位，深层次的含义可能是，黄帝战胜蚩尤后，同东夷少昊族群联手，形成了以黄帝为主导的华夏东夷联盟集团，少昊还继续领导他的东夷族群，并加强了对以鸟为图腾的各部族的规范管理。

《山海经》记载，少昊部族滥觞的地方，是在一个叫甘渊的大型沟壑山谷之地。甘渊也叫汤谷或穷桑，其西部以前可能是一片辽阔的水域，被称作东海[77]，极有可能是今天位于鲁东南一带的沂沭河盆地。地质研究表明[78]，距今8000～4000年时，沂沭河盆地大部分地区是湖泊大泽，秦汉之际还延续旧称，曾在这里设郡名为东海。[79]

颛顼，号高阳，司马迁在《史记》中把颛顼列入五帝之一，位居黄帝之后。[80] 颛顼实际上是少昊时代东夷族群的一个旁系分支，这从高阳这个名号就可以看出来。所谓高阳就是高高升起的太阳，同太昊、少昊的"昊"字也是一脉相承。《山海经·大荒东经》说，少昊"国"处于东海之外的一个大壑中，少昊就是在此把颛顼抚养成人的。[81]

148　　　何以华夏

▲ 大汶口文化部分鸟形陶鬶

《吕氏春秋·古乐篇》记载，颛顼诞生在若水，后在空桑长大，并在此继承了少昊大统[82]。"若水"被认为是今河南境内的汝河[83]，可能是颛顼部族的发祥之地。后来颛顼部族迁徙至鲁东南沂沭河盆地，"若水"一名也随之东移嫁接至沂河、沭河头上。这或许就是《山海经·大荒东经》所谓"东海之外大壑，少昊之国。少昊孺帝颛顼于此"[84]的历史背景。

《山海经·大荒南经》给出了"颛顼国"的具体位置：此"国"在"焦侥国"与"张弘（长肱）国"之间。[85]"焦侥国"位居"东海之外，大荒之中"。"张弘国"则处在大海即东海深处的一个岛上。这意味着，最初的"颛顼国"就在"东海"亦即沂沭河盆地一带。

《帝王世纪》说颛顼"生十年而佐少昊，十二年而冠，二十而登帝位"[86]，实际意思应该是说，颛顼部族成长壮大起来后成了少昊所凭依的一支重要力量，并继少昊成为东夷族群联盟集团的盟主。颛顼势力

第三章　大汶口时代的逐鹿中原和向外扩张景观

发展起来后,向西北扩张,其政治中心随之转移到了今鲁中北和鲁中南泰安大汶河流域一带。按照古人迁徙一般要把原来地名一起带过去的习惯,这个地方也就成了新的空桑之地。空桑又叫穷桑,根据《周礼正义》中对"空桑"的解释[87],新的空桑或穷桑应在今山东曲阜附近。大汶口遗址北距曲阜市中心不足50公里,恰在这个范围内。

颛顼在东夷集团内部巩固统治以后,从穷桑即曲阜向西迁徙,抵达河南濮阳、内黄一带,定帝丘于此,这里也就成为新的穷桑或空桑[88]。按《吕氏春秋》《史记·殷本纪》等文献记载,颛顼之后又把帝丘迁至今淮阳西南一带,穷桑或空桑之名也随之再次变迁地域,降临该地。从颛顼都帝丘到春秋时卫国迁都帝丘,前后绵亘两千多年,帝丘因此声名赫赫。[89]

《博物志·史补》记载,黄帝成仙后,颛顼继之为"帝"[90],其背后折射的应该是,颛顼族群西下中原,推翻了末代黄帝的统治,强势晋身为新的东夷华夏联盟集团的盟主。不过,颛顼还是举着黄帝的旗号行事,沿袭了黄帝以来的治国策略。[91]

颛顼族群入主中原遇到一个强劲的对手,就是共工。《管子·揆度》说共工:"水处什之七,陆处什之三,乘天势以隘制天下。"[92]河南辉县及其周边地域处在太行山东麓的冲积平原上,山地从辉县西北部一直向东南方向延伸,整体呈现出西北高东南低的态势。这个地方又处于济水故道的上游,也是黄河故道在中原地带相对的上游。这种天然的地理环境,使其具有了治平水土的职业特征,所以《周礼注疏·序》说"共工氏以水纪故为水师而水名",又说"共工以诸侯霸有九州者,在神农前大皞后,亦受水瑞以水名官也"。[93]

▲ 太行山下的辉县小平原

《史记集解》说共工在"少昊氏衰"时,"秉政作虐"[94],所以颛顼上位以后就把共工当作了第一个试刀对象。《列子·汤问》记载:"共工氏与颛顼争为帝,怒而触不周之山,折天柱,绝地维,故天倾西北,日月星辰就焉;地不满东南,故百川水潦归焉。"[95]

共工之后又同祝融部族开战,最终结果以共工部族的失败告终。[96]祝融所居核心地区在新郑、密县一带,向北和共工居地相接。[97]

帝喾,姬姓,又名夋或俊,因出生在高辛,所以号高辛氏,在上古帝王排序中,位居颛顼之后、帝挚之前。[98]《春秋纬》说帝喾传有十世,《易纬》说帝喾传有350年,说明帝喾是一个延续了很长时间的族群或族群领袖。[99]帝喾部族是少昊族群的后裔支系,同颛顼同族不同宗,所以司马迁说"高辛于颛顼为族子"[100]。颛顼统治后期,帝喾部族渐露头角,成为颛顼联盟集团中一支举足轻重的政治力量,后来又成功取代颛顼成为新一代的东夷和华夏联盟集团盟主。

帝喾沿袭了少昊部族以太阳和鸟为图腾的信仰传统,称太阳神为"俊",以凤鸟为太阳神。[101] 帝喾的"喾"字同俈、浩、皞、昊通用,表达的是日月昊天的意思。[102]

帝喾继颛顼为帝,是在同一个族群内部不同部族之间的权力交接,并没有发生血雨腥风的争斗行为,所以《帝王世纪》说:"洎颛顼□之所建,帝喾受定。"[103]

帝喾这种"受定",从文献记载看,不仅包括沿袭了颛顼时期观天测象以授农时的统治手段,沿袭了颛顼时期以民事纪官的"五正制",沿袭了颛顼穷究天地、根据自然法则治国的思想,沿袭了颛顼改革音律的"礼乐"思想,还沿袭了颛顼"国"的"领土":"北至幽陵,南暨交趾,西蹈流沙,东极蟠木,日月所照,莫不厎焉。是以建万国而制九州。"[104]

从前述距今5500年至距今4500年这段时间中国大地主要几支考古学文化内涵及其互动的发展情况来观察,来自海岱地区的大汶口文化中、晚期可能分别是颛顼和帝喾族群留下来的生活遗存,而更早的距今6300~5500年的大汶口文化早期应该是少昊族群留下来的生活遗存。来自中原地区的大司空文化可能是共工部族留下来的生活遗存;秦王寨文化可能是祝融部族留下来的生活遗存;西王村文化则可能是黄帝族群后裔留下来的生活遗存。

其他,像来自淮河流域的凌家滩文化、来自长江下游流域的良渚文化以及来自长江中游流域的屈家岭文化,可能都是蚩尤族群及其后裔战败后南逃,同当地土著文化融合后留下来的生活遗存。其中,屈家岭文化就是著名的苗蛮集团生活遗存。[105]

注　释

1. 张忠培、乔梁:《后冈一期文化研究》,《考古学报》1992年第3期。
2. 许永杰:《距今五千年前后文化迁徙现象初探》,《考古学报》2010年第2期;张忠培:《良渚文化的年代和其所处的社会阶段——五千年前中国进入文明的一个例证》,《文物》1995年第5期。
3. 武津彦:《略论河南境内发现的大汶口文化》,《考古》1981年第3期;杜金鹏:《试论大汶口文化颍水类型》,《考古》1992年第2期;肖燕、春夏:《皖北、豫东地区大汶口文化的分期与性质》,《华夏考古》2001年第3期;许永杰:《距今五千年前后文化迁徙现象初探》,《考古学报》2010年第2期。
4. 袁广阔:《后岗二期文化与早期夏文化探索》,《光明日报》2016年1月30日。
5. 张文英:《大汶口文化在中原地区的传播》,《兰台世界》2009年第7期。
6. 孙祖初:《秦王寨文化研究》,《华夏考古》1991年第3期。
7. 孙祖初:《秦王寨文化研究》,《华夏考古》1991年第3期。
8. 韩建业:《西山古城兴废缘由试探》,《中原文物》1996年第3期。
9. 王震中:《大河村类型文化与祝融部落》,《中原文物》1986年第2期。
10. 魏东等:《郑州西山遗址出土人类遗骸研究》,《中原文物》2015年第2期;赵永生等:《从人骨材料谈大汶口文化居民西迁》,《东南文化》2019年第5期。
11. 李琳之:《前中国时代——公元前4000～前2300年华夏大地场景》,商务印书馆2021年版,第344～352页。
12. 韩建业、杨新改:《苗蛮集团来源与形成的探索》,《中原文物》1996年第4期;单思伟:《屈家岭文化研究》,武汉大学2018年博士学位论文。
13. 朱雪菲、许永杰:《西阴文化的解体与仰韶晚期遗存的生成》,《考古与文物》2012年第6期;王炜林、王占奎:《试论半坡文化"圆陶片"之功用》,《考古》1999年第12期。
14. 李琳之:《前中国时代——公元前4000～前2300年华夏大地场景》,商务印书馆2021年版,第332～338页。
15. 中国社会科学院考古研究所编著:《青龙泉与大寺》,科学出版社1991年版。
16. 徐祖祥:《长江中游氏族部落文化的考古学考察》,《四川文物》1999年第

1 期。

17. 蔡靖泉:《江汉地区三苗苗邦的昌兴——屈家岭文化遗存的历史学考察》,《长江大学学报》2018 年第 2 期。

18. 孟原召:《屈家岭文化的北渐》,《华夏考古》2011 年第 3 期。

19. 沈华强:《试论屈家岭文化的地域类型》,《考古与文物》1986 年第 2 期。

20. 北京大学文博学院、南阳地区文物研究所:《河南邓州八里岗遗址 1998 年度发掘简报》,《文物》2000 年第 11 期。

21. 北京大学文博学院、南阳地区文物研究所:《河南邓州八里岗遗址 1998 年度发掘简报》,《文物》2000 年第 11 期。

22. 孙祖初:《秦王寨文化研究》,《华夏考古》1991 年第 3 期;朱雪菲、许永杰:《西阴文化的解体与仰韶晚期遗存的生成》,《考古与文物》2012 年第 6 期。

23. 北京大学考古实习队:《洛阳王湾遗址发掘简报》,《考古》1961 年第 4 期。

24. 北京大学历史系考古专业山西实习组等:《翼城曲沃考古勘查记》,北京大学考古系编:《考古学研究(一)》,文物出版社 1992 年版。

25. 许永杰:《距今五千年前后文化迁徙现象初探》,《考古学报》2010 年第 2 期。

26. 李琳之:《前中国时代——公元前 4000~前 2300 年华夏大地场景》,商务印书馆 2021 年版,第 285~315 页。

27. 张敬国:《从安徽凌家滩墓地出土玉器谈中国的玉器时代》,《东南文化》1991 年第 2 期;方向明:《聚落变迁和统一信仰的形成:从崧泽到良渚》,《东南文化》2015 年第 1 期;秦岭:《环太湖地区史前社会结构的探索》,北京大学 2003 年博士学位论文。

28. 郑宏:《含山凌家滩红烧土块建筑技术成因及社会意义考析》,《巢湖学院学报》2014 年第 1 期;张光直:《考古学专题六讲》,文物出版社 1986 年版。

29. 方向明等:《浙江湖州市毘山遗址的新石器时代墓葬》,《南方文物》2006 年第 2 期;方向明:《聚落变迁和统一信仰的形成:从崧泽到良渚》,《东南文化》2015 年第 1 期。

30. 张士轩、徐惠林:《安吉县安乐遗址考古发掘圆满结束 崧泽文化山地类型遗址得以完整"揭示"》,《湖州日报》2015 年 1 月 15 日。

31. 上海市文物保管委员会:《崧泽——新石器时代遗址发掘报告》,文物出版社 1987 年版。

32. 方向明：《崧泽文化玉器及其相关问题的研究》，《东南文化》2010 年第 6 期。

33. 浙江省文物考古研究所：《南河浜——崧泽文化遗址发掘报告》，文物出版社 2005 年版，第 220 页。

34. 仲召兵：《环太湖地区崧泽文化末期考古学文化面貌及聚落的变迁》，《东南文化》2013 年第 3 期。

35. 浙江省文物考古研究所：《良渚官井头遗址崧泽文化遗存》，《浙北崧泽文化考古报告集（1996~2014）》，文物出版社 2014 年版。

36. 浙江省文物考古研究所：《南河浜——崧泽文化遗址发掘报告》，文物出版社 2005 年版。

37. 黄英：《2019 年故宫博物院"良渚玉文化论坛"综述》，《故宫博物院院刊》2020 年第 3 期。

38. 刘恒武：《论良渚文化玉器系统的萌芽》，《考古与文物》2008 年第 1 期。

39. 赵晔：《大雄山丘陵及官井头遗址揭秘：追寻良渚文明的源头》，《大众考古》2015 年第 7 期。

40. 浙江省文物考古研究所、湖州市博物馆：《毘山》，文物出版社 2006 年版。

41. 秦岭：《良渚的故事》（上），《光明日报》2019 年 7 月 7 日。

42. 严文明：《史前考古论集》，科学出版社 1998 年版，第 265 页。

43. 张雪菲、林留根：《江苏兴化、东台蒋庄遗址》，《大众考古》2016 年第 6 期。

44. 盐城市博物馆、东台市博物馆：《江苏东台市开庄新石器时代遗址》，《考古》2005 年第 4 期。

45. 南京博物院考古研究所：《江苏阜宁陆庄遗址》，《东方文明之光——良渚文化发现 60 周年纪念文集》，海南国际新闻出版中心 1996 年版；栾丰实：《论陆庄新石器时代遗存的文化性质和年代》，《考古》2000 年第 2 期。

46. 高广仁：《花厅墓地"文化两合现象"的分析》，《东南文化》2000 年第 9 期；南京博物院：《花厅——新石器时代墓地发掘报告》，文物出版社 2003 年版；扎拉嘎：《展开 4000 年前折叠的历史——共工传说与良渚文化平行关系研究》，中央民族大学出版社 2009 年版，第 506~509 页。

47. 扎拉嘎：《展开 4000 年前折叠的历史——共工传说与良渚文化平行关系研

究》，中央民族大学出版社2009年版，第506页。

48. 严文明：《史前考古论集》，科学出版社1998年版，第265页。

49. 高广仁：《花厅墓地"文化两合现象"的分析》，《东南文化》2000年第9期。

50. 许永杰：《距今五千年前后文化迁徙现象初探》，《考古学报》2010年第2期。

51. 栾丰实：《大汶口文化的分期和类型》，见《海岱地区考古研究》，山东大学出版社1997年版。

52. 常兴照：《少昊、帝舜与大汶口文化（上）》，《文物春秋》2003年第6期。

53. 康瀚予：《文明史视野中的大汶口文化陶文研究——兼与良渚文化刻符比较》，烟台大学2013年硕士学位论文。

54. 常兴照：《少昊、帝舜与大汶口文化（上）》，《文物春秋》2003年第6期；王清刚：《龙山时代海岱地区与南邻文化区互动关系研究》，山东大学2018年博士学位论文。

55. 许永杰：《距今五千年前后文化迁徙现象初探》，《考古学报》2010年第2期。

56. 许永杰：《距今五千年前后文化迁徙现象初探》，《考古学报》2010年第2期。

57. 孟原召：《屈家岭文化的北渐》，《华夏考古》2011年第3期。

58. 陈冰白：《新石器时代空足三足器源流新探》，中国考古学会编：《中国考古学会第八次年会论文集》，文物出版社1996年版；罗新、田建文：《庙底沟二期文化研究》，《文物季刊》1994年第2期。

59. 王清刚：《简论大汶口文化到龙山文化之交海岱地区文化因素的南下》，《东南文化》2017年第3期。

60. 常兴照：《少昊、帝舜与大汶口文化（上）》，《文物春秋》2003年第6期。

61. 王清刚：《龙山时代海岱地区与南邻文化区互动关系研究》，山东大学2018年博士学位论文。

62. 王吉怀：《尉迟寺遗址》，王巍总主编：《中国考古学大辞典》，上海辞书出版社2014年版。

63. 王清刚：《简论大汶口文化到龙山文化之交海岱地区文化因素的南下》，《东南文化》2017年第3期。

64. 王清刚：《龙山时代海岱地区与南邻文化区互动关系研究》，山东大学2018年博士学位论文。

65. 王清刚：《简论大汶口文化到龙山文化之交海岱地区文化因素的南下》，《东南文化》2017年第3期。

66. 康瀚予：《文明史视野中的大汶口文化陶文研究——兼与良渚文化刻符比较》，烟台大学2013年硕士学位论文。

67. 浙江嘉兴县博物展览馆：《浙江嘉兴雀幕桥发现一批黑陶》，《考古》1974年第4期。

68. 上海市文物保管委员会：《上海青浦福泉山良渚文化墓地》，《文物》1986年第10期；上海市文物保管委员会：《上海市松江县广富林新石器时代遗址试探》，《考古》1962年第9期。

69. 李学勤、郭志坤：《中国古史寻证》，上海科技教育出版社2002年版。

70. 朱乃诚：《良渚文化玉器刻符的若干问题》，《华夏考古》1997年第3期。

71. 陈民镇：《良渚文化：虞代的考古学文化——兼论良渚文化的去向》，《绍兴文理学院学报》2009年第4期；李学勤：《论新出大汶口文化陶器符号》，《文物》1987年第12期。

72. 杜金鹏：《关于大汶口文化与良渚文化的几个问题》，《考古》1992年第10期。

73. 康瀚予：《文明史视野中的大汶口文化陶文研究——兼与良渚文化刻符比较》，烟台大学2013年硕士学位论文。

74.（清）梁玉绳等撰，吴树平等点校：《史记汉书诸表订补十种》，中华书局1982年版，第14页。

75.（秦）吕不韦编，许维遹集释，梁运华整理：《吕氏春秋集释·卷第九》，中华书局2009年版，第194页。

76.（宋）司马光编著，（宋元之际）胡三省音注，标点《资治通鉴》小组点校：《资治通鉴》，中华书局1956年版，第1173页。

77. 郭世谦：《山海经考释》，天津古籍出版社2011年版，第96页；常兴照：《少昊、帝舜与大汶口文化（下）》，《文物春秋》2004年第1期。

78. 赵希涛等：《中国沿海全新世海面变化的基本特征》，《中国海洋演变研究》，福建科学技术出版社1984年版。

79. 常兴照：《少昊、帝舜与大汶口文化（下）》，《文物春秋》2004年第1期。

第三章　大汶口时代的逐鹿中原和向外扩张景观

80.（西汉）司马迁著，张大可译：《史记（白话本）》，商务印书馆2016年版，第3页。

81.郭世谦：《山海经考释》，天津古籍出版社2011年版，第96页。

82.许富宏：《吕氏春秋先秦史料考订编年》，凤凰出版社2017年版，第4页。

83.田昌五：《古代社会形态研究》，天津人民出版社1980年版，第152页。

84.郭世谦：《山海经考释》，天津古籍出版社2011年版，第617页。

85.（清）郝懿行：《山海经笺疏》,（清）郝懿行著，安作璋主编：《郝懿行集》，齐鲁书社2010年版，第4988页。

86.（晋）皇甫谧撰，徐宗元辑：《帝王世纪辑存》，中华书局1964年版，第28页。

87.（清）孙诒让著，汪少华整理：《周礼正义》，中华书局2015年版，第2142页。

88.（清）阮元校刻：《十三经注疏·春秋左传正义（清嘉庆刊本）》，中华书局2009年版，第3975页。

89.张相梅：《帝丘考》，《古代文明研究通讯》2004年第23期。

90.（晋）张华撰，范宁校证：《博物志》，中华书局1980年版，第93页。

91.（清）孙希旦撰，沈啸寰、王星贤点校：《礼记集解》，中华书局1989年版，第1204页。

92.姜涛：《管子新注》，齐鲁书社2009年版，第520页。

93.（清）阮元校刻：《十三经注疏周礼注疏·序（清嘉庆刊本）》，中华书局2009年版，第1365页。

94.（汉）司马迁撰,（南朝宋）裴骃集解,（唐）司马贞索隐,（唐）张守节正义：《史记》，中华书局1982年版，第1241页。

95.杨伯峻撰：《列子集释》，中华书局1979年版，第150～151页。

96.（晋）葛洪著，王明校释：《抱朴子内篇校释》，中华书局1985年版，第164页。

97.李学勤：《谈祝融八姓》，《江汉论坛》1980年第2期；王震中：《大河村类型文化与祝融部落》，《中原文物》1986年第2期。

98.（汉）司马迁：《史记》，中华书局1982年版，第13页。

99. （清）魏源撰，魏源全集编辑委员会编校：《书古微》，岳麓书社2004年版，第3页。

100. （汉）司马迁：《史记》，中华书局1982年版，第13页。

101. 何新：《诸神的起源》，光明日报出版社1996年版，第61页。

102. 王震中：《商族起源与先商社会变迁》（商代史·卷三／宋镇豪主编），中国社会科学出版社2010年版，第16页。

103. （晋）皇甫谧撰，徐宗元辑：《帝王世纪辑存》，中华书局1964年版，第118页。

104. （南朝宋）范晔撰，（唐）李贤等注，中华书局编辑部点校：《后汉书》，中华书局1965年版，第3386~3387页。

105. 详见李琳之《前中国时代——公元前4000~前2300年华夏大地场景》，商务印书馆2021年版。

第四章
龙山时代的逐鹿中原和向外扩张景观

黄河改道和海岱地区新旧政权的更替

就在大汶口晚期集团把良渚北上远征军赶回老巢而取得绝对性胜利的时候，一场由黄河中下游改道引发的巨大洪灾不期而至。

距今10000至4600年以前，黄河是从河北平原流经"黄渤海平原"进入渤海湾的，但距今4600年时，由于至今尚不明晰的原因导致黄河改道走淮北平原入海。这次改道波及范围广大，持续了大约有300年之久。河北、山东、河南、安徽和江苏沿黄河改道两侧一二百公里以内几乎全部被淹，甚至连远在千里之外的山东汶泗流域也遭到了洪水不同程度的冲击，大汶口集团在豫东—郑洛地区与泰沂地区的联系因此被拦腰切断。

从现有的考古材料观察，地处泰山北侧、淄博以西的鲁北和鲁西北，以及再向南的德州和聊城地区，可能是黄河改道始发之处。这片广大的区域在大汶口文化末段出现了千里无人烟的情况，不但缺乏大汶口文化晚期末段遗存，也不见其后续龙山文化的早期遗存。但在更靠南的鲁西南，以及豫东和皖北三个地区却发现了一定数量的大汶口文化晚期晚段遗存，但仍然不见龙山文化早期遗存。不过，这三个地区的大汶口文化遗存，尤其是豫东和皖北，大都是堌堆遗址，突兀于地表之上，有的最下层堆积甚至都比现今地面还要高出不少，如安邱堌堆、莘冢集、尚庄、栾台和蒙城尉迟寺等。[1] 这种情形可能意味着，黄河改道至此，泛滥的洪水有所收敛，才使得这一带的大汶口文化晚期居民因居址高于洪水面而得以侥幸生存。不过由于黄河自然改道存在一个漫长的过程，这一带至龙山早期还大多是黄泛区，直到龙山中期洪水完全平息下来，龙山先民才迁徙至此。

对于鲁北、鲁西北、鲁西、鲁西南地区侥幸生存的居民而言，由于西面从北至南是无法跨越的黄泛区，东面的洪水也一直波及汶泗流域——大汶口以及西夏侯、野店等遗址也缺乏大汶口文化晚期最晚段遗存[2]，他们就可能大量涌入了鲁东南和鲁中地区。尤其是鲁东南，由于是大汶口文化晚期政治、经济和文化重心所在，这里自然成为这些难民逃生的首选之地。

有数据显示，山东半岛迄今发现有547处大汶口文化遗址，而到龙山文化时期，遗址数量则猛增到了1492处。[3] 其中，鲁东南是人口增长最快的区域。在大汶口文化晚期时，该区域拥有27处遗址，至龙山文化早期猛增至463处，尤其是还形成了面积分别为272.5万平方米和367.5万平方米的两城镇和尧王城两处遗址，并分别以它们为中心形成了两个共存的不同政体聚落群。分析表明，这两处中心聚落群的形成是一个快速的集聚过程[4]，而这个过程很有可能是伴随着大量难民从鲁西、鲁西北等黄泛区逃亡至此开始的。

这是一个新旧交替的时代。面对着从天而降的巨大灾难，陈腐的大汶口文化晚期统治者已经变得手足无措、力不从心，于是一场改天换地的政治变革从内部率先开始——考古发现，在鲁东南沿海地区，几乎所有距今4600年这个时段的墓葬，大汶口文化晚期至龙山文化早期大都沿用的是同一块墓地，而且其墓葬布局、形制、墓向、墓列和随葬品的质地、种类等基本一致。另外，从墓中出土的鼎、鬶、豆、高柄杯等器物的形制及其排列组合来观察，它们都是一个明确而连贯的演变过程，中间没有缺环。显而易见，鲁东南沿海从大汶口晚期到龙山早期，主人都是同一群人，更确切地说，是同一族群内部实施政权更替后的两个不同发展阶段。[5]

就现有的考古资料来看，早期龙山文化首先滥觞于鲁东南沿海和潍河流域，之后才扩展到鲁中泰山南北的小清河、淄河与汶泗流域，最后在距今4300年左右的时候，扩张至鲁西以及豫东、皖北、冀南地区。[6]

从大汶口晚期进入龙山早期，海岱地区社会的政治、经济和文化都得到极大发展。彼时，一夫一妻式的核心家庭已经上升为社会基本单位的主体；活跃的经济活动开始了专门化和社会化的倾向，并由此形成了一个庞大的贸易网络系统；整个社会等级分化序列明显，造就了一个金字塔形的城邦政体社会结构。社会层级深化和政治权力集中同步迈向高峰。[7]

在龙山早期社会金字塔形的城邦政体社会结构中，居于中心地位的是属于鲁东南的日照地区。日照地区聚落可以分为四个等级，特大型聚落是高度复杂化的东港两城镇遗址，发现有城墙、多圈城壕以及高等级玉器墓葬、玉器作坊等。中心聚落有两个，分别是丹土城址和岚山尧王城城址；下面是各小区域中心聚落和再下一级的普通聚落。

从城址规模和周围聚落分布情况看，这个区域应该是一个以两城镇为"都"的大型政治实体。四个等级的聚落存在，意味着龙山文化早

▲ 日照市东港区两城镇遗址一隅

期社会的居民分成了四个阶层，如果再算上那些依附于他人的奴隶，或是失去人身自由的战俘、刑徒等，那就有了五个阶层。五个阶层人数是由上到下依次呈几何量级递减分布的。

海岱其他地区也大多呈现出了和日照地区相似的等级结构，不过由于各地区经济文化发展水平不一，因此其层级分化也呈现出不同的情况，总体上要低于日照地区。这种情况很有点学界所说的"古国"或者"邦国""方国"味道。大致内容是说，其结构可分城址—核心区—外围区三层空间结构，亦即三层社会等级结构。中心为"都城"，周围的直属区域是"畿内"，"畿内"之外由次级中心控制的外围圈层是"邦土"。其总面积与现在一个中等大小的县域大体相当，一般在数百至千数平方公里不等。由于其形态与古代社会存在的城邦政体具有结构上的相似性，故被称为"城邦"。[8]

在这一"城邦"社会结构中，居于中心地位的日照地区，经济文化最为发达，层级分化最为深入和明确，中心遗址规模也最为庞大。龙山文化正是从这里传播辐射到了海岱各地区，且以它为发源地和核心，形成了一个将这些区域包含在内的四通八达的贸易网络系统。

▲ 日照市岚山区尧王城遗址

这一网络系统由基层集市、区域中心市场、跨区域贸易系统三个层次构成。以鲁东南地区为例，[9]该区域数百处龙山文化聚落可分为两城镇、尧王城两个区域社会单元。其中，两城镇和尧王城分处两个区域中心，其外围又分别散布着一些更低一级的社会子单元，它们由基层聚落环绕的次级中心构成。这类子单元的地理范围大致在方圆5公里左右，属于传统意义上人情往来和进行市场贸易的自给自足的圈子。子单元中心聚落大都占据着较好的地理位置，其中有些规模较大的还位于贯穿两城镇—尧王城两地的中轴线上，成为跨区域贸易线路上的节点。如此一来，整个鲁东南地区都被连接在一个由市场作为枢纽的网络系统中，各个子单元都成为其中一个不可或缺的环节，彼此互动联系，推动着区域社会经济快速向前发展。

贯穿两城镇—尧王城两地的中轴线实际上也可以看作贯穿整个鲁东南地区的交通干线，它连接两城镇和尧王城两个中心市场，形成了一个跨区域的贸易体系。[10]

不仅如此，放大视野会发现，这条交通干线南边还连着江淮，北面接着鲁北和胶东半岛，既起着调节、整合鲁东南沿海地区经济的作用，同时又起着沟通本地与外界途径的作用。这种跨区域的贸易，最根本的是跨区域的人员流动，助推了风俗、语言，乃至精神信仰等文化层面的深度交流，再加上联姻等其他形式的交往，遂形成了彼此互相认同的族群意识，从而为跨区域政治层面的联合、结盟准备了必要的条件。

现有材料表明，鲁北山前地带在龙山文化早中期，也存在这样的跨区域经济体，而像鲁西、鲁中南等那些已经形成区域聚落群的地区，更是表现出了十分活跃的经济活动痕迹。[11]这意味着，龙山文化社会在经济层面和政治层面上的整合是同步进行的。

南下消灭良渚集团

　　良渚集团虽然在进入中期后遭到了大汶口晚期集团的强势反击，但似乎并未对他们的文明进程产生破坏性影响，从某种程度上说，甚至是倒逼、催发了他们向前迈进的雄心壮志。尤其是距今4600年左右黄河改道给大汶口晚期政权带来灭顶之灾的时候，良渚人充分利用了这次难得的喘息机会，明显加快了他们建设"权力之都"的步伐。大约100年之后，占地面积达290万平方米的良渚古城便拔地而起。良渚古城由完整的宫殿区、内城和外郭城共同构成，如果算上外围水利系统和周边不同等级的墓葬区以及相关附属区，良渚古城遗址区占地面积就达到了14平方公里。[12]

　　良渚先人以良渚古城为中心形成了一个辖地面积大约在2000平方公里的古国结构，核心地区就是良渚古城面向东方敞口的C字形盆地。有学者测算，鼎盛时期的良渚古国人口大约有十四五万。其中，古城内可能容纳2万人左右。[13]

　　良渚古城作为一个超大型的中心聚落，还以其强大的政治、经济、文化和宗教实力向周围辐射，由此形成了一个庞大的良渚古国联盟集团。像上海福泉山、昆山赵陵山、苏州草鞋山、嘉兴雀幕桥、常州寺墩等聚落群，都具备次一级中心聚落的金字塔形等级社会结构，呈现出明显的酋邦性质，所以它们各自都可能是这个联盟集团中一个独立的酋邦或古国。

根据良渚文化覆盖区内各地出土的良渚文化遗存数量、质量，以及这些遗存在各遗址中是否占有绝对比重等因素考量，一般认为，良渚"古国联盟"控制的范围，北侧以长江为界；西侧经宁镇地区东缘往南，过湖州西部，至杭州西郊；南侧以钱塘江为限。钱塘江以南的绍兴北部、萧山一带，由于钱塘江的南北摆动，也不排除在良渚"古国联盟"范围以内。[14]

良渚文化势力范围还不止于此，主体区之外，还有扩张区。良渚文化向南越过宁绍平原，到达闽浙一线，将原来沿钱塘江与杭州湾平行发展的马家浜与河姆渡两支文化统一起来，形成一个新的文化类型，由此奠定了吴越文化的基本格局；向北突破长江天堑，扩张至江淮平原。[15]江淮之间，自东向西依次发掘出了海安青墩、兴化蒋庄、新沂花厅、阜宁陆庄、涟水三里墩、淮安金湖夹沟、安徽定远山根许等良渚和大汶口"两和文化"现象遗址，其中不少还发现有无臂、独臂、断臂、无掌或身首分离而葬的现象，都与战争或戍边相关，表明良渚文化在长江以北的江淮地区还存在着一条宽阔的战略缓冲地带。[16]

快速步入文明轨道的良渚古国虽然在表面上看起来经济和文化都很繁荣、发达，但穷兵黩武的连年战争却一直在蚕食着它赖以发展的基础，给它的持续性发展带来巨大隐患。可以说，战争是贯穿良渚文化社会始终的主题。钺作为军权和身份地位的象征，在良渚文化诸多大中型墓葬中都有出土，且成为良渚文化的标志之一。战争的后果是交战双方士兵的大规模死亡，失败者被成群屠杀，或作为俘虏被处死，或猎头殉葬。像花厅、青墩、蒋庄、张陵山、赵陵山、卞家山、良渚古城等遗址中，都挖掘出了大量带有明显战争痕迹的人骨遗骸。[17]

良渚古国还是个政教合一的"一神教"国家，宗教是其政治、经济和文化生活中最高的信仰主导。良渚古国的大型建筑工程几乎都和宗教信仰有关，如由人工堆筑而成的高台墓地，不但面积庞大，一般数千至上万平方米不等——草鞋山墓地面积就有1.2万平方米，而且高度也有一定的要求，一般不低于7.5米，像寺墩墓地，高出地面竟达20米。不仅如此，这些祭坛多数还是由多色土精心营筑而成，一般内外三重，如建于海拔35米小山顶上的瑶山祭坛，中心部分为红土台，外围是灰土沟，最外层则由黄褐色斑土筑成。[18]

▲ 瑶山祭坛顶部一隅

除此以外，大量的玉器、陶器等宗教器具的加工、制作又是一项庞大的奢靡工程。所有的贵族大墓都或多或少随葬有此类器物。尤其是随葬玉器质量的高低、数量的多少，甚至变成了衡量良渚人生前社会地位的标志。

可以说，良渚古国宗教狂热所造成的惊人奢侈浪费，如无处不在、能量巨大的腐蚀剂，一点一点地腐蚀掉了这个古老国度的肌体，窒息了它向前迈进的活力。

发展的基础被掏空，成长的肌体被腐蚀，貌似庞大的良渚古国实际就剩下了一具毫无生气和活力的空架子，只需一股强力在外部轻轻一推，它便会轰然倒地。这股强力很快就不期而至。距今4300年前后，一场巨大洪灾从天而降，良渚社会几乎所有平地和低洼地带的生活区都在瞬间变成了洪水肆虐的场所，甚至连高耸巍峨的良渚古城也未能幸免于难。猝不及防的良渚民众，大多变成了滔滔洪水里上下翻滚的尸体，随波逐流……

考古显示，上海果园村、江苏吴江梅堰、团结村、大三瑾、胜墩、许巷、龙滩湖、正仪车站北以及浙江吴兴钱山漾、杭州水田畈、良渚古城等诸多平地型良渚文化晚期遗址的文化层面上，都有程度不同的沉淀状淤土现象[19]，而在上海奉贤江海遗址的良渚文化层面上，更是有二三层沉淀状的淤质土出现，其自下而上依次表现为黑土、灰黄土、灰黑土，每一色土层基本保持在同一水平面上。尤其是许多探坑内还发现有灰黄色淤土，厚度大致有10～15厘米，表明了洪水沉淀遗迹特有的同一水平状态。[20] 不同颜色的三层沉淀状淤质土意味着，当地前后相去不远，曾经连续发生了三次洪灾，而这三次洪水又极有可能是从上游三个不同方向携沙裹泥冲刷下来的。

良渚古国遭遇洪灾时，正是黄河改道已经趋于稳定，龙山早期文化羽翼丰满，酝酿着向外大肆扩张的时候。彼时，作为龙山早期社会中坚力量的尧王城类型[21]势力，已经派遣出一支先遣军，从鲁东南地区辗转迁徙至豫东、鲁西南和皖西北一带，形成以豫东永城王油坊遗址为代表的王油坊类型势力。[22]

良渚先人在洪灾中苦苦挣扎，给了王油坊类型势力千载难遇的好时机。他们从皖北集结出发，先进军至今江苏中部的里下河地区，然后再由此长驱直入环太湖流域——江苏高邮龙虬庄、周邶墩，兴化南荡，浙江定海唐家墩、湖州钱山漾，以及上海松江广富林等遗址，都发现了大量的王油坊类型文化因素。[23]

广富林文化大约距今4310~3780年，以上海松江广富林遗址为中心，分布遍及宁镇以及太湖北部、东部和南部地区，是后良渚文化时期太湖东部聚落群的中心。广富林文化居民以来自北方黄河流域的华夏族人和东夷族人为主——这正是处于中原和海岱地区交叉位置上的王油坊类型的特征，同时也吸收了一部分南方移民和少数当地良渚文化土著后裔。[24] 几类人群平安相处，彼此融洽，说明王油坊类型这支人

▲ 广富林遗址所出王油坊类型红陶鬶

马在南下征伐过程中，不但取得了胜利，占而据之，而且还在胜利后实施了怀柔政策，同良渚文化族群后裔及其他南方先民融合在了一起，形成了一个新的人群。

存在了千年之久的良渚文化集团，最终在千年不遇的洪灾和王油坊类型势力南下的打击下，分崩离析，除了一部分留在当地外，其余四散逃向陕西、山西、苏北、浙南、江西和广东等地。[25]

西进中原

龙山文化在海岱地区经过约300年的发展后，在距今4300年前后成为当时东亚大陆最为强劲的一支考古学文化，但随之而来的是，人口快速增长给各城邦政体造成了沉重的压力，这在鲁东南沿海地区表现得尤为突出。

前述大汶口文化晚期时，该区域遗址只有区区27处，但至龙山文化时则猛增到了463处，增长幅度高达16倍还多，尤其是还形成了面积分别为272.5万平方米和367.5万平方米的两城镇和尧王城两处遗址，并以这两处遗址为中心形成了两个不同的城邦政体。在距今4600~4300年这段时期，由于黄河改道所造成的大范围的洪水泛滥，遭灾的龙山人只能将眼光扫向汶泗流域及其以东狭窄的沿海地区，这里因而也就成为他们迁徙的首选目标，但这些地方的人口随后也达到了饱和状态，难以容纳更多人口的融入。山东半岛在大汶口文化晚期时，总共发现遗址547处，其中鲁东南是27处；到龙山文化时期，遗址数量猛增至1492处，其中鲁东南是463处，如果抛开鲁东南地区不算的话，山东半岛其他地区遗址数量的增长也接近1倍。如果再考虑到这些龙山遗址在早期时绝大部分分布在汶泗流域及其以东沿海地区，而大汶口晚期遗址分布于整个山东半岛，那该区域的人口增长量就远远不是 1 倍这样的小数字了。

因此，在龙山早期这一阶段，为了争夺有限的土地资源，各部落、各城邦之间不时会有战争发生，从这些遗址中发现的大量的钺、刀、镞一类战争武器可略窥一斑。另外，这一时期涌现出来一系列城址，如章丘城子崖、邹平丁公、临淄桐林、桓台前埠、日照两城镇和尧王城等，这些城址本身的出现就是各部族、城邦彼此之间关系紧张的反映。

▲ 龙山先民生活聚落场景复原

黄河改道趋于稳定，黄泛区急剧收缩，使人口增长达到极限的龙山早期人看到了新的希望。西面中原和南面长江流域都拥有得天独厚的土地资源及深厚的人文资源,尤其是中原,可能还承载着龙山一部分人回归祖先故土的寻根梦,于是,一场由龙山早期人群引发的向外扩张的浪潮迅速向西、向南席卷而去,其规模之大、气势之猛、速度之快,史无前例,由此导致整个中国文化格局再次发生剧变。

龙山早期人群向外扩张的路线,在最初大体还是沿着其先辈大汶口晚期人群向外扩张的路线西进,即由鲁东南经鲁西,到达豫东和皖北——这一带原来还是黄泛区,彼时不但成为龙山早期人群迁徙定居的目的地,更成为他们向外扩张的廊道和据点。他们在此集整后,又分头多路,向南、向西南、向北、向西狂涌而去。

向南,如前所述,龙山文化王油坊类型长驱直入良渚文化腹地太湖流域,给奄奄一息的良渚古国插上了致命一刀。这次南征,应该是龙山早期人群最早的一次向外扩张。南征的胜利或许在一定程度上刺激和鼓舞了已经跃跃欲试的其他兄弟部落,因而成为整个龙山文化大规模向外扩张的引爆点。

向西,龙山文化迫使中原地区的庙底沟二期文化变身为河南龙山文化——后改称王湾三期文化。[26]前已述及,距今4600年那次黄河改道引发的大范围洪水泛滥,事实是拦腰切断了大汶口集团在豫东—郑洛地区同泰沂地区的联系。由于没有了海岱地区大汶口文化强有力的后盾,分布在河南地区的大汶口文化殖民者——颍水河类型,在长达300年的时间里,逐渐被庙底沟二期文化当地土著所融合而成为其中一分子。[27]龙山文化的西进,应该是唤醒了这部分人的族源记忆,从而使得两支文化的融合更为顺利和彻底。从现有考古资料看,河南龙山文化最早产生于颍水中游一带,这正是大汶口晚期颍水河类型主要分布地区,之后,才从豫东逐渐向北发展到郑州地区,随后进入洛阳盆地,最后越过黄河发展到焦作南部的温县和沁阳一带。

向西南，龙山文化主要是通过河南地区向分布在长江中游流域的屈家岭文化施加压力，促使其摇身变为湖北龙山文化，后改称石家河文化青龙泉三期类型。石家河文化是继屈家岭文化发展而来的苗蛮集团文化遗存，分布范围与屈家岭文化大致相同，西到峡江地区，南界湘中和沅水中游，东以大别山、桐柏山与长江下游、河南东南部淮水以南分界，北进入南阳盆地直至熊耳、伏牛山南麓。位于湖北省天门市石家河镇境内大洪山南麓与江汉平原结合部、面积达120万平方米的石家河古城址是其政治、经济和文化中心所在。[28]

龙山文化经河南地区继续西下，迫使关中地区的庙底沟二期文化变脸为陕西龙山文化——一种由龙山文化和当地庙底沟二期文化冲突、交融而成的"混血型"文化，后改称客省庄二期文化。从陶鬶、陶盉

▲ 西安太平遗址所出客省庄二期文化陶器组合

等主要器物形制方面观察，可以看出客省庄二期文化明显是来自海岱地区的龙山文化，并且同河南龙山文化有许多类似或相同的因素，其年代也略晚于河南龙山文化，说明客省庄二期文化是龙山文化经河南地区西进后的产物。[29]

龙山文化在豫东地区向北扩展，使得豫北地区原来所呈现出来的庙底沟二期文化面貌一变而为后岗二期文化。[30]龙山文化继续向北，又促使此前因黄河改道而满目荒凉的河北平原变成了河北龙山文化的天下。其中分布在河北南部的涧沟类型，系地处晋北、陕北、冀北和内蒙古中南部的老虎山文化某一支系，南下至晋中、太原地区，并由此东上穿越太行山抵达冀南地区，同从海岱地区扩张而来的龙山文化在此发生碰撞、交融后所形成。河北龙山文化涧沟类型后续发展为下七垣文化漳河类型——先商文化。[31]

龙山文化还有一支人马继续北上至河北平原中部唐县、望都一带，在此稍事盘桓后，又向东穿越太行山，沿滹沱河过井陉，途经太原、晋中，进入晋南临汾崇山地域，即今襄汾陶寺一带，[32]在此驱逐了当地土著庙底沟二期文化势力后，建起了陶寺遗址早期小城，形成了陶寺文化。太原地区出土有大量的河北龙山文化许坦型和光社文化因素，其中还有明显的涧沟型特点。[33]晋中地区以太谷白燕二期为代表的文化遗存中，也在同一时期前所未有地出现了高领折肩壶、折肩罐、折腹盆等同早期陶寺文化类同的东方文化因素。[34]

陶寺文化分为早、中、晚三期，其中早期年代距今4300～4100年。陶寺早期文化主要由海岱地区的龙山文化和当地庙底沟二期文化两大部分组成。龙山文化因素主要是高领折肩壶、折肩罐、折腹盆、大口缸、陶鼓、鼍鼓、钺、琮、璧等器类以及陶、木器上的彩绘等，这些都是上层统治阶级精神信仰及其"礼乐文明"核心内容表现所在，而庙底沟二期文化因素主要是斝、筒形罐、釜灶、扁壶等一些日常陶器用品。[35]

远道而来的龙山殖民者向外扩张时，或许是受到了庙底沟二期文化土著势力的顽强抵抗，他们最终也仅仅是占据了临汾盆地这一片狭小的土地。

由于大规模人口向外迁徙，原来人口爆满的鲁东南沿海地区在中原各地上演一幕幕改朝换代的热闹大剧时，却呈现出了一派萧条衰落的景观——那些从大汶口时代延续到龙山早期的遗址，如大范庄、东海峪、三里河、呈子、尧王城、姚官庄等，彼时大都处于废弃的状态。五莲丹土遗址虽然延续到了龙山文化晚期，但遗址面积已经大大收缩。[36]而作为龙山早中期区域中心风光无限的两城镇遗址，规模也大大萎缩，不复当年盛景。[37]这样的场景在鲁东南沿海地区一直持续到了距今4000年之后的岳石文化时期。

"最早中国"破空而出

龙山文化殖民者建起了陶寺早期小城后摇身变为陶寺早期人，一个全新的中原族群开始了他们在中国历史舞台上的盛大表演，"最早中国"破空而出。

陶寺早期城址距今4300～4100年，面积56万平方米。城址内有宫城、外城，有平民居住区和仓储区，还有祭祀的礼制建筑。核心区由13万平方米的宫城及南外侧下层近10万平方米的贵族居住区构成。在宫城内下层贵族居住区的小城内，发现有双开间的半地穴式住宅。宫城东西两侧是普通居民区，东侧还发现有大型仓储区。宫城东南侧是早期王族墓地，发掘出特大型王墓6座，使用木棺，每座随葬品均在百件以上，出有玉石钺以及各种彩绘陶龙盘、陶礼器、木器，还有部分大厨刀、日用陶器等。贵族大墓有数十座，也使用木棺，随葬品几件至几十件不等，有石磬、陶鼓、鼍鼓等礼乐器组合以及彩绘陶器和日用陶器等。其余近千座小墓大多没有木质葬具，也没有随葬品。[38]陶寺早期社会，贫富分化悬殊，阶级界限明显，社会结构呈金字塔阶梯状，大都邑即城圈内"国"的结构与性质初步具备。

至距今 4100～4000 年的陶寺中期，城址有了较大变化。宫城继续使用，南部下层贵族居住区小城变成了中期王族墓地与观象祭祀台，一座面积为 280 万平方米的外郭城拔地而起，原来的单城址也变成了双城址。城中功能区设施完备，可以明显看出彼时的建城理念是以八卦方位的宇宙观作为指导思想的。[39] 陶寺中期唯一的王墓在陶寺晚期遭到捣毁，但仍残留近百件随葬品，包括玉器、彩绘陶器、漆器、骨器、20 片半扇猪等。[40]

"国之大事，在祀与戎。"祭祀天地是上古时期国家最重要的大事之一。陶寺祭天遗址占地面积约 1700 平方米，其中最为重要的建筑就是观象台，能观测到可以指导大豆、黍、粟等农作物播种和收获的 20 个节气。观天测象，"授民以时"，是陶寺王权通过用宗教和政治来控制整个社会经济、文化生活的一种重要手段。[41] 手工业作坊区约 20 万平方米，集中在陶寺中期外郭城的南部，由工官严格管理，并加以严密控制，其主要业务是军工类的石器和陶器生产。普通居民区面积不少于 20 万平方米，分布在外郭城的西北面。

到距今 4000～3900 年时，陶寺古国出现了极大的动荡，城址被毁。宫城废墟内发现了 3 件写有朱书陶文的扁壶残片，其字符与商周甲骨文和金文有着明显的传承源流关系。[42]

陶寺遗址中期核心宫殿建筑夯土地基内还出土了 1 件铜盆口沿，晚期地层单位出土了铜铃、铜齿轮、铜环、铜盆口残片和铜蟾蜍片饰。这 5 件铜器，均系红铜铸造的礼仪用器，是为中国青铜铸造礼器文明的雏形。城址外南北两面还发现各有一个 200 万平方米左右的超大型地方中心聚落，同古城一起从整体上构成了 5 级聚落等级、4 级社会组织层级的国家社会组织结构。[43]

▲ 复原后的陶寺遗址观象台

陶寺古国不仅完全具备了一个初级国家应有的结构和形态，而且还明显表现出了文献记载的自伏羲以来华夏统治者居"中"以建国的"中国"传统文化理念。[44]陶寺城址中期王墓曾出土一件漆木杆，残长171.8厘米。上部残损长度为8.2厘米，复原长度为180厘米。漆杆被漆成墨绿相间的色段，用粉红色带分隔。实验研究表明，漆杆为圭表日影测量仪器系统中的圭尺，可测量出陶寺本地春分、秋分和夏至、冬至，以及其他总计20个节令，同时还可以用于大地幅员测量。该圭尺第11号色带为夏至影长标志：39.9厘米，约合1.6尺。这恰好是《周髀算经》所谓"成周土中，夏至景一尺六寸""立中"的标准。[45]不过，陶寺当地的夏至实际影长是1.69尺。1.6尺是南距其百十公里的垣曲盆地夏至影长实测数据。垣曲盆地乃庙底沟二期文化中心分布地域所在。陶寺统治者把垣曲盆地夏至影长1.6尺作为其"独占地中"的标志，或许意味着，他们从内心深处接受了当地文化传统，通过"独占地中以绍上帝"，笼络人心。

第四章　龙山时代的逐鹿中原和向外扩张景观

陶寺统治者以"中"为指导思想来进行选址、建设都邑，还体现在其背靠崇山的地理位置上。崇山乃陶寺古国及其联盟集团心目中作为"天下之中"标志的神山。这种神山，在尧舜以前，人们名之曰昆仑，既是支撑天地分开的中央支柱，也是"帝王"往来于天地之间的天梯，在尧舜时代则被称为崇山，这正是古代"王者逐中"思想的集中反映。《尔雅正义》引《说文》云："崇，嵬高也。"[46] 崇山就是极为高大、可以与天看齐的山脉。陶寺观象台由一个居中的观测点和一溜排下来呈弧形的13根夯土柱子组成。观测者在观测点上通过13根夯土柱之间的12道缝隙，观测对面崇山一年四季中太阳升起的规律，以确定不同季节的不同节令。这个天象观测台同其后绵延起伏的崇山山脉，实际上共同组成了陶寺古国至高无上的精神权威，既有"君权神授，唯我独尊"的精神感召力，又有观天测象、指导农时的现实功能，可谓是将上天意志和国家功能完美结合的一个典范。

▲ 崇山（俗名塔尔山）航拍场景

调查发现，陶寺遗址绝大多数墓葬都朝向崇山主峰，暗示随着陶寺早期都邑的建立，陶寺早期社会可能形成了一整套以崇山为中心的山川信仰，并由此建立起了新的社会认同与宗教文化传统。[47]

这种新的社会认同与宗教文化传统就是陶寺古国——最早中国——赖以建立和发展的核心理念，标志着华夏族群彼时作为一个融合了东夷和中原文化血统的自在群体，已经形成了他基本的文化特质。

首先是八卦文化。八卦从表面上看，是对卦辞和爻辞的解读，但其解读的全部目的和方法都是为了明"道"和用"道"。"道"就是贯穿于大自然和人类社会普遍存在的客观发展规律。前述在距今9000~7000年的贾湖—裴李岗时代，贾湖遗址出现的随葬龟甲现象和桥头、跨湖桥遗址发现的卦象符号，都属于八卦类的数卜大传统，还处在八卦文化的萌芽状态。经过四五千年的传承和发展，在陶寺时期，人们已经形成了明确的八卦思想体系。如陶寺古城的功能区划布局就基本上是按照天、地、水、火、风、雷、山、泽八卦方位理念来设计构建的。天位在东南，地位在西北，风位在正西，雷位在正东，而山、泽、水、火的位置选定，则根据陶寺中期城址实际地貌，将城址正南、正北、西南、东北分别定为山位、泽位、火位和水位。显然，在陶寺统治者的心目中，依"道"而为，既是确定都城和政权长治久安的精神保障，同时还是确立王权正统地位与等级制度合法性的理论依据。[48]

其次是龙文化。龙文化是华夏文化的重要组成部分，其中包含着华夏民族开放、包容、搏击、进取的文化因子。从伏羲到黄帝，再到尧、舜、禹时期，龙文化精彩纷呈、生生不息。贾湖—裴李岗时代，

第四章 龙山时代的逐鹿中原和向外扩张景观　　　　　　185

中原地区虽然没有发现龙的遗痕，但在辽河流域的兴隆洼文化遗址中发掘出了大型石塑龙，后来又在距今6500年的濮阳西水坡大墓中，发现了更有明确考古意义的蚌塑龙虎图案。陶寺早期6座王墓中有4座发现了绘有彩色蟠龙图案的陶盘，且每座仅有一件。另两座大墓因外界扰动而无法探测其踪迹。稍大的中型墓虽也有彩绘陶盘出现，但上面并没有龙图案出现。[49]研究表明，陶寺龙直接源自濮阳西水坡大墓龙文化思想：只有最高级别的人物才能享用龙形物或龙图案一类的随葬品。龙因此成为帝王的标志和标配，进而言之，成为其所统治的族群、国家的族徽或国徽。

▲ 陶寺遗址出土的彩绘龙盘

再次是敬天礼地祭祖文化。敬天礼地祭祖是华夏传统文化的重要组成部分，是儒家文化的核心内容之一。前述裴李岗文化后期重要遗址中，大都开辟有专门墓地，墓地划分为若干区域，墓葬排列整齐，墓坑较深，墓主装殓齐整，体现出对死者敬重的礼仪，暗示彼时已出现了祖先崇拜观念。之后距今五六千年的时候，中国人敬天礼地祭祖就有了庄严的规制和仪式，并且具有了相当大的规模。这在西辽河流域的辽宁喀左东山嘴、黄河中游流域的郑州双槐树、淮河流域的含山凌家滩、长江下游流域的余杭瑶山等遗址中出土的大型祭坛遗存，就可略窥一斑。[50]陶寺人继承并发扬光大了这一文化传统，陶寺中期小城内南半部就是郊天祭地的礼制建筑区。其中的观象台不仅仅是用来观象测日、制定农时，更是一座"祭天祀祖"的祭祀台。

最后是和合文化。和合文化是指天人合一的宇宙观、协和万邦的天下观、和而不同的国家观、琴瑟和谐的家庭观和人心和善的道德观，是中国传统文化的一个重要组成部分。某种意义而言，和合文化也就是龙文化，因为龙文化本身就蕴含有开放、包容的文化因子。陶寺古国的和合文化观首先体现在陶寺统治者能够敞开胸怀接收、吸纳各种有益的外来文化上。他们贯通南北，汇聚东西，使陶寺古国一跃而成为彼时各种文明融合的中心。陶寺早中期大墓随葬品出现大量的外来文化因素，就是一个很好的说明。

陶寺中期王墓墙壁上，以被拔掉獠牙的公猪下颌为对称轴，左右两侧各摆放三把玉钺。玉钺在古人观念中是军权和战争的象征，而被拔掉的公猪獠牙就是所谓的"豮豕之牙"。在这座王墓的东南部还挂着五组去掉箭杆的鹿角磨制的三支箭镞。箭镞原本是装在布菔即放箭的布袋内的。鹿角镞的西侧摆放着一张折断的漆木弓，即"櫜弓"。[51]

《帛书易传·昭力》说，对长有锋利牙齿的猪，要予以阉割，这样才可以制服它的烈性，使其驯服，可获大吉。"豮豕之牙"象征着统治者施行上政的理念，远方有客人来要穿戴整齐去迎接；次政是折断弓

第四章 龙山时代的逐鹿中原和向外扩张景观

箭"伏而不用",要以德服人;只有下政才"锐兵而后威"。[52]

"獵豕之牙"和"櫜弓"同时出现在陶寺中期最高统治者的墓里,其休兵不战而屈人之兵、对外以开放的和平姿态示人的德政理念象征,正是和合文化最重要的一项内容。

庙底沟二期文化人群北逃

从海岱一路"杀"到崇山陶寺一带的龙山文化殖民者，本身就具备体格魁伟、生性彪悍的特点，再加上其先进而又雄厚的文化实力，以及由于长期迁徙所培养的整体战争素养，所以当他们面对一群经济文化落后、毫无作战经验、又不修城郭以自御的憨厚土著时，几乎不费吹灰之力，就取得了战争的胜利。

考古工作者1978年开始对陶寺遗址发掘时，曾根据工作的需要将遗址划分为五个发掘区，其中位于陶寺村与南沟村之间的Ⅲ区除发现有陶寺文化遗迹和遗物外，还发现了大量的庙底沟二期文化早期遗存，如房屋、灰坑、陶窑、瓮棺葬等，其中，清理房子17座，清理灰坑70余座，清理陶窑1座，清理瓮棺葬1座。[53]

庙底沟二期文化主要分布在晋南、豫西和关中东部地区，各地虽然在文化面貌上表现不一，意味着他们有各自的势力范围，但在差异之上更有一致性，表明庙底沟二期文化人群都有着共同的文化背景，是一个由众多支系组成的较为庞大的族群，甚至大部分可能还存在血缘关系。

生活在崇山陶寺一带的这支庙底沟二期文化先民，事实上是临汾盆地庙底沟二期文化的代表。晋南地区从南至北可以分为运城和临汾两个盆地。就庙底沟二期文化整个分布情况而言，晋南是其主要人群分布所在。自20世纪50年代庙底沟二期文化发现于河南陕县庙底沟遗址以来，直至20世纪90年代，考古工作者先后在山西芮城西王村、垣曲古城东关、龙王崖、丰村、襄汾陶寺、河津固镇，以及河南灵宝涧口、陕西华阴横阵等地，发现了20余处遗址，经调查更有二三百处之多，绝大部分在晋南。在庙地沟二期文化分布区，迄今没有发现该文化类型的任何城址出现，这同在海岱地区城址林立的龙山文化社会形成了鲜明对照。[54]

龙山文化殖民者进占陶寺，进而进占整个临汾盆地，当地土著绝大多数逃亡而走，其中一部分南下经运城盆地，越过黄河，逃至豫西、豫中地区，可能参与了谷水河类型的形成。这一类型文化遗存主要分布于洛阳盆地和颍水中上游一带，包括今洛阳、郑州、许昌等地。谷水河类型陶器以夹砂灰陶居多，篮纹横向，主要器类是高领罐、侈口罐、罐形鼎、双腹盆等，由于这些因素正好是渭、汾流域庙底沟二期文化的典型特征[55]，所以被考古工作者归入了庙底沟二期文化范畴，并因此定义为庙底沟二期文化谷水河类型。

谷水河类型是河南龙山文化主要源头之一。河南龙山文化又是众多考古人所认可的晚期先夏文化和早夏文化。[56] 所以，谷水河类型及其所属庙底沟二期文化自然也就都是更早的先夏文化。

从临汾盆地逃出去的庙底沟二期人群，还有一大部分逃到了晋西北、陕北、冀西北和内蒙古中南部一带（以下简称"三北"地带）。这一带彼时是老虎山文化势力范围。老虎山文化是公元前三千纪中叶，从西辽河流域南下的红山文化后裔与北上的庙底沟二期文化人群，在此相遇，经过碰撞、融合后所形成一支特色鲜明的文化。石城聚落群和三袋足器是其两大标志。[57]

由于老虎山文化族群主体与由临汾盆地北上至此的逃难者都有庙底沟二期文化这一共同的族源、文化背景，两大人群很快融合在一起，并在不久之后创造出了实力更为强大的石峁文化。之前还是一片荒凉的"三北"地带，此时一变而为石城林立的繁盛景观。

▲ 石峁遗址出土的三袋足器：甗和鬲

调查表明，从距今 5000 年左右开始，贺兰山以东直到冀西北广大北方地区，逐渐有大量人口和聚落开始出现，至距今 4300 年时达到顶峰。冀西北目前还没有具体的调查数字公布，但内蒙古中南部浑河下游调查发现，距今 5000 年左右时，这里呈现的是庙子沟文化，有遗址 168 处，至距今 4300 年左右时，文化面貌变为阿善三期文化、永兴店

第四章　龙山时代的逐鹿中原和向外扩张景观

文化和朱开沟文化。阿善三期文化发现遗址98处，永兴店文化发现遗址76处，朱开沟文化发现遗址112处（包括龙山文化晚期和二里头文化时期的）。山西东北部滹沱河流域调查了2263平方公里的区域，发现仰韶文化时期遗址有77处，但进入距今4300年的龙山时期，遗址则猛增至300处，增长幅度高达300%。[58]

遗址数量快速增长的同时，一大批石砌城墙聚落也适时涌现出来，其中内蒙古中南部就发现有十多座，主要集中在今包头市以南黄河沿岸及岱海地区，如包头地区的威俊、阿善、西园、莎木佳、黑麻袋，准格尔地区的白草塔、寨子塔、寨子上、小沙湾，清水河地区的马路塔、后城嘴，岱海地区的老虎山、西白玉、板城、大庙坡等。石城规模从2万~10万平方米不等，其中岱海地区的老虎山城址的规模最大，约为13万平方米。[59]

陕北榆林地区共发现仰韶晚期至龙山时期遗址4446处，其中面积在1万平方米以下者有2982处，1万~50万平方米者有1452处，50万~100万平方米者有11处。其中龙山时期遗址是仰韶时期的3.5倍，且大型遗址都出现在龙山时期。面积超过400万平方米的石峁遗址是距今4300年该地区乃至整个中国北方唯一一处特大型中心聚落，与周围其他中小型聚落共同构成了四级聚落结构体系。从空间分布形态来看，处于第二等级的是面积在50万~100万平方米的聚落，多是次级中心，而面积在1万~50万平方米的中小型聚落，则是第三等级聚落群中心。[60] 其余1万平方米以下的微型聚落构成了第四等级。

石峁古城结构精当，规模宏大，布局有序。古代都邑所必需的要素——城墙、宫城、宫殿、祭祀区、居住区、手工业作坊区等基本具备，说明石峁古城已经是一个具有古国性质的大都邑了。

▲ 石峁古城皇城顶清理现场

在晋西北地区，兴县碧村发现了一座与石峁遗址大约同期、面积达70万平方米的大型城址，二者文化面貌基本相同，分踞黄河东西两侧，直线距离仅50公里左右。碧村遗址极有可能是石峁统治者在晋西北地区安置的一个极为重要的战略据点。

不但如此，从庙底沟二期文化至龙山时期，整个陕北地区类似石峁古城那样的石砌城址到目前为止已经发现了七八十处，仅在石峁城址所在的秃尾河流域调查确认的就有十多处。[61]

在陕北，包括晋西北部分地区在内，正是这种以不同城址或同一区域大面积聚落为中心的聚落群，在距今4300年以后的老虎山文化后期，形成了多层级社会聚落结构的古国系统，而石峁古城正是这个顶端的王者。

放眼整个"三北"地带老虎山文化圈，因不同部族分处不同地域而形成不同的"城邦政体"，事实上共同构成了一个以石峁古国为核心的联盟集团。[62]

征服石家河势力（一）

大约距今 4500 年时，地处长江中游流域的屈家岭文化集团内部发生异变，新崛起的石家河文化势力取而代之。石家河遗址的聚落结构出现明显变化，面积达 120 万平方米的石家河城址横空出世，并逐渐形成了以其为核心、面积达 8 平方公里的石家河遗址聚落群。[63]

屈家岭文化时期的城址大多以城墙为主，壕沟为辅，石家河古城则是城墙、壕沟并重。这种变化，体现了筑城技术的进步，说明石家河文化已进入一个新的阶段。石家河城址内西南角是手工业作坊区，西北角是祭祀区，南部分布有墓葬区。城址外，西面的印信台也发掘出了祭坛等遗迹，东边的罗家柏岭发现了手工业作坊遗迹。古城结构复杂，布局严谨，功能齐备，具有明显的都邑性聚落特征。

放大视野会发现，以屈家岭文化沿用至彼时的 17 座城址为中心或次级中心，在长江中游流域，形成了一个明显呈四级等级体系的古国社会结构。[64] 占据第一等级的就是以石家河城址为中心的聚落群；占据第二等级的是面积在 15 万～67 万平方米的 8 座大中型聚落城址，如 67 万平方米的陶家湖、60 万平方米的城河城等；占据第三等级的是面积小于 10 万平方米的 5 座小型城址和一些没有城垣的大、中型环壕聚落；占据第四等级的是一、二、三等级聚落的附属聚落。一般而言，这些附属聚落都是单纯从事农业生产的普通村落，数量巨大，大约有 1000 个，它们连在一起，共同构成了石家河古国四级聚落等级体系的金字塔基座。

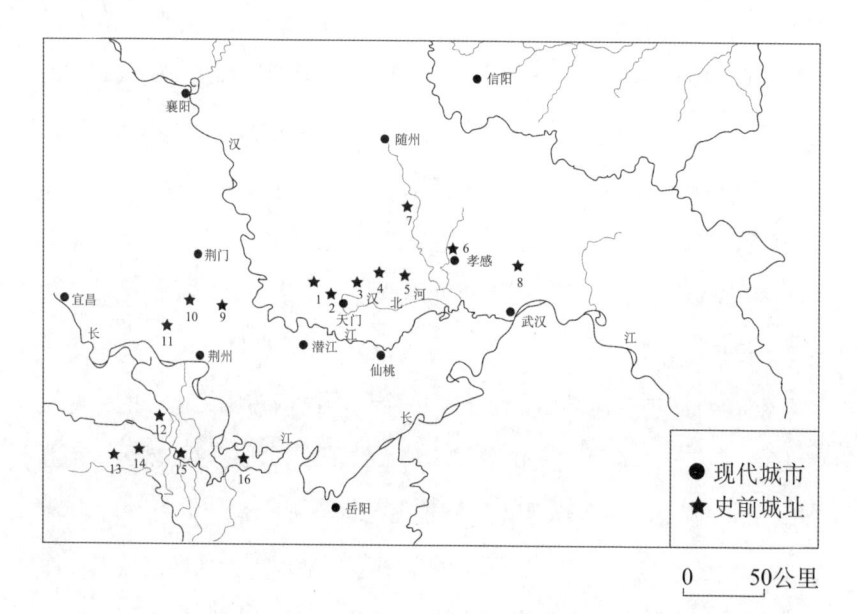

▲ 长江中游流域石家河文化时期城址分布示意图

1. 天门石家河（含谭家岭） 2. 天门龙嘴 3. 天门笑城 4. 应城陶家湖 5. 应城门板湾
6. 孝感叶家庙 7. 安陆王古溜 8. 黄陂张西湾 9. 沙洋城河 10. 沙洋马家垸
11. 荆州阴湘城 12. 公安鸡鸣城 13. 澧县城头山 14. 澧县鸡叫城 15. 公安青河城
16. 石首走马岭

这 17 座城址，除了位于湖北北部与河南信阳交界处的大悟土城外，其他 16 座具有相当明显的空间分布规律。受制于长江和汉水流域的地理特点，这 16 座城址形成了三个彼此隔绝又可以互通有无、相对集中的区域：[65] 一是洞庭湖西北部、长江南岸，共分布有湖南澧县城头山、鸡叫城和湖北荆州石首走马岭、公安鸡鸣城和青河城5座城址；二是汉水以西、长江以北区域，分布有湖北荆州阴湘城、沙洋马家垸和城河3座城址；三是汉水以东的江汉平原北部、大洪山以南和以东，呈明显的东西向带状，分布有湖北天门石家河、龙嘴、笑城，应城陶家湖、门板湾，孝感叶家庙，安陆王古溜和武汉黄陂张西湾8座城址。

由这16座城址自东向西绵延而成的新月形带状轴线，不仅是彼时整个长江中游流域遗址分布最为密集的区域，而且也是其本土文化的策源地和辐射源。长江中游史前文化中心就是沿着这一轴线从上述第一区域、第二区域，转向了第三区域的大洪山南麓。在这一文化中心的转移过程中，整个区域文化面貌逐渐趋于一致，并对其他区域产生了强烈的影响。[66]

整个长江中游流域由此形成了一个以石家河古国为中心的面积达20多万平方公里的巨大文化空间。其大致范围，西到峡江地区，南界湘中和沅水中游，东至大别山、桐柏山，北抵熊耳山、伏牛山。

这片辽阔的文化空间实际上就是由不同地理单元共同组成的一个石家河古国联盟集团，其中边缘部分，即石家河古国联盟集团曾经占领，后来又不得不退出的地区和一些距离石家河古城比较偏远的地区，主要由四个区域组成：一是以湖北郧县青龙泉遗址为代表的青龙区，地理位置在鄂西北和汉水上游，包括恩施、十堰、河南淅川等地；二是以湖北随州西花园遗址为代表的西花园区，地理位置在鄂东北的随枣走廊一带；三是以湖北通城尧家林遗址为代表的尧家林区，地理位置在鄂东南的通城、咸宁、麻城、蕲春等地；四是以湖南安乡划城岗遗址为代表的划城区，地理位置在洞庭湖西岸和北岸，包括湖南的安乡、澧县、华容等地。

继承了屈家岭文化遗产的石家河古国同样延续了屈家岭人的扩张思路。石家河势力沿着屈家岭人开拓的"北伐"路线，从南阳地区向中原推进。主要路线有两条，一条是从淮水通过古颍水、汝水直达伊洛河平原，另一条是从南阳盆地出南襄隘道，再沿汝水上溯——在河南项城、淮阳、禹州、郑州、洛阳、伊川都发现了不同程度的石家河文化因素。

彼时的中原地区在龙山文化的冲击下，已变得七零八落。众多小流域和盆地都分布着一簇簇既相对独立又相互联系的聚落群，各自以所在的地理单元为区隔。单个聚落群由一个中心聚落和若干中小型聚落组成，规模大致与现代一个县域相当。虽然各聚落群之间可能存在松散的联盟关系，但明显缺乏高度统一的政治中心。[67]

在豫中，北以嵩山、黄河故道，西以伏牛山为屏障，隔出了一个较大的文化板块，由属于淮河水系的颍河、双洎河、沙河和汝河四个小流域组成。迄今为止，这个板块共发现300余处龙山文化遗址，其中20余处面积为10万~20万平方米，居于各自所在区域的中心，周围密集分布着几个到十几个不等的中小型聚落。

在嵩山西北伊、洛河盆地中东部一带，迄今已发现有95处龙山文化遗址，根据其所处地理位置和文化面貌，可分为邙山、嵩山和夹河平原三个聚落群。

除此以外，在豫北地区以安阳为中心800平方公里的系统调查中，发现有龙山文化遗址28处。豫南地区目前尚没有系统调查的数据，但根据南阳盆地南召、镇平、内乡、南阳、邓州和新野史前遗址复查资料可知，这里龙山文化遗址有30处，与其同时或者略靠前的石家河文化早中期遗址有 15 处。[68] 但这些遗址规模都不大，从几千平方米到几十万平方米不等，其整体呈现出来的聚落规模、分化态势与豫中和洛阳盆地类似。

总体而言，河南地区在这一时期大都呈现出河南龙山文化面貌，但根据各地具体情况的不同，又可以划分为若干类型。以嵩山为界，南边是以王城岗遗址为核心的煤山类型，北边是以王湾遗址为核心的王湾类型；河南北部与河北交界地带是以安阳后岗遗址为核心的后岗二期类型；河南东部与山东西南交界地带是以永城王油坊遗址为核心的王油坊类型；在河南西北部豫、陕、晋三省交界地区是三里桥文化的势力范围；河南南部南阳与湖北交界地区是中原死敌石家河文化的势力范围。

河南龙山文化这些类型各自都有着不同的利益诉求，多为一个中心聚落所控制，其中还发现有大量武器和杀殉现象，联系到这一时期一系列防御性城址的出现，不难得出这些聚落群之间关系比较紧张这样一个结论。[69]

但不可否认的是，由于聚落群大都有河南龙山文化这个共同的族源背景，其纠纷冲突也只是以一种内部矛盾的性质呈现，而石家河文化集团则是来自外部的侵略势力，是大家的共同敌人，所以这些不同的河南龙山文化势力极有可能团结起来，达成了一致对外的战略目标。

征服石家河势力（二）

中原集团和石家河文化势力战争的过程，我们没有资料可以做更多的描述，但结果很明朗，就是中原集团占领了唐白河流经的南阳盆地以及丹江中下游地区，迫使石家河势力南退，从而使石家河文化分布的丹江中下游地区文化面貌发生异变。不过，这场胜利的成果很有限，地处丹江口市西面约150公里处的大寺龙山文化遗址还保留有较多的石家河文化因素，应该就是石家河势力败北后，中原集团统治还不够稳定的表现。[70]而此时的石家河文化分布中心区，性质虽未改变，但已经融入了较多的原青龙泉三期类型的因素，这或许是石家河势力在中原集团占领丹水后南退的反映。[71]

青龙泉三期类型是20世纪50年代末发现于湖北郧县青龙泉的一种新石器时代文化类型，可分为三期，分布范围与屈家岭文化大体一致。其中第三期，从出土陶器的形制、彩陶图案与施彩方法等看，与屈家岭文化有承袭关系，还融入了一些中原龙山文化的因素，但器物特征又有明显区别，其年代约在距今4200年左右。[72]

与此相类的是，淅川下王岗遗址的文化层，在这一时期也显示出了复杂迹象。有的认为是属于中原文化系统,而有的认为属于石家河文化的一个类型,只是因为南阳盆地与中原地区的煤山类型相邻,故受到煤山类型的强烈影响所致。[73]

南阳盆地复杂多变的文化面貌,可能反映的正是中原人大兵压境迫使石家河势力撤退,中原人退兵之后,石家河势力又返回该地区,中原人再伐,石家河势力再退,如此此消彼长、互为进退的特殊历史态势。因此,这场战争应该时断时续地持续了很长时间,但最终结果是以中原文化集团征服石家河人而告终,由此导致石家河文化由中期过渡到晚期,时间在距今4200年左右。

进入晚期的石家河文化,由于石家河城垣被夷为平地而遭废弃,呈现出的是一片衰败场景。河南龙山文化因素,开始在南阳盆地、江汉平原的石家河文化晚期遗址中普遍出现。[74]尤其是煤山类型的性质表现明显,不论是在陶器组合、器型,还是在花纹方面,均有体现,以至考古人一时都难以分清这种文化到底属于哪种类型,有称为后石家河文化的,有称为三房湾文化的,也有称为河南龙山文化石板巷子类型的,如此等等。[75]

不仅是石家河文化晚期的陶器风格相比于早中期发生了翻天覆地的变化,两个不同时期的葬俗也出现了巨大的差异,早中期流行土坑墓葬俗,少见玉器,而晚期开始流行瓮棺葬式和大面积的瓮棺墓地,墓葬中发现有作为随葬品的大量玉器。像石家河古城遗址边上的肖家湾遗址,以及远在荆州的枣林岗、钟祥和六合等遗址呈现的都是同样的情形。[76]

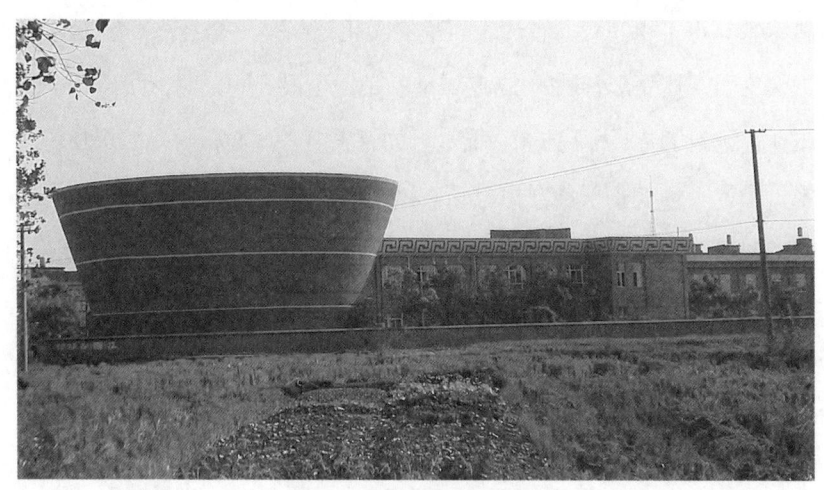

▲ 石家河遗址一隅

中原南下远征将士极有可能是从湖北省十堰市西南房县一带进入石家河古国腹心地区的。考古发现，房县七里河遗址底层为石家河文化遗存，而叠压在上面的却是有大量中原龙山文化因素的三房湾文化遗存——三房湾遗址位于石家河古城中心。房县七里河遗址距下王岗遗址仅150公里，处在南阳通向石家河古城的中间地带。

石家河文化晚期，不仅是城址被毁，古城风光不再，而且原来整个石家河文化势力范围以内都出现了遗址急剧减少的衰败情形。区域调查表明，大洪山南麓聚落遗址在石家河文化早中期时有63处，而到了石家河文化晚期，直线下降到了14处。这14处遗址集中分布在原石家河城址东南一带。随之而来的是，各聚落遗址的面积骤然减缩，最大面积的遗址仅有18万平方米，最小的只有1.5万平方米。石家河文化晚期地区的聚落数量和面积，几乎在一夜之间跌回到了1000多年前的油子岭文化时期。[77]

中原集团敢于南下征伐石家河势力，并将其彻底摧毁，细想之下，总感觉有点不可思议。首先，石家河文化已经是一个经济高度发达的古国集团，林立于各地的17座城址就是一个很好的证明，面积最小的城址也达到了7.8万平方米，而最大的石家河古城面积则有120万平方米，像位于荆州荆门沙洋后港镇的城河遗址面积就达到了100万平方米，超过50万平方米以上的古城还有荆州沙洋马家垸、应城陶家湖等。相比之下，中原各地呈现出的是一片邦国林立、各自为政的混乱状态，大部分中心聚落面积从几万到几十万平方米不等，面积最大的瓦店遗址，面积也不过 110 万平方米，而且还是两个不同区域加起来的总和。[78]

一般而言，超大型聚落规模的大小可以体现该聚落维持秩序的政治威望和社会调动能力。以瓦店遗址为代表的嵩山南北地区大型聚落，不仅在规模上远逊于石家河古国的二级中心聚落，而且其出土的高价值奢侈品也比石家河古国少很多，说明其政治整合程度以及社会复杂化程度都要落后很多。

其次，中原地区邦国林立、各自为政，说明它们实力相差无几，没有一个超强实力的政治实体可以将诸邦国团结、凝聚起来，即便有外敌侵入，诸邦国临时聚集在一起，最终也会为了自己的利益而变成一盘散沙似的乌合之军，被侵略者击溃。

显然，中原集团能够击败强大的石家河集团，应该是有一个具有超强实力的政治实体将诸雄组织起来，结成了一个广泛的统一阵线，完成了这次壮举。举目彼时的中原大地，处于黄河以北的晋南陶寺古国立刻会进入我们的视野。这不仅是因为陶寺古国具有超强的政治势力——陶寺古城面积达到了280万平方米，还因为陶寺文化和河南龙山文化都有龙山文化、庙底沟二期文化这个共同的族源背景，另外，还有一点如前所述，陶寺统治者施行的是协和万邦的和合文化，但和合只是对于友好邻邦而言，对于侵略者那必然会刀枪相见、以牙还牙。

陶寺中期王墓北面一龛内曾出土一件彩绘大漆箱，漆箱东北角背后半腰处，发现两件大小、玉料和形制完全一致的兽面玉器，考古人员名之曰玉兽面。玉兽面头戴尖顶人字冠，双角，有鬃毛。陶寺文化传统中从来没有玉兽面这一类器物存在，显系外传而来。后经对比发现，该玉兽面和石家河文化晚期湖北钟祥六合遗址出土的玉神像如出一辙，暗示陶寺中期王墓出土的这两件玉兽面很可能是来自石家河文化晚期某一聚落。[79]

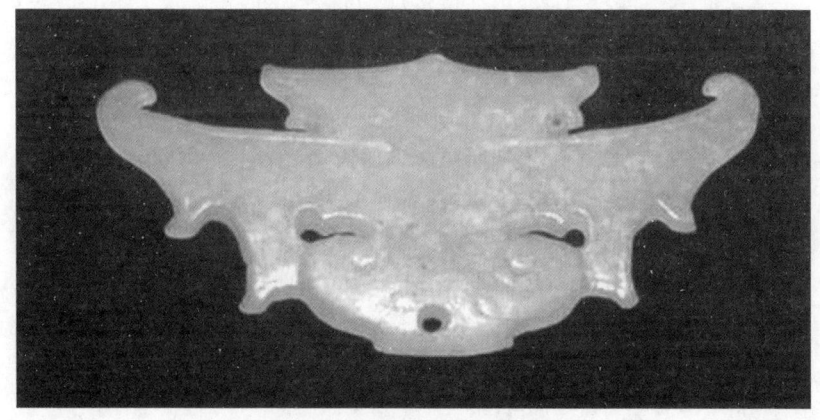

▲ 陶寺中期王墓出土的玉兽面

这两件玉兽面作为礼器陪葬在陶寺文化中期最高统治者墓葬中，暗示陶寺古国极有可能参与甚至是主导了这次灭亡石家河古国的战争，而这两件玉兽面或许就是他们的战利品。

帝喾"四子""皆有天下"的背后

《史记·五帝本纪》载:"帝喾崩,而挚代立。"[80] 关于挚的身世,《世本·帝系篇》说:"(帝喾)次妃娵訾氏之女曰常仪,生帝挚。"[81]

我们在"从少昊到帝喾"一节中已述及,帝喾极有可能是大汶口文化晚期族群及其数代领袖的统称,所以,与之相对应的娵(也写作"陬")訾氏、常仪和挚也都不仅仅是人名,更应该是某氏族部落或部落首领的名称。从这个意义上说,上面的记载可以理解为,帝喾部族同娵訾氏部落一名为常仪的支族融合而孕育出了挚氏一族,挚族在帝喾部族衰变后登上了东夷族群的盟主之位。

帝挚与少昊挚重名,都是凶猛好斗的鸷鸟形象,所以,少昊、帝喾和帝挚应该是一脉相传的同一部族或部族首领。

娵訾氏即邹屠氏,乃活动在今山东曲阜、邹城一带的古氏族,是大汶口文化晚期西夏侯类型的创造者。[82]《山海经·大荒西经》说:"帝俊妻常仪,生月十有二。"[83] 帝俊就是帝喾。这句话大概意思是说,帝喾和常仪两个部族通婚或融合,诞生了12支以月亮为图腾的氏族和部落,挚氏只是其中一支。

《史记正义》引《帝王世纪》记载：

> 帝挚之母于四人中班最在下，而挚于兄弟最长，得登帝位。封异母弟放勋为唐侯。挚在位九年，政微弱。而唐侯德盛，诸侯归之，挚服其义，乃率群臣造唐而致禅。唐侯自知有天命，乃受帝禅。乃封挚于高辛。[84]

抛开作者儒家正统的叙述偏见，这段话大致可以理解为，帝喾族群有四个姻亲部族，挚族的母族的地位最低，但由于挚资历更为深厚，所以挚得以在帝喾之后成为东夷集团新一代的盟主。挚登位后，将放勋（即尧）封为唐侯。挚统治多年，政绩一般。尧后来居上，诸侯多归附其麾下，尧也因此取代挚成为又一代天下共主。挚族原来就在高辛这个地方繁衍生息，尧于是在法理上承认了这块地方属于挚族所有。

高辛是帝喾的故地，后来成为帝喾的别名或别号。[85]鲁东日照市岚山区有高兴镇南辛庄子村和尧王村。高兴镇、南辛庄子村和尧王村都是历史流传下来的名称，南辛庄子显然是对挚"父"高辛氏的纪念，高兴极有可能是高辛一名在历史传承过程中的流变，而尧王村自然是对尧为"王"时的纪念。"巧合"的是，尧王城遗址就位于高兴镇南辛庄子和安家尧王村周围，而且"尧王城"这名字也来自当地百姓千百年来对这一带的称呼。

两城镇遗址位于山东省日照市东港区两城镇政府西北侧，南距尧王城遗址40公里左右。作为龙山文化早期尧王城类型两个重要的中心聚落，两城镇和尧王城都拥有区域内中心部位最好的土地资源，但二

第四章　龙山时代的逐鹿中原和向外扩张景观

者在聚落形态上却表现出明显的差异：两城镇周围分布着较多的基层聚落，而尧王城周围基层聚落则寥寥可数，近乎空白；两城镇龙山聚落存在由早及晚、由小到大的三个城圈，最大的外圈面积约为66.87万平方米，如果再加上环壕西侧堆积，可达到74万平方米。[86] 这一范围内基本没有空白区，为同时期文化堆积所覆盖。尧王城遗址是一处巨大的环壕聚落，面积达到了367.5万平方米。环壕内有三处分开的聚落遗址，中心是城址，面积约20万平方米。这三处聚落所占空间有限，总面积不到100万平方米，其余区域均是没有文化堆积的空白区。[87]

两个聚落的实际体量相若，城内居民人数也大体相近。两城镇区域聚落形态较为复杂，中心聚落结构反而简单。尧王城则刚好相反。这种情况说明，两城镇周围土地可能主要由其附近的基层聚落承担耕种任务，而尧王城周围由于缺乏基层聚落，可能更多地要城内居民亲自耕种。所以如果单从区域聚落形态上看，表面上尧王城比两城镇显示出更高的城市化水平，但实际上却恰好相反。

前述龙山早期，海岱大部分地区已经形成了一个金字塔形的城邦政体社会结构，居于中心地位的正是日照地区。日照地区聚落可以分为四个等级，位居这个金字塔顶端的中心聚落是高度复杂化的两城镇遗址。而尧王城只能携手五莲丹土城址成为次中心聚落。

根据文献记载、当地民间传说，以及高辛、高兴、尧王村、尧王城等地名流传及演变看，挚继帝喾位，两城镇遗址极有可能是挚都之所在，而尧王城则是尧早期都城之所在。尧王城类型大规模地向外传播、辐射，以及整个龙山文化早期金字塔形的社会层级布局结构，或许正是帝挚"在位九年"的真实历史反映。

但帝挚统治下的东夷集团也并不稳定，主要原因可能是由于各城邦部族争夺生存资源所致。《淮南子》记载：

> 逮至尧之时，十日并出，焦禾稼，杀草木，而民无所食。猰貐、凿齿、九婴、大风、封豨、修蛇皆为民害。尧乃使羿诛凿齿于畴华之野，杀九婴于凶水之上，缴大风于青丘之泽，上射十日而下杀猰貐，断修蛇于洞庭，禽封豨于桑林。万民皆喜，置尧以为天子。[88]

这则神话中，"十日"显然是指帝喾族群内10个以太阳为图腾的部落或酋邦，而猰貐、凿齿、九婴、大风、封豨、修蛇，则可能分别是指以这几种动物为图腾的其他氏族或部落。其所隐喻的应该是，早期尧族曾和同族及其他外族部落之间发生过你死我活的战争。

尧部族虽然取得一定的胜利，但或许由此成为帝挚势力围剿的对象，尧不得不率领部族向外迁徙，尧部族的同盟军也纷纷相拥而出，由此引起了早期龙山文化的西进狂潮，"帝喾四子"因而得以"皆有天下"：

> 帝喾卜其四妃之子，而皆有天下。上妃，有邰氏之女也，曰姜原氏，产后稷；次妃，有娀氏之女也，曰简狄氏，产契；次妃曰陈隆氏，产帝尧；次妃曰陬訾氏，产帝挚。[89]

前述在早期龙山文化这波西进狂潮中，有一支经河南抵达渭河、泾河流域，同当地土著庙底沟二期文化交融后形成了客省庄二期文化，很可能就是周人先祖后稷部族留下来的文化遗存，因为客省庄二期文化后续发展成了先周文化。而另一支抵达冀南地区后，同经晋中地区穿越太行山而来的老虎山文化某一支系发生碰撞后，融合成了河北龙山涧沟类型，极有可能是商人先祖契族留下来的文化遗存，因为河北龙山涧沟类型后续发展成了先商文化，即下七垣文化漳河类型。

鲁东南一带从大汶口文化晚期持续到龙山早中期的遗址在龙山晚期几乎全部废弃，或许正是早期龙山文化向外迁徙、扩张这一历史背景的考古学反映。

尧部族的迁徙路线大致是，从今鲁东南日照地区西下至鲁西菏泽定陶一带，再到豫东商丘，然后北上至河北定州、顺平、唐县一带，再由此向西穿越太行山至太原、晋中地区，最后南下至临汾盆地陶寺崇山地区。尧部族在这一路不仅留下了前述龙山早期诸多的考古遗址、遗存，而且也留下了大量的人文遗迹和传说、习俗。

《汉书·地理志》记载："《禹贡》陶丘在西南……成阳，有尧（冢）灵台。《禹贡》雷泽在西北。"[90]《书经恒解》说得更为明确："陶丘，在今山东兖州府定陶县。尧尝居之，后居于唐，故曰陶唐氏。"[91] 菏泽市定陶区现在还保存着一个陶丘故城遗址，位于马集镇费庄北200米处，乡人称为陶都，据传为尧王执政的地方。

关于河北唐县、太原和尧的关系，《帝王世纪》说："尧始封于唐，后徙晋阳，即帝位，都平阳。（唐，今定州唐昌县。晋阳，今太原府晋阳县。）"[92] 定州唐昌县，即今定州市南；平阳即今临汾。

成书于先秦时期的《逸周书·史记解》记录了尧部族进军至平阳地区攻伐先夏人的这场战争：

昔者西夏，性仁非兵，城郭不修，武士无位，惠而好赏，屈而无以赏。唐氏伐之，城郭不守，武士不用，西夏以亡。[93]

这里的西夏正是以夏鲧为首领而分布在晋南崇山陶寺一带的一支先夏部族。因地处中原西北，故被称为西夏。夏鲧因此被称为崇伯鲧。

▲ 清·命官授时图（尧）

取得胜利的尧部族在此建立了唐尧古国，留下了今天声名赫赫的陶寺文化。唐尧古国壮大以后，尧舜又先后对位居"左彭蠡之波，右洞庭之水"[94]的三苗国进行了征伐："尧战于丹水之浦，以服南蛮。"[95]三苗文化遗存就是前述石家河文化，这在学界已基本是常识。

兵败北逃的崇伯鲧一族,于唐尧古国建立后不久,也在晋陕交界处建立了古崇国,《史记正义》说:"皇甫谧云夏鲧封。虞、夏、商、周皆有崇国。"[96]《帝王世纪》说:"夏鲧封崇伯。故《春秋传》曰,谓之有崇伯,鲧国在秦晋之间。"[97]

早期古崇国遗存或许就是今天的石峁文化——考古表明,石峁筑城时间要比陶寺晚相当一段时间。[98]

注　释

1. 王青:《试论史前黄河下游的改道与古文化的发展》,《中原文物》1993年第4期。
2. 吴汝祚:《大汶口文化的墓葬》,《考古学报》1990年第1期。
3. 国家文物局:《中国文物地图集·山东分册》,中国地图出版社2007年版。
4. 刘莉、陈星灿:《中国考古学——旧石器时代晚期到早期青铜时代》,生活·读书·新知三联书店2017年版,第229页。
5. 栾丰实:《海岱龙山文化的分期和类型》,见《海岱地区考古研究》,山东大学出版社1997年版;中国社会科学院考古研究所:《胶县三里河》,文物出版社1988年版。
6. 栾丰实:《海岱龙山文化的分期和类型》,见《海岱地区考古研究》,山东大学出版社1997年版。
7. 孙波:《聚落考古与龙山文化社会形态》,《中国社会科学》2020年第2期。
8. 孙波:《聚落考古与龙山文化社会形态》,《中国社会科学》2020年第2期。
9. 孙波:《聚落考古与龙山文化社会形态》,《中国社会科学》2020年第2期。
10. 方辉等:《鲁东南沿海地区聚落形态变迁与社会复杂化进程研究》,山东大学东方考古研究中心编:《东方考古(第4集)》,科学出版社2008年版,第253~287页。
11. 刘莉:《山东龙山文化墓葬形态研究——龙山时期社会分化、礼仪活动及交换关系的考古学分析》,《文物世界》1999年第2期。

12. 秦岭:《良渚的故事》(上),《光明日报》2019年7月7日。

13. 赵辉:《良渚的国家形态》,《中国文化遗产》2017年第3期。

14. 丁品:《良渚古国范围及其与周邻文化交往的主要特征》,西安半坡博物馆编《史前研究(2000)》,三秦出版社2000年版。

15. 刘刚:《回到古典世界》,中信出版社2015年版。

16. 郑晋鸣、朱蕾:《跨越长江的文明曙光》,《光明日报》2016年3月22日。

17. 王清刚:《龙山时代海岱地区与南邻文化区互动关系研究》,山东大学2018年博士学位论文。

18. 陈声波:《论良渚文化中心聚落的特殊性》,《东南文化》2005年第2期。

19. 叶文宪:《良渚文化去向蠡测》,见余杭县政协文史资料委员会编《良渚文化》,1987年。

20. 张明华:《良渚文化突然消亡的原因是洪水泛滥》,《江汉考古》1998年第1期。

21. 鲁东南地区的早期龙山文化由于尧王城遗址所发现的遗迹、遗物最丰富,考古学界将其命名为尧王城类型。其中重要的遗址除尧王城外,还有日照的两城镇、东海峪遗址,五莲的丹土遗址,临沂大范庄和莒南的化家村遗址等。

22. 孙波:《聚落考古与龙山文化社会形态》,《中国社会科学》2020年第2期。

23. 宋建:《环太湖地区文明进程的课题——从好川与广富林的新发现谈起》,见北京大学考古文博学院编《考古学研究(五)》,科学出版社2003年版。

24. 上海博物馆考古研究部:《上海松江区广富林遗址1999~2000年发掘简报》,《考古》2002年第10期;上海博物馆考古研究部:《上海松江区广富林遗址2001~2005年发掘简报》,《考古》2008年第8期;王清刚:《龙山时代海岱地区与南邻文化区互动关系研究》,山东大学2018年博士学位论文。

25. 李琳之:《前中国时代——公元前4000~前2300年华夏大地场景》,商务印书馆2021年版,第524页。

26. 魏继印:《对王湾三期文化族属的新思考》,《中原文化研究》2018年第4期。

27. 王青:《试论史前黄河下游的改道与古文化的发展》,《中原文物》1993年第4期。

28. 方酉生：《试论湖北龙山文化与河南龙山文化的关系》，《江汉考古》1989年第4期；樊力：《论石家河文化青龙泉三期类型》，《考古与文物》1999年第4期。

29. 安志敏：《试论黄河流域新石器时代文化》，《考古》1959年第10期；高广仁、邵望平：《史前陶鬶初论》，《考古学报》1981年第4期；姜捷：《客省庄二期文化遗存分析》，见西安半坡博物馆编《史前研究（2002）》，三秦出版社2004年版。

30. 王成伟：《后岗二期文化》，见王巍总主编《中国考古学大辞典》，上海辞书出版社2014年版。

31. 许伟、卜工：《万邦林立"有娀"乃大》，《中国文物报》2021年12月3日。

32. 周长富：《浅谈唐尧氏》，《河北大学学报》1982年第1期。

33. 邹衡：《论先周文化》，《夏商周考古学论文集》，文物出版社1980年版。

34. 晋中考古队：《山西太谷白燕遗址第一地点发掘简报》，《文物》1989年第3期。

35. 何驽、高江涛：《薪火相传探尧都——陶寺遗址发掘与研究40年历史述略》，《南方文物》2018年第4期；高天麟：《关于庙底沟二期文化及相关的几个问题——兼与卜工同志商榷》，《文物》1992年第3期。

36. 山东省文物考古研究所：《五莲丹土发现大汶口文化城址》，《中国文物报》2001年1月17日。

37. 中美两城地区联合考古队：《山东日照地区系统区域调查的新收获》，《考古》2002年第5期。

38. 梁星彭、严志斌：《山西襄汾陶寺文化城址》，国家文物局编：《2001年中国重要考古发现》，文物出版社2002年版。

39. 何驽：《从陶寺遗址考古收获看中国早期特征》，沈长云、张翠莲主编《中国古代文明与国家起源学术研讨会论文集》，科学出版社2011年版。

40. 何驽等：《陶寺遗址："中国"与"中原"的肇端》，中国社会科学网2017年12月20日。

41. 何驽：《怎探古人何所思——精神文化考古理论与实践探索》，科学出版社2015年版，第78~122页。

42. 高天麟：《发现神秘文字，解码古老文明——山西陶寺遗址朱书"文"字扁壶出土经过及其意义》，《中国社会科学报》2015年6月12日；何驽：《陶寺考古：

尧舜"中国"之都探微》，中共临汾市委宣传部编《尧文化暨德廉思想研讨会文集：帝尧之都，中国之源》，中国社会科学出版社2015年版。

43. 何驽等：《陶寺遗址："中国"与"中原"的肇端》，中国社会科学网2017年12月20日。

44. 何驽：《陶寺考古：尧舜"中国"之都探微》，中共临汾市委宣传部编《尧文化暨德廉思想研讨会文集：帝尧之都，中国之源》，中国社会科学出版社2015年版。

45. 赵永恒：《〈周髀算经〉与阳城》，《中国科技史杂志》2009年第1期。

46. （清）邵晋涵撰，李嘉翼、祝鸿杰点校：《尔雅正义》，浙江古籍出版社2016年版，第67页。

47. 李旻：《重返夏墟：社会记忆与经典的发生》，《考古学报》2017年第3期。

48. 何驽：《早期政治中心型都城的范例》，中国社会科学院考古研究所等编《中国社会科学论坛·早期都邑文明的发现研究与保护传承暨陶寺四十年发掘与研究国际论坛研讨会论文册》，内部资料。

49. 王震中：《中国早期国家的典型》，中共临汾市委宣传部编《尧文化暨德廉思想研讨会文集：帝尧之都，中国之源》，中国社会科学出版社2015年版。

50. 李琳之：《前中国时代——公元前4000~前2300年华夏大地场景》，商务印书馆2021年版，第156~161、262~272、288~292、390~397页。

51. 何驽：《早期政治中心型都城的范例》，中国社会科学院考古研究所等编《中国社会科学论坛·早期都邑文明的发现研究与保护传承暨陶寺四十年发掘与研究国际论坛研讨会论文册》，内部资料。

52. 郭沂校注：《孔子集语校注（附补录）》，中华书局2017年版，第891~893页。

53. 中国社会科学院考古研究所山西工作队、山西省临汾地区文化局：《陶寺遗址1983~1984年III区居住址发掘的主要收获》，《考古》1986年第9期。

54. 李琳之：《元中国时代——公元前2300~前1800年华夏大地场景》，商务印书馆2020年9月版，第238~239页。

55. 韩建业：《老虎山文化的扩张与对外影响》，《中原文物》2007年第1期。

56. 魏继印：《试析王湾三期文化的来源》，《考古》2017年第8期；韩建业：《夏文化的起源与发展阶段》,《北京大学学报》1997年第4期。

57. 韩建业:《龙山时代的中原和北方——文明化进程比较》,《中原文化研究》2017年第4期。

58. 曹建恩:《游牧业起源的证据——以内蒙古中南部为中心》,吉林大学边疆考古研究中心编《庆祝张忠培先生八十岁论文集》,科学出版社2014年版。

59. 魏坚、曹建恩:《内蒙古中南部新石器时代石城城址初步研究》,《文物》1999年第2期。

60. 孙周勇、邵晶:《石峁城是座什么城》,《光明日报》2015年10月12日。

61. 孙周永、邵晶:《石峁:过去、现在与未来》,陕西省考古研究院等编《发现石峁古城》,文物出版社2016年版。

62. 李琳之:《元中国时代——公元前2300~前1800年华夏大地场景》,商务印书馆2020年版,第213~216页。

63. 孟华平:《石家河聚落考古新发现》,中国社会科学网2017年12月20日。

64. 刘辉:《长江中游史前城址的聚落结构与社会形态》,《江汉考古》2017年第5期。

65. 刘辉:《长江中游史前城址的聚落结构与社会形态》,《江汉考古》2017年第5期。

66. 刘辉:《长江中游史前城址的聚落结构与社会形态》,《江汉考古》2017年第5期。

67. 许宏:《何以中国——公元前2000年的中原图景》,生活·读书·新知三联书店2016年版,第45~46页。

68. 张弛:《龙山—二里头——中国史前文化格局的改变与青铜时代全球化的形成》,《文物》2017年第6期。

69. 许宏:《何以中国——公元前2000年的中原图景》,生活·读书·新知三联书店2016年版,第47页。

70. 郭立新:《石家河文化的空间分布》,《南方文物》2000年第1期。

71. 王洪领:《从石家河文化腹心地带考古学遗存看三苗文化的衰落》,《金田》2013年第1期。

72. 樊力:《论石家河文化青龙泉三期类型》,《考古与文物》1999年第4期。

73. 杨育彬、袁广阔：《20世纪河南考古发现与研究》，中州古籍出版社1997年版，第271页。

74. 湖北省文物考古研究所：《石家河遗址2015年发掘的主要收获》，《江汉考古》2016年第1期。

75. 李伯谦：《石家河文化时期长江中游地区已进入王国文明阶段》，《华夏文明》2017年第7期。

76. 孟华平：《长江中游史前文化结构》，长江文艺出版社1997年版，第121页。

77. 湖北省文物研究所：《大洪山南麓史前聚落调查——以石家河为中心》，《江汉考古》2009年第1期。

78. 河南省文物考古研究所：《河南禹州瓦店龙山文化遗址》，见国家文物局主编《2010年中国重要考古发现》，文物出版社2011年版，第33~36页。

79. 何驽：《怎探古人何所思——精神文化考古理论与实践探索》，科学出版社2015年版，第351~355页。

80. （汉）司马迁：《史记》，中华书局1982年版，第14页。

81. （汉）宋衷注，（清）秦嘉谟等辑：《世本八种》，中华书局2008年版，第24页。

82. 常兴照：《少昊、帝舜与大汶口文化（下）》，《文物春秋》2004年第1期。

83. 郭世谦：《山海经考释》，天津古籍出版社2011年版，第688页。

84. （汉）司马迁：《史记》，中华书局1982年版，第15页。

85. （汉）司马迁：《史记》，中华书局1982年版，第13页。

86. 栾丰实等：《两城镇——1998~2001年发掘报告（二）》，文物出版社2016年版，第966~976页。

87. 梁中合：《尧王城：鲁东南史前城址新模式》，《中国社会科学报》2016年12月22日；梁中合、贾笑冰：《尧王城遗址与尧王城类型再探讨》，《北方文物》2017年第3期。

88. 刘文典撰，冯逸、乔华点校：《淮南鸿烈集解》，中华书局2013年版，第254~255页。

89. （清）王聘珍撰，王文锦点校：《大戴礼记解诂》，中华书局1983年版，第130页。

90.（汉）班固撰，（唐）颜师古注，中华书局编辑部点校：《汉书》，中华书局1962年版，第1571页。

91.（清）刘沅著，谭继和、祁和晖笺解：《十三经恒解笺解本·书经恒解》，巴蜀书社2016年版，第78页。

92.（晋）皇甫谧撰，徐宗元辑：《帝王世纪辑存》，中华书局1964年版，第6页。

93.（清）郝懿行：《汲冢周书辑要》，（清）郝懿行著，安作璋主编：《郝懿行集》，齐鲁书社2010年版，第3997~3998页。

94.何建章注释：《战国策注释》，中华书局1990年版，第813页。

95.许维遹撰，梁运华整理：《吕氏春秋集释》，中华书局2009年版，第559页。

96.（汉）司马迁：《史记》，中华书局1982年版，第118页。

97.（晋）皇甫谧撰，徐宗元辑：《帝王世纪辑存》，中华书局1964年版，第48页。

98.高江涛：《石气与土气：当陕北石峁遇到晋南陶寺》，《文博山西》2020年5月22日。

第五章
夏代的逐鹿中原和向外扩张景观

石峁集团南下平毁陶寺古城

石峁文化形成以后，西进渭河上游、洮河中下游和湟水中下游等地，同当地马家窑和以甘肃庆阳常山遗址为代表的常山下层等传统文化碰撞、交融后，形成了齐家文化。[1] 齐家文化覆盖了青藏高原、蒙古高原和黄土高原之间过渡地带，包括陕西西部、甘肃、宁夏、青海东部和内蒙古中南部，目前已发现1000多处遗址，距今4200~3600年，与文献记载的夏纪年时间大致相当。[2]

石峁文化和齐家文化有着从物质到精神上的诸多共性，考虑到二者遗址规模所表现出来的差别——石峁遗址达到了400万平方米，而在迄今为止所发现的齐家文化上千处遗址中，最大规模的才20万平方米，其余绝大多数遗址的面积都在5万~7万平方米之间，所以二者之间的关系很可能是夏文化中宫廷文化和民间文化之间的关系，[3] 或者说是中央文化和地方文化之间的关系。

距今4100年左右，陶寺集团内部发生"政变"，从而导致陶寺文化从早期过渡到中期，但这种过渡并未出现互相打斗、血雨腥风的情况，而是在一种平和状态下完成了政权更替——中期城址是在早期小

第五章 夏代的逐鹿中原和向外扩张景观

城基础上进一步完善、扩大和发展而成的，两个政权之间没有出现断层现象，甚至其执政理念都一脉相承。

成长、壮大起来的石峁文化就是在此时整装回头南下，同陶寺文化发生了密切联系，并且一直持续到了陶寺文化晚期。这体现在石峁文化和陶寺文化中期在筑墙技术、器物形制以及墓葬风俗等诸多方面都表现出了较为相似的一面。[4]

石峁人南下路线大致为：从石峁城址跨越黄河抵达近在咫尺的山西兴县碧村遗址，在此又分为两条路线西下晋中地区，一条是向东南进至汾阳杏花村遗址，一条是向正东抵达忻州游邀遗址，然后经晋中南下陶寺遗址。

不仅如此，石峁人还通过陶寺向南进入豫西、豫中，对河南龙山文化施加了一定影响。在河南登封王城岗遗址小城内，就发现了13个大小不一的奠基坑，其中一个奠基坑的夯土层内夹埋有7具完整的人骨架。这些奠基坑里的死者，皆非正常死亡，因为有的坑中埋有被肢解下来的人头骨、肢骨或盆骨，而且死者中既有成年男女，又有儿童，因此很可能是在部族冲突中掳掠来的战俘。[5]这种情况同石峁外城东门址一带发现的一幕极其相似：考古人员在那里发现有6处地点埋有人头骨，埋藏数量最多的两处各有24颗。王城岗遗址还出土了众多同石峁文化在形制、纹饰等方面大同小异的特殊手工业制品，如玉器、绿松石器和白陶器等。这些器物仅见于大中型聚落，属于社会上层所垄断的高等级礼器。[6]

此外，类似石峁文化的陶鬲、细石器镞和卜骨等，也都渗透进河南龙山文化之中，对其进程产生了一定的影响。稍后，河南龙山文化向豫南和江汉地区大规模扩张，"或可视为是来自北方压力的余波。可

▲ 石峁外城东门址墙基下面埋藏的人头骨

见，北方文化虽然源于中原，但同源而异化，同根而相煎，终至'战胜'中原，一度居于主导地位"[7]。

　　王城岗遗址出有东西并列的两座小城和一座大城，小城面积不足1万平方米，大约距今4122年。大城在小城西南，面积达34.8万平方米，是已知河南境内发现的龙山文化城址中面积最大的一座，于小城废毁后所建，距今约4055年。考古人员还在王城岗遗址中发掘出了大量的石铲、石刀和石斧等石器工具，并通过考古实验，尝试复原了这些石器的制作和使用流程，表明这里曾经是一个石器加工业制作中心。[8] 联系到众多文献关于鲧禹治水，以及"禹辞辟舜之子商均于阳城""禹居阳城"[9]等记载，王城岗遗址很大可能是鲧、禹治水工具的一个生产与配给基地，是他们南下中原后一个临时的治水指挥中心和政治活动根据地。其中小城为鲧部族所有，大城为禹所建。鲧和禹的真正都城在彼时还是位居陕北神木一带的石峁古城。[10]

距今 4000 年前后，即陶寺文化中晚期过渡之际，石峁集团大举南下，捣毁了陶寺古城。原来周长绵延达 6600 米的陶寺中期城址城墙被销毁殆尽，宫殿核心建筑被夷为平地，坑内有堆积的建筑垃圾，还有散乱地堆放着的大量人骨。人骨周围是散落在泥土里面的各种射杀性武器：骨镞、骨锥、骨匕……鉴定结果显示，这些人骨分属于 36 个个体，其中 15～55 岁的青壮年就有 26 名。其余为老人和小孩。[11]

原来陶寺中期用作郊天祭日的观象台也被推倒摧毁，核心部位被埋入象征凶兆的死尸，通往外面的出入口则被恶意灌水变成垃圾沟。祭祀台夯土基芯部位也被挖坑注水……所有这些恶意毁坏，实际上都是毁坏者以厌胜巫术来诅咒祭天圣坛的行为。[12]

一条原来填埋垃圾的灰沟里，随便扔有大量的狗骨、零散兽骨和一些人头骨。坑底还仰身横躺着一个 35 岁左右中年妇女的骨架。头朝向东南，两臂似在挣扎，两腿叉开，一腿似因痛苦而呈弓起状。阴部还被插入了一支长达 30 厘米的牛角……女子骨架头端埋藏着一只完整的猪骨架，东侧则胡乱扔着一堆肢解后的人颅骨、肢骨和盆骨等。颅骨多经砍砸，其中冠状缝劈裂的面颅就有 6 个。发掘者认为，这些人骨很可能是在战争中被射杀，再肢解后被带回陶寺，作为人牲举行某种献祭仪式——人骨大都带有刻画符号，中间还夹杂有黑皮陶豆和卜骨。仪式结束后，被视为垃圾扔到了灰沟里。[13]

石峁人不仅平毁陶寺古城城墙，捣毁宫殿，还摧毁了陶寺早期 5 座大墓以及中期唯一的那座王墓和 4 座中型墓。其目标很明确，就是陶寺早中期的王者及其身边个别高级幕僚。毁墓现象中，有的是随意挖坑捣毁其整个墓葬格局；有的是毁棺扬尸，葬具、人骨已几乎不存，墓主人的尸骨、棺木、随葬品被随处丢弃。

▲ 中年妇女阴部被插入一支长达 30 厘米的牛角

尽管文献上没有片言只语的记载，石峁人还是留下了他们作案的累累证据：陶寺文化所在的临汾盆地在距今 4000 年以后，尤其是在陶寺晚期遗存中，发现了大量属于石峁文化特有的双鋬鬲、肥足鬲、敛口斝、大口罐等器物。同时，外来居民竟占到当地人口的 50%～76.9%[14]——人骨的种系分析结果表明，陶寺中期王族墓地里中晚期墓葬的人骨和灰坑中的人骨在单倍型的分类上没有什么差别，都是中国北方人群中常见单倍群，在单倍型的种类上同黄河中上游陕甘青地区的古羌人有一定联系，但与陶寺早期墓葬出土的人骨，形态相距较远。[15]

考古人员还用国际通行的热电离质谱分析方法，对陶寺遗址中期包括中期王墓在内的两座墓葬的墓主，进行了人类牙釉质的锶同位素比值测定，结果显示，这两个墓主的釉质锶同位素比值都在当地的比值范围以内，暗示陶寺中期小城内王族墓地实际上是以陶寺本地的土著王族为主体。[16]

这意味着：第一，那些被肢解的死者和那个被摧残的中年妇女来自陶寺中期王族；第二，来自陕甘青地区的古羌人亦即石峁齐家人，同陶寺中期主人属于同一个人种。换言之，石峁主人的祖先就来自陶寺崇山一带；第三，陶寺晚期的主人来自石峁齐家社会，他们正是平毁陶寺古城的凶手。

石峁集团征服陶寺古国后，将其遗民整体沦为奴隶，为他们从事农业、牛羊肉食养殖、羊毛产业、石器制造业等生产活动，整个陶寺遗址因此变成了石峁集团的"产业园"。[17]

黄河下游再次改道引发的动荡

环境考古显示，距今4200~4000年时，至少在北半球，气候系统发生了突变，其间气温大幅下降，并且在相当长的时段内频繁出现干旱事件，由此引发暴雨等极端灾害天气，在多地造成了洪涝灾害，对世界文明的发展造成了重大影响，埃及、美索不达米亚和印度河流域等地区重要文明的衰败就发生在这一时期。[18]中国大地彼时也是"汤汤洪水方割，荡荡怀山襄陵"[19]，因此才有了千古流传的鲧禹治水的传说。事实的真相可能是，极端恶劣的天气引发了连绵不断的暴雨出现，从而导致极不稳定的黄河在下游再一次发生改道现象——由淮北平原改走河北平原入海。[20]

这一次黄河改道首先对地势低洼的海岱地区造成了灾难，盛极一时的山东龙山文化就此覆亡，而后起的岳石文化在原有文化基础被摧毁的情况下，也不复往日胜景。据统计，鲁东南1440平方公里的范围内，距今4600~4300年龙山时期，发现遗址536处，面积最大的尧王城达367.5万平方米。但到距今4000年左右时，龙山文化遗址只剩下了区区13处。之后到距今3900~3500年时，岳石文化遗址也才发展到 19 处，仅相当于此前龙山文化遗址数量的 1/30，面积最大的遗址只有 9 万平方米。[21]

鲁北地区，龙山文化时期，以章丘城子崖和淄博桐林两座大型城址为中心的两个区域，发现遗址 65 处，而到龙山文化晚期和岳石文化时期，分别只剩下 8 处和 5 处。[22]

豫东皖北地区也是这次黄河改道的直接受害者。由于该区域地势低洼，很容易形成洪水泛滥，所以，王油坊类型先民大多选择居住在高台或堌堆上。正如《尚书·禹贡》所说："济、河惟兖州。九河既道，雷夏既泽，灉、沮会同。桑土既蚕，是降丘宅土。"[23]

▲ 王油坊遗址图

面对滔天洪水滚滚而来，王油坊类型先民开始被迫向南方迁徙。他们大体还是按照前述距今 4300 年那次南下袭击良渚集团的路线进发，从豫东至皖北集结，随后进至宁镇地区。与此同时，海岱地区以泗水尹家城遗址为代表的岳石文化尹家城类型先民也沿泗水南下，越过淮河，最终也抵达宁镇地区。两支人马在此会合。[24]

江苏高邮龙虬庄、周邶墩和浙江定海唐家墩、兴化南荡等遗址都留下了这两支队伍这次迁徙清晰可辨的足迹。其共同特征是，文化层浅薄，呈小片零星分布，表明其延续时间不长。经碳14测定，时间大致在距今4000年左右。南荡文化遗存显示的是比较单一的王油坊类型，周邶墩发现的是王油坊和尹家城两个类型共存的现象。

与此同时，一支以良渚文化后裔组成的移民，却从以松江广富林遗址为核心的长江下游地区沿滨海向北迁移，至射阳河流域做短暂停留后，又继续北上——江苏阜宁陆庄遗址发现有后良渚文化遗存。[25]

三支队伍三条路线：王油坊类型更靠西、更远离海洋，尹家城类型在中间，后良渚文化的路线靠近黄海岸边。距今4000年左右，后良渚文化先民能够行走在这样一条到处是水域和泥淖的道路上，一方面说明彼时的黄河改道已大体完成，原来黄河入口的苏北一带已经不再是黄泛区，另一方面也说明，彼时的长江下游地区可能也正在遭受着由极端恶劣天气引发的洪涝灾害，或者还有战争的威胁，逼迫他们不得不向北迁徙。

王油坊类型和尹家城类型先民最终到达上海地区。如前所述，松江广富林遗址就发现了叠压在良渚文化层之上的广富林文化遗存。该类遗存是由来自黄淮河流域、海岱地区、浙南闽北地区以及源自本土的诸多文化杂糅而成的一种新型文化，大约距今4310～前3780年。广富林遗址是后良渚文化时期太湖东部聚落群的中心。

当然，王油坊类型和尹家城类型先民向南迁徙，可能不仅仅是由于黄河改道引发洪灾所致,或许也有通过战争手段征服南方先民以达到扩张目的的因素。济宁兖州西吴寺遗址中就出土了大量箭镞一类的战争武器,而该遗址文化层在距今4000年左右时却突然中断,[26] 暗示此后的岳石文化先民南迁,可能就有武力开道的因素在内。另外,王油坊类型和尹家城类型先民在长江下游迁徙时留下了一系列遗址,尤其是王油坊类型距今4000年之后在豫东、皖北地区突然销声匿迹[27],也暗示这种迁徙不排除是一种大规模的军事行动。

在长江中游流域,石家河文化晚期居民在距今4000年前后也遭到了洪水的袭击,江汉平原钟桥遗址屈家岭文化晚期和石家河文化中、晚期文化层中,就都发现有不同程度的古洪水沉积物。位于长江上游的中坝遗址和玉溪遗址也有类似的古洪水沉积物特征,意味着长江中游流域在以上三个时期均发生过比较大的洪涝灾害。[28]

或许就是在石家河文化晚期居民遭受洪灾打击的时候,中原地区以嵩山以南煤山类型人马为主组成的一支大军,趁机南下,给了本已经衰败的石家河古国最后一击,石家河文化由此走向绝灭。在石家河文化晚期遗址中,河南龙山文化尤其是煤山类型的性质表现明显,不论是在陶器组合、器型,还是在花纹方面,均有鲜明的体现。位于石

▲ 汪家屋场遗址出土的牙璋

家河文化晚期最南端的一个小聚落——荆州汪家屋场遗址，发掘出1件牙璋。《周礼·考工记·玉人》注释引《典瑞》云："牙璋以起军旅，以治兵守。"[29]牙璋实际就是将帅统兵的印信，属于石峁文化传至河南龙山文化煤山类型的特有器物，在后续的巩义花地嘴遗址和二里头遗址中也都有出土。[30]

汪家屋场遗址南部大片湖沼在史前属长江支汊漫流地带，再往南应该就是湖南澧阳平原河南龙山文化孙家岗类型的控制区。汪家屋场遗址像楔子一样揳在从澧阳平原北上直达石家河古城的进军道路上，中原远征军对其战略地位的重视由此可见一斑。[31]

石家河古国灭亡后，一部分人留了下来，同迁徙过来的中原人群和平相处，共同生活在一起。留下的这部分苗民后裔后来在商周之际，与留居在附近的部分三苗后裔又联合起来，形成了一个庞大的"荆蛮"集团与朝廷和汉人对抗。一直到春秋战国时期，楚国和"荆蛮"还是战争不断。秦汉之际，著名的"武陵蛮"和"五溪蛮"即是这个"荆蛮"集团的后裔。[32]

石家河文化遗民还有一部分人被迫逃亡到了四川广汉三星堆遗址一带，融进了三星堆文化主体人群中。三星堆北部西泉坎遗址出土的大量灰白陶和镂空圈足豆，就是石家河文化典型器物，说明三苗文化曾经到达古蜀一带，并且将筑城技术带了过去，使当地文化发生了跳跃性的进步。[33]另外，三星堆遗址所出青铜头像同石家河文化中的玉面人像在出土区域、制作工艺、文化内涵等方面也极为相似。[34]

石家河遗民另有一部分落荒逃亡到了今鄂西、湘西，以及贵州、云南、广东和海南等一些在当时还属于偏远蛮荒的地区。这些逃亡者将先进的农业文明带到这些地区，驯化了原先人口稀少的渔猎部落，形成中原文献所谓的群蛮，包括现在的苗、瑶、畲等民族。[35]

第五章　夏代的逐鹿中原和向外扩张景观

石峁居民整体迁徙中原

距今约 3920 年，位于黄河上游的积石峡及其附近发生大地震，引发山体滑坡，形成了一个面积巨大的堰塞湖，堵塞黄河长达 6～9 个月。后湖水漫过坝顶，导致坝体溃决，大约 110 亿～160 亿立方米的湖水瞬间倾泻而下，溃决洪水流量的峰值每秒高达 36 万～48 万立方米，相当于积石峡段黄河现今流量 500 倍还多。这一溃决洪水向黄河中下游地区咆哮着推进了 2000 公里以上，在中下游平原造成了大规模的堤坝溃决。[36]

堰塞湖溃决对黄河中下游造成的破坏力有多大？1843 年，黄河发生了有记载以来最大的一次洪水，当时最大流量是每秒 3.6 万方，仅相当于这次洪水流量的 10%～13.3%。1967 年时，一个体积仅为 6.4 亿立方米的溃决洪水就沿长江向下游传播了 1000 公里以上。

这次堰塞湖溃决，连同距今 4000 年那次黄河改道引发的洪灾，给黄河中下游地区造成了空前的大灾难。[37] 全国第二次文物普查聚落材料统计表明，距今 4600～3900 年的龙山时代，整个黄河中下游地区聚落总数量有 1669 个，而到距今 3800 年后的二里头时代，聚落数量骤降至180个，而且全部聚落面积总和也由原来的218.33平方公里锐减至47.05平方公里。换言之，二里头时期黄河中下游聚落数量仅是龙山时期聚落数量的10.78%，下降幅度高达89.22%；其聚落总面积也缩小至龙山时期的21.45%，缩减幅度高达78.55%。

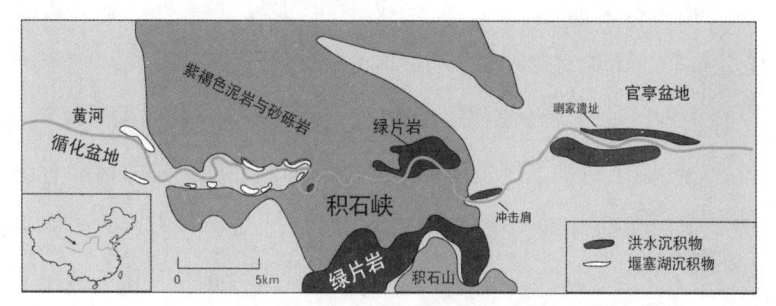

▲ 公元前1920年左右黄河上游极端溃决洪水示意图

其中受灾最严重的是居于黄河下游的山东地区。前述鲁东南地区在龙山时期，遗址有536处，而至距今3900~3500年的岳石文化时期，遗址只有区区19处，仅相当于此前龙山文化遗址数量的1/30，面积最大的遗址也由尧王城的367.5万平方米骤减至西寺遗址的9万平方米。

鲁北地区，龙山文化时期，以章丘城子崖和淄博桐林两座大型城址为中心的250平方公里的范围以内，发现65处遗址，而到龙山文化晚期和岳石文化时期，分别只剩下8处和5处。另外，距今4000年之后，山东地区多处龙山时期的超大型聚落也消失殆尽，至二里头时期，面积最大的聚落也不过10万平方米左右。

晋南地区包括临汾盆地和运城盆地。龙山时期，晋南是当时人口最为稠密的区域，以面积达到280万平方米的陶寺城址为核心，周围分布着方城、县底、南柴、周家庄等大型聚落，其中最大的周家庄遗

第五章　夏代的逐鹿中原和向外扩张景观

址达到了 495.4 万平方米。而至二里头时期，临汾盆地的聚落几乎荡然无存，运城盆地内作为最大面积的东下冯遗址也不过 30 万平方米左右。整个晋南地区的聚落总面积，从龙山中晚期近 2000 万平方米骤降至二里头时代早期不足 300 万平方米，降幅高达 85%。[38]

豫北地区以安阳为中心 800 平方公里的系统调查发现龙山文化 28 处，之后的下七垣文化时期只有区区 8 处。[39]

豫南地区发现龙山文化遗址 30 处，到二里头文化时期时仅剩下 2 处。[40]颍河中上游地区的情况略好一些，仰韶晚期至龙山早期有遗址 11 处，龙山晚期有 26 处，其中龙山时期有近 50 万平方米的王城岗和 100 万平方米的瓦店等大型遗址，不过，到二里头时期，聚落数量下降到了 21 处，这些大型遗址也均退变为中小型聚落。[41]

黄河中下游地区这一时期聚落数量和面积锐减，一方面反映了其人口出现了断崖式下跌的现象，甚至已不足以维持正常的社会生活，另一方面也说明其政治基础被彻底摧毁，社会全面崩溃。

但就是在这种情况下，进入距今 3800 年后的二里头时期，伊洛河盆地却奇迹般崛起了面积达 300 万平方米、常住居民有 1.8 万～3 万的二里头遗址。[42]而且，伊洛河盆地成为二里头时期唯一出现人口增长的地区。调查表明，洛阳盆地虽然也有超过 50% 的龙山文化聚落在龙山时代之后遭遇废弃，[43]但进入二里头时期之后，这一地区竟增加了 20% 以上的新型聚落。同时，聚落总面积也超过 2000 万平方米，比之前的龙山时期提升了八成左右。

聚落数量和面积超常规增长，意味着人口的激增，而人口幅度大规模的上升，显然只有通过从外地大量移民才能实现。在距今 4000 年黄河改道和距今 3920 年黄河上游溃坝两场大劫难后人口剧烈衰减的大背景下，这种人口的激增和高度繁荣显得突兀而又诡异。

在生产力水平比较低下的古代社会，人口就是最为重要的生产力，是整个社会赖以运转的基础。大规模的人口迁徙，显然只能是二里头政权为确保洛阳盆地转化为"王畿"所进行的一次高瞻远瞩的政治运作，其目的一方面在于保持该地区的人口数量优势，另一方面则是为了进一步削弱外围地区的敌对势力，保障和维持以二里头政权为核心的新型社会秩序。

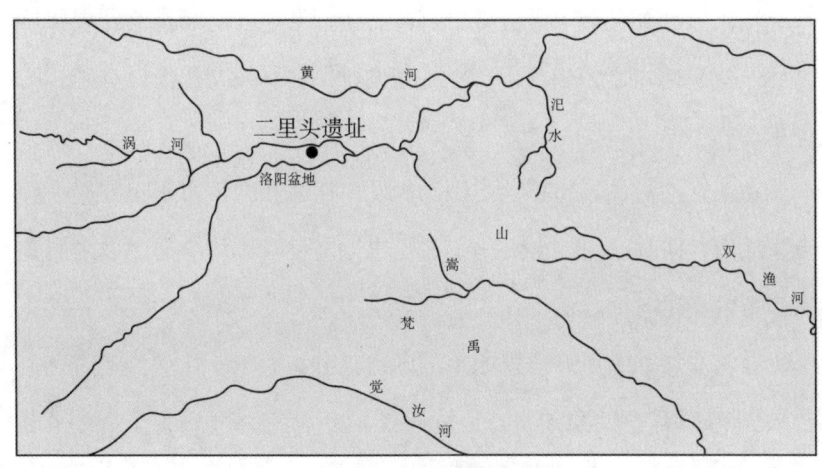

▲ 二里头遗址位置示意图

那么，二里头时期洛阳盆地激增的大量人口来自哪里呢？二里头政权又凭什么让他们迁徙至此呢？回答这个问题之前，让我们先把目光转向黄河中下游地区以外，看看彼时周边哪些地方有富余的人口可以迁移。

在长江中游流域，如前所述，距今4200～4000年的石家河晚期，不仅是石家河古城被毁，而且原来整个石家河文化势力范围以内都出现了遗址急剧减少的衰败情形。以石家河文化时期最为繁华的大洪山南麓为例，该地域聚落遗址在石家河文化早中期有63处，而到了石家河晚期，只在原石家河城址东南一带留下14处遗址，其中最大面积的也仅有18万平方米。到距今3800年时，这片广袤的原野就彻底沦落为"千里无鸡鸣，万里无人烟"的荒漠。

在长江下游地区，文化最为发达的良渚时期，仅环太湖地区大约3.65万平方公里以内，就分布有600处遗址。[44]但在接下来的龙山时期，遗址却寥寥无几，太湖以东和以南发现的钱山漾文化遗址也只有钱山漾和葡萄畈等区区8处[45]，而在上海地区迄今也仅发现了广富林一处遗址，之后相当于二里头文化时期的马桥文化仍没有好转的迹象。[46]

在西辽河流域，包括燕山山脉南北、辽西和内蒙古东南部这一广大区域内，彼时已由红山文化经雪山二期文化和小河沿文化过渡到夏家店下层文化时期。该地域的遗址数量出现了急剧增长的现象，仅在半支箭河流域221平方公里的范围内，就分布有155处，半支箭河中游和敖汉旗境内平均1.5平方公里就有1处。[47]赤峰地区，平均2平方公里亦可见到1处。[48]

夏家店下层聚落数量在距今3800年后增长迅速，说明其没有大规模向外迁徙人口的可能性，因为大规模向外迁徙，必然会导致人口数量下降。另外，夏家店下层文化和中原文化是两种截然不同的文化，夏家店下层文化扩张到中原地区必然会引起大规模的冲突和战争，但迄今为止，在中原地区还看不到夏家店下层文化人群的蛛丝马迹。

综观彼时整个东亚大陆，只有黄河中上游的石峁齐家社会和西安

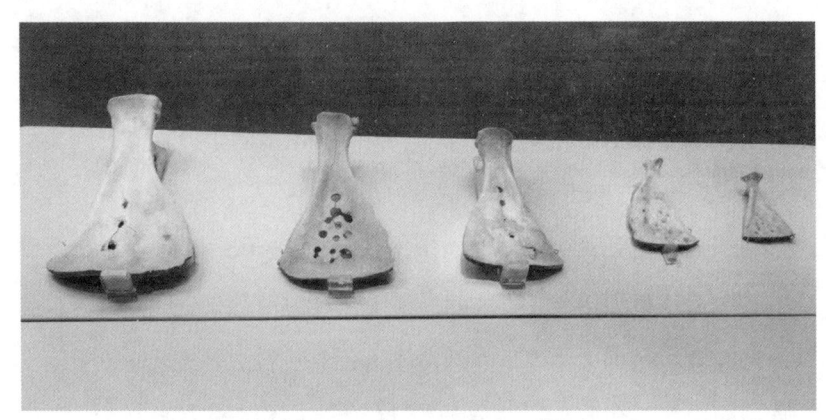

▲ 石峁遗址所出卜骨等器物在二里头文化中也屡有所见

太平遗址客省庄二期文化社会，成为前述两次灾变中的异数。先说石峁齐家社会。一方面，距今 4000～3900 年之后，在石峁文化和齐家文化势力范围以内，聚落数量和面积没有出现大规模锐减的现象，像流经内蒙古西部阿拉善高原的额济纳河沿岸及其附近，始于距今 4000 年前后的冶金聚落，其生产活动不仅未在之后终止，反而蓬蓬勃勃地延续发展了数百年。[49] 另一方面，距今 3800 左右时，石峁遗址开始遭遇废弃[50]，石峁文化逐渐销声匿迹，数以万计的石峁人群不知所踪。

有迹象显示，石峁城址的废弃是一种有目的、有计划的人为撤离转移，因为迄今未发现有战争毁城的痕迹，也未发现有地震或其他天灾人祸的迹象。

联系到前述河南龙山文化煤山类型同石峁文化有较多的一致性，其中不乏大量在精神信仰方面的相同因素，再考虑到煤山类型同后续的二里头文化有直接的渊源关系，二里头文化人群又在分子考古学方面显示出，同包括陕西、青海在内的西北地区汉族和少数民族基因相同或接近[51]，我们大致可以判断出，石峁文化主人、煤山类型主人和二

第五章 夏代的逐鹿中原和向外扩张景观　　235

里头文化主人,都是同一群人。

正因为是同一群人,他们才废弃石峁遗址,把大量人口迁徙到自然地理和人文环境更好的洛阳盆地,建起了中原有史以来最大的一座城址——二里头,由此推动中原文明大踏步地跨入王国时代。

再说太平遗址客省庄二期文化社会。关中地区在龙山至二里头文化时期的遗址极为稀少,可能同考古工作过去没有充分展开有一定关系。2021年发现的太平遗址[52]改变了人们这一看法。该遗址位于西安市西咸新区沣东新城斗门街道太平村东侧,面积200万平方米,文化面貌主体属于客省庄二期文化,是一处中心性大型聚落遗址。文化内涵表现出以礼制为核心的早期文明特征,与周边同时期文化有密切联系。尤其是在遗址中发掘出的一件陶铃,此前仅在被认为是尧都的山西襄汾陶寺遗址和夏早期"都邑"之一的河南新密新砦遗址发现过,这说明太平遗址在当时具有一定的级别,同时也表明三者之间存在一种特殊的密切关系。

碳14测定,太平遗址所处时代距今大约4150~3700年。换言之,其建成时间略早于夏代,正是传说中的大禹治水时期,而其废弃时间又恰值二里头遗址面积由一期100平方米过渡到二期300万平方米之时。虽然该遗址的发掘报告尚未出笼,我们对其文化内涵还缺乏更为明确的、全方位的认识,但它在这个节骨眼上突然遭遇废弃,不能不让我们对其废弃后的居民是否流向二里头王国产生一定的联想,因为在同一时段的伊洛河盆地以外,包括关中地区,至今还没有发现有遗址数量和遗址面积增长的迹象。

多族群并存的二里头王国

　　大约距今 4300～3900 年，伊洛河下游平原和黄河以北的济源—焦作平原，以及嵩山东南的颍河流域出现了较多聚落，其中还包括登封王城岗、新密古城寨、新密新砦、禹州瓦店、平顶山蒲城店、郾城郝家台等 11 座从几万到几十万平方米面积不等的城址，而且还出土了大量的高等级器物，表明这一地区已进入复杂化进程。但同一时期地处嵩山西北的洛阳盆地虽然也出现了不少聚落，也不乏面积较大的遗址，但至今没有发现城址，也缺乏令人瞩目的高等级遗物，暗示其社会分化还处于浅层次的初级阶段。

　　现有考古材料显示，大约是从中原龙山时代末期开始，原处于嵩山东南麓一带的煤山类型先民已开始沿嵩山东侧北上，先是穿越郑州地区，然后长驱直入嵩山北麓王湾类型腹地。煤山类型和王湾类型两股势力在新密新砦遗址一带相互碰撞，形成了新砦类文化遗存，时间为距今 3900 年左右，正是黄河上游坝体溃决导致中下游洪水泛滥的时候。

　　煤山类型分布范围主要在颍河、汝河流域，其南至平顶山，西到栾川，东抵京汉铁路附近。以颍河上游的登封、禹州地区和北汝河上游的汝州、汝阳为中心。中心区遗址数量多且分布密集。主要遗址有登封王城岗、禹州瓦店、汝州煤山等。[53]

  天降大灾导致大规模人群死亡,从而给了煤山类型人整合中原政治势力机会,他们遂从其故地——地处西北的石峁、齐家社会招来大批新生力量,由此使得中原腹地区域聚落群重心"逐步由漯河中游地区、颍河中上游地区的'边缘区'转移到作为腹地中心的洛阳盆地"[54],洛阳盆地的聚落群规模在龙山文化晚期得以急剧扩大。先是二里头一期 100 万平方米遗址拔地而起,随后又在几十年的时间内急剧扩大为二期的 300 万平方米。

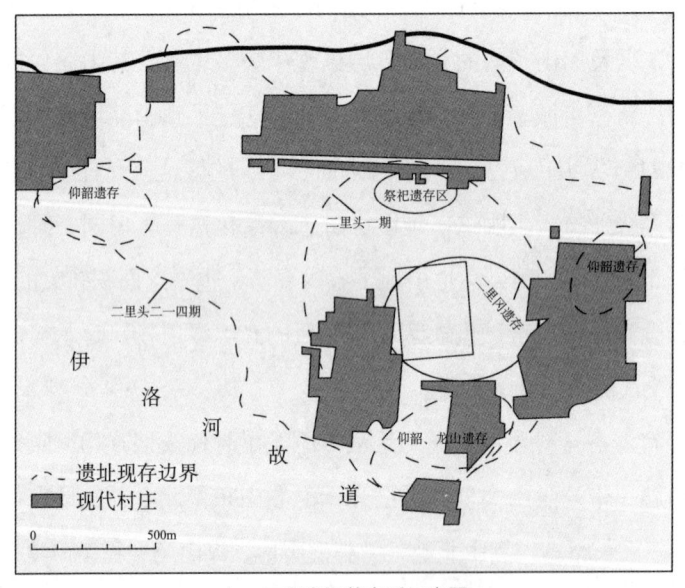

▲ 二里头聚落变迁示意图

  二里头遗址的发掘者曾提出过这样的疑惑:"二里头都邑在洛阳盆地的出现具有突发性,缺乏源自当地的聚落发展基础,应当不是洛阳盆地龙山文化社会自然发展的结果……随后统御盆地乃至更大区域的二里头统治者似乎并非当地土著。"[55] 这也从另一个侧面说明了千里之外石峁齐家人大批南下中原这一"隐形"史实。

距今3800年,二里头遗址一期开始在洛阳盆地悄然崛起时,千里之外面积达400万平方米的石峁城址也在同一时期被废弃。一废弃一崛起,标志着一个旧时代的谢幕和一个新时代的启航。

二里头遗址地处洛阳偃师翟镇乡的二里头村界内,遗存大致可分为四期。[56]

二里头一期遗址面积约为100万平方米,是同时期伊洛平原最大的聚落中心,出土了大量属于特权阶层才能使用的高贵器物,如白陶、象牙、绿松石器、青铜器等。由于这一时期的遗物堆积严重破坏,故聚落结构不明朗。但几种手工业作坊遗迹保存完好,有陶器、骨器和小型青铜器等手工业作坊。这一时期二里头遗址已经成为区域中心聚落,具有了一定的都邑性质。

二里头二期遗址总面积超过了300万平方米。遗址东南部发现宫殿建筑群。宫殿有院落,院内发掘出两座有丰富随葬品的高级墓葬。其中一座出土了一具年龄大约在30~35岁的男子骨架,骨架周围散布着青铜器、玉器、漆器、陶器和子安贝等。骨架上部还摆放着一条大约由2000块绿松石和一些玉料制成的"龙"形物——联系到陶寺早期大墓中出土的四个龙盘,以及中国历史上所谓"真龙天子"的传统文化思想,说明该墓主人生前应该是二里头国王一类的人物,进一步说是以他为代表的二里头王国统治阶层,继承了经陶寺古国统治者发扬光大的以龙文化为核心的华夏传统。

遗址中心区还营建了四通八达的道路系统,遗址南部也建立了具有围垣设施的手工业作坊区,包括绿松石器作坊、铸铜作坊等技术含量较高的手工业设施。到二、三期之交时，小型房址和灰坑等开始出现，以新建大型建筑基址群为中心的封闭宫城拔地而起，西南部作为宫城附属建筑的7号、8号基址也于同期建成。在遗址不同区域形成了各种不同的骨器加工点、制骨作坊和400多座规格不同的墓葬群，尤其是在宫殿区北侧和东侧还规划出了祭祀区，充分体现了"国之大事，在祀与戎"的重要意义。

与此同时，二里头遗址所在的伊洛河盆地，聚落数量和规模出现了前所未有的暴涨现象。二里头文化一期聚落只有12处，其中小于20万平方米的四级聚落有9处。到了二里头文化二期时，各级聚落骤增至62处，增长幅度高达336%。其中面积20~80万平方米的二、三级聚落达到了15处。[57]

人口数量和经济实力的增长，使二里头王朝进入了前所未有的快速扩张时期，在二里头二期，尤其是二期晚段时，二里头文化基本上占领了豫东大部分地区和皖西北地区，东夷各部先后降服。[58]

至此，二里头王国的疆域，北面已抵达沁河岸边；西北到达晋南，直至晋中灵石一带[59]；西面突入陕西关中东部、丹江上游的商州地区；南及豫鄂交界地带和武汉地区；往东抵达豫东一带。不管是晋中、商州，还是豫东、武汉，实际上都属于中原边缘地带和中原之外的"蛮夷"地区，其各个族群都有自己的特定传统，就这个意义而言，二里头王国就是一个以中原族群为主所组成的多"民族"国家。

新崛起的二里头政治版图显示，它有着不同于以往任何古国的政治社会组织结构，拥有了以往任何古国都无法企及的"广域王权"[60]，而且这种"广域王权"控辖着包括中原之外的多个"异质"文化族群，这意味着一个统一的多"民族"广域中国基本成形，从而为华夏认同奠定了更广泛的政治基础和心理基础。

▲ 二里头1号宫殿复原图

在二里头时代，青铜礼器的铸造和使用，是最高权力和地位的象征，如上述二里头文化二期时，统治者将铜铃与绿松石龙形器组合作为王陵随葬礼器使用，就专属王权所有。青铜礼器以下是陶礼器组合群，如爵、觚、盉、鬶等，也是具有社会或政治象征性的器物，在某些礼仪活动中起着重要的作用。这一时期二里头王权以赐予形式从王朝扩散到各地的器物就是这类陶礼器。出土这类陶礼器遗址的分布范围，很大程度上就是当时以礼器等级为秩序统一起来的政治共同体。[61]

在二里头文化势力范围以内，至少有20处遗址出土了陶礼器群组，其中主要有作为王都的二里头遗址，面积300万平方米；有王都近郊加强首都功能的特殊聚落巩义稍柴遗址，面积60万平方米；有王朝在东北方所设的军事据点荥阳大师姑遗址，面积51万平方米。其余聚落至少也都是区域中心聚落，面积集中在10万～30万平方米，且都分布在小流域或小盆地等自然地理单元以内。这些聚落的地域分布，大体应该就是二里头王朝的政治疆域范围。[62]

位于晋西南夏县的东下冯遗址，应是二里头王国设立在其西土的一个非常重要的军事据点和次级"政府"，目的是控制中条山的铜矿资源和河东盐池。

驻马店杨庄遗址是二里头政权设置在王畿之外的军事据点，出土了大量的石矛、石镞等兵器，暗示着该遗址可能的殖民据点性质。[63]

二里头政权设置在王畿之外的军事据点还有陕西商洛龙山和武汉盘龙城等。[64] 商洛龙山遗址，在相当于二里头文化早期时，还存在着与二里头文化风格完全不同的陶器群，但到了二里头文化晚期时，其陶器群已与王畿之内的二里头文化殊无二致，这也暗示了它可能的殖民据点性质。盘龙城遗址地处长江中游的武汉地区，那里靠近重要的铜矿资源和绿松石资源。盘龙城遗址发现大量的二里头文化器物，表明该遗址是二里头王权派驻的二级政府机构和军事据点。

显然，二里头王国已经是一个高度分层的社会，"是一个集权的统治集团通过不同层级的地方行政官员和行政中心控制的大面积地域的政治实体"[65]。这种政治实体其实就是二里头文化中期及其以后形成的"国上之国"的"广域王权的'中国'"[66]。

尧舜禹及其他

《竹书纪年》记载："帝尧陶唐氏……元年丙子，帝即位居冀。"[67]《尚书后案》记载："尧都平阳，舜都蒲坂，禹都安邑，相去不盈二百，皆在冀州。"[68] 平阳即山西临汾，乃古代九州之冀州中心所在。冀州又称为晋："两河之间为冀州，晋也。"[69] 两河分别指的是清河（古济水）和西河（晋陕之间黄河段）。

《竹书纪年》还简略记述了尧的出身和生平："母曰庆都，生于斗维之野，常有黄云覆其上。及长，观于三河，常有龙随之。一旦，龙负《图》而至，其文要曰：'亦受天祐'。眉八彩，须发长七尺二寸，面锐上丰下，足履翼宿。既而阴风四合，赤龙感之。孕十四月而生尧于丹陵。及长，身长十尺，有圣德，封于唐。梦攀天而上。高辛氏衰，天下归之。"[70]

陶寺早期王陵出土的彩绘龙盘中，龙图案是用朱砂绘制而成，正所谓"赤龙"；蟠龙躯体上鳞状斑纹，亦可称之为"龙负图"；蟠龙自盘底向盘沿盘旋而上，正是"攀天而上"。[71] 前述陶寺早期王陵 6 座大墓中，除了两座被外界扰乱而没有发现彩绘龙盘外，其他 4 座均有同样图案和规格的龙盘随葬,暗示龙不仅代表着君权,也代表着神权和族权。

《尚书》《竹书纪年》和《史记》等典籍都记载,尧任命羲氏与和氏,观测日月星辰的运行,并且通过用加置闰月的办法来确定四季而成为一年,依此制定历法,规定百官事务,授民以耕种时令。

在传统的古史体系中,尧是继帝挚之后的"天下共主",并由羲氏、和氏、放齐、驩兜、共工、四岳、鲧、舜等大臣辅佐,他们共同组成了一个"天下一统"的"朝廷"。事实上,羲氏、和氏、放齐、驩兜、共工、四岳、鲧、舜等大臣都是同一时代不同地域的族群、酋邦、古国或其首领的统称,譬如共工部族的居地就在太行山以东辉县一带,驩兜是三苗国即前述石家河古国的首领,居地在长江中游流域,如此等等。因为这一古史体系乃出自华夏"正统",是为凝聚华夏人心而为,所以,对华夏"正统"的美誉、虚饰乃至作伪,都是很正常的现象。但其中也折射着真实历史的影子,那就是尧和这些所谓的大臣们组成的朝廷,其实是一个大范围内的古国部落联盟。

综合陶寺遗址早中期不同王陵、不同文化类型,以及不同族源的鉴定结果,再辅之以《尚书》《墨子》《史记》等记载看,这个联盟集团内部实行的是"民主禅让制"原则[72]:

第一,盟主国在这个"邦国"联盟集团中是有一定任期的。譬如陶寺早期200年间的6座王墓的墓主人,既是陶寺古国联盟集团的盟主,同时又是前后存在的几代陶寺古国最高统治者。但在之后却将盟主之位让给了陶寺中期主人,即舜。

第二,盟主在位时,要通过任用贤能来治理天下,并需在后期挑选新的盟主即帝位继承人选,予以考察。考察合格再任以政事。尧用

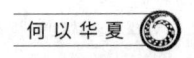

清·四岳举舜图

舜，舜用禹，都经过了遴选、推荐、考察和任用这一过程。

第三，最后一任盟主在其年老力衰时，要主动退居二线，把国事交给继承人行使盟主职能，而原来的盟主则变成"太上皇"，行使监管职能。譬如，按《尚书》《史记》的说法，尧就当了28年的"太上皇"，舜做了17年的"太上皇"。

第四，盟主在任期满时，盟主的位置即帝位，必须传给包括盟主长子在内的联盟内部有德望之"邦国"首领。尧部族继承自挚部族，舜部族继承自尧部族，禹部族继承自舜部族。最后一任盟主国的盟主长子直接进入最后两个继承人之间的竞争，最终继承人是在盟主去世

第五章 夏代的逐鹿中原和向外扩张景观

后由各邦国来选定。作为公推的盟主继承人，一代舜和前期的某代禹分别战胜了作为末代盟主长子继承人的丹朱和商均，但是作为末代禹长子的启却绝地反击，依靠自己如日中天的威望击败了益，从而子承父职，登上了盟主的最高位置……

正是有了这些可以杜绝暗箱操作的具体规则，才保证了尧舜禹时代帝位的传承交接能在和风细雨中顺利完成，但恰恰也是这些规则存在不可避免的缺漏，才导致了古本《竹书纪年》所说的尧晚年的悲剧命运："昔尧德衰，为舜所囚也……复偃塞丹朱，使不与父相见也。"[73]

历史发展到舜"晚年"时，相同的悲剧再次重演："舜逼尧，禹逼舜，汤放桀，武王伐纣，此四王者，人臣弑其君者也。"[74]

悲剧重演之前，禹还是遵从了"民主禅让制"的基本原则："帝舜荐禹于天，为嗣。十七年而帝舜崩。三年丧毕，禹辞辟舜之子商均于阳城。天下诸侯皆去商均而朝禹。禹于是遂即天子位，南面朝天下，国号曰夏后，姓姒氏。"[75]

问题在于，舜"荐禹于天，为嗣"恐非出自内心，因为禹"父"鲧由于所谓治水不力而被尧舜"殛"于羽山。然而大禹的功劳实在太高了，《尚书》说禹部治水："东渐于海，西被于流沙，朔、南暨声教，讫于四海。"禹所在的邦国，其声誉和实力已经达到了一个根本无法撼动的程度，所以，舜不得不赐禹"玄圭，告厥成功"。[76]

商均作为舜子也并非等闲之辈，乃是手持羽箭，可以与少昊、后羿并称的热血男儿[77]，面对炙手可热的"帝"位，尤其是大禹成功上位后，自己还可能面临被屠戮的命运，所以只能是放手一搏，也因此才有了前述陶寺古城被平毁、陶寺早中期王陵被捣毁惨烈的一幕。

关于大禹的出生地，文献记载和民间传说都非常多，山东、山西、河南、陕西、甘肃、四川等地都涉及了。但是，系统地梳理一下这些文献记载，我们会发现，大禹出生于西戎或西羌的相关记载，竟然在其中占了绝对的比值，大概有十几种之多，其中以司马迁《史记·六国年表》"禹兴于西羌"[78]的说法最具代表性。

还有相当一部分文献记载大禹的具体出生地是处于西羌地域的"石纽""石坳"或"昆石"。《帝王世纪》《吴越春秋·越王无余外传》《蜀本纪》说是在"石纽"，《艺文类聚》引《帝王世纪》说是在"石坳"，清代王仁俊所辑《隋巢子》说是在"昆石"。南宋成书的《舆地纪胜》引《元和郡县志》说，"石纽""在汶川县西七十二里"[79]。

汶川即今四川汶川县，位居四川省西北部，其往北翻越岷山即是甘肃辖境，属传统的羌族居住区，为齐家文化覆盖区域。

《尚书·洪范》记载，鲧堵塞洪水，搅乱了五行，以至于被杀，而继之后起的禹，被舜任命为司空治水。禹用了疏导的办法，顺天行事，因此取得了成功。[80]《尚书》这一记载，可对应前述距今4000年前后黄河改道所造成的那场巨大洪灾。

大禹治水的传说遍布长江和黄河两大流域，但重点还是在黄河中下游流域。《孟子·滕文公上》："禹疏九河，瀹济、漯而注诸海；决汝、汉，排淮、泗而注之江。"[81]济是济水，漯是漯河，汝是汝河，汉是汉水，淮是淮河，泗是泗河，都在黄河中下游流域范围以内。

大禹为了组织大家治理水患，或者说是治水获得成功后要举办庆典，便在涂山举行了"诸侯"会盟仪式，《左传·哀公七年》记载："禹合诸侯于涂山，执玉帛者万国。"[82]"万国"即万余部落或酋邦，言其多，并非实指。

考古发现的禹会村遗址[83]就在安徽蚌埠市西郊淮河岸边，东临天河，北依涂山。东西宽约300米，南北长约2000米，面积约60万平方米，是一处较大的龙山文化时期遗址。遗址内不仅出有诸侯会盟时举行祭祀仪式的祭祀台基、大型祭祀沟遗迹，还出土了35个用来安插会盟诸侯旗帜的柱坑，以及祭祀台基西侧长达百米以上的专属通道。

大禹为什么要会盟于涂山？理由可以举出很多，但最主要的可能还是，当时的黄河改道是从淮北平原改走河北平原入海。淮北平原是遭受水灾最重的地区之一，而涂山就耸立于淮北平原边侧。更何况这里有荆、涂两山夹淮对峙，又当涡、淮两河汇流之处，易守难攻，形势险要，可以防止不测于万一。另外，这里还是大禹有姻亲关系的当涂国的势力范围。[84]

▲ 禹会村遗址一隅

《世本》记载："夏禹都阳城，避商均也。又都平阳，是在安邑。"[85] 阳城可能就是前述河南登封王城岗大城遗址，平阳是山西襄汾陶寺遗址。陶寺晚期的城墙、宫城虽然遭到了禹部的平毁，但一些宫殿和宫城还存在了一段时间。而且遗址面积还扩大到了300万平方米，人口也没有减少的迹象。[86]

但不管阳城，还是平阳，都不可能是真正的禹都，而是大禹的陪都或者说是临时战略指挥中心，因为真正的禹都应该是今本《竹书纪年》和《汲冢书》所说的西河。对于夏王朝南下"逐鹿中原"而言，西河是其末都斟鄩建立之前唯一一个贯穿夏早中期的大都邑。[87]这个大都邑极有可能就是地处晋陕交界黄河以西的石峁遗址。

《尚书·禹贡》记载："黑水西河惟雍州，弱水既西……至于龙门西河……"[88]战国时魏国在今陕西东部的沿河地区就曾设置西河郡。魏文侯时吴起曾任西河郡守。周显王三十九年（秦惠文王八年，前330年），秦国攻取西河，郡废。此后的西汉、三国时魏国、两晋等时期，又先后在这一流域设置西河郡、西河国，治所分别在平定县（今内蒙古鄂尔多斯东南）、离石县（今山西吕梁离石区）、隰城（今山西汾阳）等地。石峁古城东距黄河之"西河"只有区区20公里，4000年前的龙山晚期遗址在整个所谓的"西河"流域，也只有400万平方米的石峁古城才能配得上作为夏都邑的级别。事实上，夏商周三代都有"圣都"和"俗都"的说法："圣都是先祖宗庙的永恒基地，而俗都虽也是举行日常祭仪所在，却主要是王的政、经、军的领导中心。"[89]

从这个意义上讲，禹为了打通石峁古城—陶寺古城—王城岗古城的通道，应该是在安邑所在的运城盆地进行了统一安抚工作的。因为山西地处黄土高原，表里山河，晋南又包夹在灵霍大峡谷、太岳山、中条山与吕梁山铜墙铁壁似的围裹中，造成了一个大封闭区中的小封闭区。运城盆地向南跨越黄河就是豫西，运城盆地是禹打通石峁—陶寺—王城岗通道的必经之地。

禹"都"安邑所反映的史实可能是，安邑是禹的一个临时战略指挥中心，或者是一个兼具政治、经济、文化和军事中心功能的早夏临时陪都。

禹继位后，为了安定中原局势，继尧舜讨伐三苗之后，再次对三苗进行了讨伐。《墨子·非攻下》说"禹亲把天之瑞令，以征有苗"，结果是"苗师大乱，后乃遂几。禹既已克有三苗，焉磨为山川，别物上下，乡制大极，而神民不违，天下乃静"[90]。

石家河文化绝灭于距今4000年前后，或许就是禹伐三苗的史实反映。这场战争体现了原始战争性质，即由血亲复仇的动机演变为以夺取适宜生存和发展的战略要地为目的，由此进一步激化了各种社会矛盾，最终摧毁了旧的氏族和古国联盟制度，推动了夏王朝的强势崛起。

大禹驾崩以后，由于禹所在邦国的声誉和实力一枝独大，华夏古国联盟集团的成员已经无法撼动其强势的盟主国地位，"民主禅让制"实际上失去了制衡意义，禹子启于是"与交党攻益，夺之"[91]。

启的上位意味着彼时的华夏社会已经开始了由初步联盟性质的"古国时代"向"九州大统"的"王国时代"转变。起而代之的君位长子世袭制，在此后延续达4000年之久的社会里大放异彩，成为左右中国社会历史发展的一种无形的权力制衡机制。

《史记集解》引徐广："夏居河南，初在阳城，后居阳翟。"[92] 阳翟很可能就是位于颍河流域的禹州瓦店遗址，距离位居上游的阳城即王城岗遗址大约37.6公里。该遗址由西北台地和东南台地两部分组成。西北台地面积约50万平方米，东南台地面积约56万平方米。遗址外围有大型环壕，环壕内发现两处龙山晚期的大型建筑基址。东部基址平面大致呈回字形，面积近千平方米。西部建筑由三座基址组成，其中一座面积也近千平方米。如前所述，在这些建筑基址的下面、"院落"和壕沟内还发现了数具被用来奠基的"人牲"遗骨，以及疑似猪等动物的骨骼。另在建筑基址的铺垫层中也发现了一些人骨。这种现象和石峁遗址、王城岗遗址高度相似，表明了该夯土建筑的等级之高，同时也说明了这三个地方的统治者属于有着共同精神信仰的同一文化系统人群。

夏启上位以后，曾"有钧台之享"[93]，意思是指启在钧台同各诸侯国会盟，宣告其已经继任大统，要求天下诸侯拥戴，订立盟约。《吕氏春秋·有始》云："中央曰钧天"[94]。钧台就是地处中央的"钧天"之台，实际上就是陶寺遗址观象台在新王朝南移中原后的变种，是新王朝"择中以立国"宣威天下的新思想体系的物质体现。

钧台北距瓦店遗址咫尺之遥，处在北纬34°05′，这和《周礼·大司徒》所记载"建王都"之"地中"位置北纬34°04′基本一致。换言

▲ 瓦店遗址

第五章　夏代的逐鹿中原和向外扩张景观

之，钧台北所在的阳翟——瓦店遗址就是西周何尊铭文所谓武王"廷告于天"，并打算"宅兹中国"所在之处。[95]

综合《左传》《史记》和古本《竹书纪年》记载，太康继启帝位前后，夏王朝一直都有内乱伴随，同时多年的战争也给百姓造成了巨大灾难，让他们怨声载道，以至给了东夷后羿势力可乘之机，后羿甚至依靠夏民就轻松取得了夏的政权。不过，后羿代夏，只是驱逐了夏帝太康，"因夏民以代夏政"[96]，并未因此改朝换代。后来，帝相的儿子少康在夏旧臣靡辅助下，依靠东夷有仍、有虞国的帮助，灭了东夷族群的有穷、过和戈三国，杀死了后来又从后羿手里夺走夏国政权的寒浞，成功恢复夏王朝大统。

新密新砦城址[97]极有可能就是"太康失国""少康复国"的事发地。新砦城址位于新密市东23公里处的新砦村西部，面积约100万平方米，分为距今4050～3900年、距今3850～3750年两个时段。整个城址由内壕、中壕和外壕环绕，中心区是6万平方米的台地。中心区偏北坐落着一座东西长92.6米、南北宽14.5米的大型建筑基址。

新砦城址还出土了大量高等级器物，以及与二里头遗址铜牌饰相类似的兽面纹、雕刻精细的夔龙纹等，暗示它可能是一座都邑级别的重要城址。

尤其值得注意的是，新砦期遗存文化内涵以河南龙山文化后续文化因素为主，又掺杂以其他文化尤其是大量东方文化因素的事实，与后羿"因夏民以代夏政"的记载正相对应。

另外，新砦期作为从龙山文化晚期到二里头文化的过渡期，同"后羿代夏"至"少康中兴"时所反映出来的夏早中期盛衰发展轨迹也是一致的。

少康中兴之后，夏王朝在后续几代帝王的努力下，迅速进入了繁荣和扩张的阶段，今本《竹书纪年》记载，少康子帝杼"八年，征于东海及三寿"[98]；帝芬"三年，九夷来御"[99]；帝泄在位期间，更是连续对夷人用兵，征服对手，以至于诸夷不得不派使者来朝谒见，接受夏帝所封爵命："二十一年，命畎夷、白夷、玄夷、风夷、□□、黄夷……"[100]

彼时的夏王朝国力雄厚，威名远扬，出现了天下归附、万民和乐的盛世景象。从禹到芬，中经启、太康、仲康、相、少康、杼，共8代帝王200年时间的经营，夏统治者终于在大河之南的中原大地上确立了其牢固的统治地位。

国力鼎盛，天下安定，夏人迁都中原的规划再次提上日程。于是，就有了距今3800年时石峁遗址废弃而二里头遗址崛起的奇观出现。

古本《竹书纪年》说"太康居斟鄩，羿亦居之，桀又居之"[101]，二里头遗址可能就是帝杼之后几代夏王的"圣都"斟鄩，亦称斟寻。由于太康系启子，太康和后羿的活动时间至少应该在距今3900年以前，因此太康和羿所居斟鄩，不应该是二里头遗址，而另有他处，这个地方很可能就是前文所讲新砦城址。夏都多迁，这些文献又是夏一千多年之后的传说记载，错漏讹误在所难免。

先商发微和夷夏之争

契是商人的始祖。《大戴礼记·帝系》说:"帝喾……次妃,有娀氏之女也,曰简狄氏,产契。"[102] 前述龙山文化早期一支抵达冀南地区,同经晋中地区穿越太行山而来的老虎山文化某一支系发生碰撞、融合后,形成了河北龙山涧沟类型,可能就是商人先祖契族留下来的文化遗存。考察这两支考古学文化融合的历史背景,情况大致是这样:有娀部族原活动在"三北"、燕山南北以至辽西一带,属于戎狄系列。其中有一支系叫简狄氏,后来从中分离出来,南下至晋中、太原地区,并由此东上穿越太行山抵达冀南地区,与从海岱地区扩张而来的帝喾一后裔支系发生摩擦和冲突,最后两支人马交融形成了以契为首领的先商一族。[103]

《左传·昭公元年》记载:"昔高辛氏有二子,伯曰阏伯,季曰实沈,居于旷林,不相能也。日寻干戈,以相征讨。后帝不臧,迁阏伯于商丘,主辰,商人是因,故辰为商星。迁实沈于大夏,主参,唐人是因,以服事夏、商。"[104]

这里的阏伯可能就是契,实沈可能是尧。由于契同尧舜禹一样,都具备一定的神性，契在记载中还先后见于尧舜禹三朝，所以契应该是最早几代先商族领袖的合体。

从契立商族至汤灭夏建商朝，先商共经历14世先公，分别是契、昭明、相土、昌若、曹圉、冥、振（王亥）、上甲微、报乙、报丙、报丁、主壬、主癸、汤（履）。[105]河北龙山文化涧沟类型是上甲微之前的先商文化，下七垣文化漳河类型是上甲微之后至成汤灭夏以前的先商文化。[106]

根据《世本》关于历代先商公活动地域的记载，大体可以确定，商族发祥于冀南的古漳水地区——商可能是漳的音转，最早的漳河就叫漳水或商水；契所居"蕃"在河北磁县；昭明所居"砥石"在石家庄以南、邢台以北，即今元氏县的古泜水、石济水流域；相土所居"商邱（丘）"在河南濮阳；商侯冥活动中心在豫北冀南的古黄河流域；王亥所迁之"殷"在安阳；上甲微所居之"邺"在今河北临漳县西南、河南安阳市北郊一带；成汤所居之"亳"，在河南内黄或内黄靠近濮阳一带。[107]换言之，从契立商至汤灭夏，十四世商先公的主要活动地域均在豫北冀南地区。

先商是夏的一个诸侯国，后期与夏的历史沿革基本同期。其中，契和禹大体是在同一时代，昭明对应太康，相土对应帝相，昌若、曹圉对应"后羿代夏"之后的后羿、寒浞，冥对应少康和帝杼（予），王亥对应芒和泄，上甲微对应不降，报乙、报丙和报丁对应扃、廑和孔甲，主壬、主癸和汤对应帝皋、帝发和桀。[108]

夏人建国之前，整个东亚大陆的历史舞台主要是由东夷集团、华夏集团和南方苗蛮集团占领，三大集团虽然都互有攻伐，但基本上是东夷集团和华夏集团为统一战线，等到夏朝建立、南方苗蛮集团被消灭后，夷夏之争则成为这一时期的主题。

从考古学方面观察，海岱地区在龙山时代之后，继之而起的是继承了龙山文化传统的岳石文化，大约距今4000~3450年，相当于整个夏代至商代早期。彼时，整个东亚大陆已经形成了以豫西、晋南等中原地区为中心的基本格局，而海岱地区的政治、文化、经济重心则由鲁东南、鲁中北和苏北地区转移到了鲁西、鲁西北平原及豫东和皖北地区。这一带也随之成为夷夏之争的前沿阵地，虽然岳石文化人群延续了龙山文化以来大规模西迁的态势，其中一大部分还融入华夏族群，东西方文化得以深度融合，但东西对峙仍是这一时期双方不得不面对的棘手问题。

前述太康失国、后羿代夏就是夷夏之争这一时代主题的集中反映，这一惨痛教训让少康及其后续几代夏帝充分认识到了东夷族群的强大及其对夏王朝的觊觎之心，因而有针对性地采取了安抚和征伐两手并举的策略。一方面是少康的安抚，如古本《竹书纪年》就记载[109]，少康复国即位第二年，"九夷"之方夷就到夏都进行了"国事"访问；另一方面是少康之后帝杼的征伐，帝杼把前沿战略指挥中心从河济地区的原迁到了豫东的老丘，即今开封陈留镇以北约20公里的虎丘岗遗址[110]，并亲自挂帅，一直向东打到东海岸边，捕获了以九尾狐为图腾神和婚姻神的多个东夷部族首领[111]，征服了这一地域的土著夷人。之后，一直到不降时期，东夷的隐患才算消除，夏王朝开始腾出手来，北上嵩山西北征讨"九苑"一族。[112]

夏人征服东夷在考古学上也有相应的反映。从现有的考古资料观察，二里头文化的分布范围是逐渐扩大的，第一期以伊洛河盆地及周围为主要分布区；第二期扩张至豫中、豫东地区，并在此间修筑了大师姑、东赵、望京楼等具有政治和军事意义的据点；第三期除稳定原有地区外，二里头文化还向东扩张到了山东地区。[113]

夏人对夷人的征服在"淮夷"身上表现得更为突出。根据现有考古资料观察，夏人对"淮夷"的征服路线是，从豫东南下皖北，再直达淮河上游地区。[114]在这一线路诸多遗址中的同一文化层面上，都发现有二里头文化与其他多种文化并存的现象，像从杞县往南至周口市的太康—淮阳—项城—驻马店—信阳息县—淮滨一线，就分布有较多的二里头文化遗址，如太康方城、范丹寺、项城高寺、骨头冢，淮阳的双冢、平粮台等。[115]这种情况表明，至迟自夏代中期开始，夏人就已经不仅仅是在文化上与淮河流域有所交流，应该还伴随有大规模的人员迁徙，说明夏王朝可能一开始就对淮河上游干流两岸进行了精心布局和经营。

淮河流域本是夏人早期重要活动区域，如前所述，早在夏代建立前夕，这里就是和大禹有姻亲关系的涂山氏族人活动的根据地，也是"禹会诸侯"、确立大禹作为华夏联盟集团盟主地位的宝地。大禹即位后，封东夷偃姓始祖皋陶于今安徽六安，故六安又称皋城。皋陶后人后来还在这一地区建立了六、英等国。[116]

当夏人在淮河上游站稳脚跟后，又步步为营，沿淮河向东推进，直达江淮地区。这一路也留下了众多带有二里头文化鲜明特色的遗址，如安徽寿县斗鸡台、青莲寺，肥东吴大墩，肥西塘岗，含山大城墩和潜山薛家岗等。[117]在山东和苏北沿淮两岸的岳石文化遗址中也都发现了诸多的二里头文化因素，如鸡冠耳盆、舌状足三足罐、觚形杯等，都是典型的二里头文化器物，暗示夏王朝势力不但推进至淮河下游，而且拓展到了山东和苏北地区。[118]

夏王朝由盛到衰的转折点出现在夏朝第 14 任君主孔甲时期。《国语·周语下》有明确记载："孔甲乱夏，四世而陨。"[119]

注　释

1. 李琳之：《元中国时代——公元前 2300～前 1800 年华夏大地场景》，商务印书馆 2020 年版，第 267～271 页。
2. 张天恩、肖琦：《川河口齐家文化陶器的新审视》，张廷皓主编《中国史前考古学研究——祝贺石兴邦先生考古半世纪暨八秩华诞文集》，三秦出版社 2003 年版。
3. 易华：《齐家华夏说》，甘肃人民出版社 2015 年版，第 18 页。
4. 高江涛：《石气与土气：当陕北石峁遇到晋南陶寺》，《文博山西》2020 年 5 月 22 日。
5. 方燕明、刘绪：《河南登封市王城岗遗址 2002、2004 年发掘简报》，《考古》2006 年第 6 期。
6. 许宏：《何以中国——公元前 2000 年的中原图景》，生活·读书·新知三联书店 2016 年版，第 57～58 页。
7. 韩建业：《龙山时代的中原和北方》，《中原文化研究》2017 年第 4 期。
8. 李伯谦：《〈登封王城岗考古发现与研究（2002~2005）〉序》，北京大学考古文博学院、河南省文物考古研究所编《登封王城岗考古发现与研究（2002~2005）》，大象出版社 2007 年版；方燕明：《王城岗上的夏王朝曙光》，阎铁成主编《重构中国上古史的考古大发现——郑州地区重大考古发现纪实》，科学出版社 2016 年版。
9.（汉）司马迁撰：《史记》，中华书局 1982 年版，第 82、3269 页。
10. 李琳之：《元中国时代——公元前 2300～前 1800 年华夏大地场景》，商务印书馆 2020 年版，第 327～333 页。
11. 张雅军等：《陶寺中晚期人骨的种系分析》，《人类学学报》2009 年第 4 期。
12. 何驽：《怎探古人何所思——精神文化考古理论与实践探索》，科学出版社 2015 年版，第 265 页。

13. 何驽：《怎探古人何所思——精神文化考古理论与实践探索》，科学出版社2015年版，第429页。

14. 张国硕：《论陶寺文化发展过程中的异变》，《中国社会科学院古代文明研究中心通讯》2009年第18期。

15. 张雅军等：《陶寺中晚期人骨的种系分析》，《人类学学报》2009年第4期。

16. 赵春燕、何驽：《陶寺遗址中晚期出土部分人类牙釉质的锶同位素比值分析》，《第四纪研究》2014年第1期。

17. 何驽：《中国史前奴隶社会考古标识的认识》，《南方文物》2017年第2期。

18. 吴文祥、葛全胜：《夏朝前夕洪水发生的可能性及大禹治水真相》，《第四纪研究》2005年第6期；吴文祥、刘东生：《4000aB.P.前后降温事件与中华文明的诞生》，《第四纪研究》2001年第5期；郑斯中、冯丽文：《我国冷的时期气候超常不稳定的历史证据》，《中国科学》（B辑）1985年第11期。

19. （清）孙星衍撰，陈抗、盛冬铃点校：《尚书今古文注疏》，中华书局2004年版，第27页。

20. 王青：《试论史前黄河下游的改道与古文化的发展》，《中原文物》1993年第4期。

21. 中美日照地区联合考古队：《鲁东南沿海地区系统考古调查报告》（上），文物出版社2012年版，第297~310页。

22. 山东省文物考古研究所：《章丘城子崖周边区域考古调查报告（第一阶段）》，见《海岱考古》（六），科学出版社2013年版；山东省文物考古研究所等：《临淄桐林遗址聚落形态研究考古报告》，见《海岱考古》（五），科学出版社2012年版。

23. （清）孙星衍撰，陈抗、盛冬铃点校：《尚书今古文注疏》，中华书局2004年版，第145~148页。

24. 扎拉嘎：《展开4000年前折叠的历史——共工传说与良渚文化平行关系研究》，中央民族大学出版社2009年版，第570~599页。

25. 文物出版社编：《新中国考古五十年》，文物出版社1999年版，第154页。

26. 文化部文物局田野考古领队培训班：《兖州西吴寺遗址第一、二次发掘简报》，《文物》1986年第8期。

27. 徐峰：《王油坊类型龙山文化南徙路线重建——兼论江淮地区的"廊道"性》，《中原文物》2012年第2期。

28. 吴立、朱诚等：《江汉平原钟桥遗址地层揭示的史前洪水事件》，《地理学报》2015年第7期。

29. （清）孙诒让著，汪少华整理：《周礼正义》，中华书局2015年版，第1336页。

30. 李琳之：《元中国时代——公元前2300～前1800年华夏大地场景》，商务印书馆2020年版，第513～516页。

31. 何驽：《怎探古人何所思——精神文化考古理论与实践探索》，科学出版社2015年版，第306～307页。

32. 徐祖祥：《三苗、荆蛮与瑶族来源问题》，《贵州民族研究》2001年第1期。

33. 俞伟超：《三星堆蜀文化与三苗文化的关系及其崇拜内容》，《文物》1997年第5期。

34. 裘士京、陈震：《三星堆青铜头像和石家河玉面人像——从三星堆青铜头像看三星堆文化的来源》，《成都大学学报》2011年第1期。

35. 李琳之：《元中国时代——公元前2300～前1800年华夏大地场景》，商务印书馆2020年版，第396～399页。

36. Qinglong Wu et.al., Outburst Flood at 1920 BCE Supports Historicity of China's Great Flood and the Xia Dynasty, *Science*, 2016, Vol. 35, Issue 6299.

37. 史宝琳：《中原地区公元前三千纪下半叶和公元前两千纪聚落的分布研究》，吉林大学2014年博士学位论文；张弛：《龙山—二里头——中国史前文化格局的改变与青铜时代全球化的形成》，《文物》2017年第6期。

38. 何驽：《2010年陶寺遗址群聚落形态考古实践与理论收获》，《中国社会科学院古代文明中心研究通讯》2011年第21期；中国国家博物馆田野考古研究中心：《运城盆地东部聚落考古调查与研究》，文物出版社2011年版，第426～441页。

39. 中国社会科学院考古研究所、美国明尼苏达大学科技考古实验室中美洹河流域考古队：《洹河流域区域考古研究初步报告》，《考古》1998年第10期。

40. 张弛、樊力：《汉水中游地区新石器时代聚落的调查与收获》，见中国社会科学院考古研究所、郑州市文物考古研究院编：《中国聚落考古的理论与实践：纪念新砦遗址发掘 30 周年学术研讨会论文集》，科学出版社 2010 年版。

41. 张海：《公元前 4000 至前 1500 年中原腹地的文化演进与社会复杂化》，北京大学 2007 年博士学位论文。

42. 张莉：《文献之外的夏代历史——考古学的视角》，《中国文化研究》2018 年秋之卷。

43. 张莉：《文献之外的夏代历史——考古学的视角》，《中国文化研究》2018 年秋之卷。

44. 赵辉：《良渚的国家形态》，《中国文化遗产》2017 年第 3 期。

45. 张弛：《龙山—二里头——中国史前文化格局的改变与青铜时代全球化的形成》，《文物》2017 年第 6 期。

46. 刘莉、陈星灿：《中国考古学——旧石器时代晚期到早期青铜时代》，生活·读书·新知三联书店 2017 年版，第 275~276 页。

47. 中国社会科学院考古研究所等：《半支箭河中游先秦时期遗址》，科学出版社 2002 年版，第 6 页。

48. 赤峰中美联合考古研究项目：《内蒙古东部（赤峰）区域考古调查阶段性报告》，科学出版社 2003 年版，第 27~34 页。

49. 陈国科：《西城驿—齐家冶金共同体——河西走廊地区早期冶金人群及相关问题初探》，《考古与文物》2017 年第 5 期。

50. 邵晶：《试论石峁城址的年代及修建过程》，《考古与文物》2016 年第 4 期。

51. 刘皓芳：《河南二里头遗址夏代人群的分子考古学研究》，中国科学院 2010 年博士学位论文。

52. 《陕西两项考古项目入选央视 2021 年度国内十大考古新闻》，《华商报》2021 年 12 月 22 日；走走：《太平遗址：出现以礼制为核心的早期文明》，西安市文物局公众号 2022 年 10 月 10 日。

53. 刘莉、陈星灿：《中国考古学——旧石器时代晚期到早期青铜时代》，生活·读书·新知三联书店 2017 年版，第 275~276 页。

54. 许宏：《何以中国——公元前 2000 年的中原图景》，生活·读书·新知三联书店 2016 年版，第 54 页。

55. 许宏：《何以中国——公元前 2000 年的中原图景》，生活·读书·新知三联书店 2016 年版,第 117~118 页。

56. 杜金鹏、许宏:《偃师二里头遗址研究》,科学出版社 2005 年版;杜金鹏、许宏:《二里头遗址与二里头文化研究——中国·二里头遗址与二里头文化国际学术研讨会论文集》,科学出版社 2006 年版;刘莉、陈星灿:《中国考古学——旧石器时代晚期到早期青铜时代》,生活·读书·新知三联书店 2017 年版;许宏:《二里头都邑的两次礼制大变革》,《南方文物》2020 年第 2 期。

57. 陈国梁:《合与分:聚落考古视角下二里头都邑的兴衰解析》,《中原文物》2019 年第 4 期。

58. 郭明辉:《论二里头文化的东渐》,郑州大学 2020 年硕士学位论文。

59. 韩炳华、宋艳花:《山西灵石县逍遥遗址发掘简报》,《考古》2019 年第 1 期。

60. 许宏:《何以中国——公元前 2000 年的中原图景》,生活·读书·新知三联书店 2016 年版,第 145 页。

61. 许宏:《何以中国——公元前 2000 年的中原图景》,生活·读书·新知三联书店 2016 年版,第 149 页。

62. 许宏:《何以中国——公元前 2000 年的中原图景》,生活·读书·新知三联书店 2016 年版,第 149 页。

63. 北京大学考古系、驻马店市文物保护管理所:《驻马店杨庄——中全新世淮河上游的文化遗存与环境信息》,科学出版社 1998 年版。

64. 陕西省考古研究院、商洛市博物馆:《商洛东龙山》,科学出版社 2011 年版;湖北省文物考古研究所:《盘龙城——1963~1994 年考古发掘报告》,文物出版社 2001 年版。

65. 刘莉、陈星灿:《中国考古学——旧石器时代晚期到早期青铜时代》,生活·读书·新知三联书店 2017 年版,第 285 页。

66. 许宏:《何以中国——公元前 2000 年的中原图景》,生活·读书·新知三联书店 2016 年版,第 163 页。

67. (清)郝懿行著,李念孔点校:《竹书纪年校正》,安作璋主编《郝懿行集(第五册)》,齐鲁书社 2010 年版,第 3821~3822 页。

68. (清)王鸣盛著,陈文和主编:《尚书后案》,中华书局 2010 年版,第 1276 页。

69. (秦)吕不韦编,许维遹集释,梁运华整理:《吕氏春秋集释》,中华书局2009年版,第278页。

70. (清)郝懿行著,李念孔点校:《竹书纪年校证》,(清)郝懿行著,安作璋主编:《郝懿行集(第五册)》,齐鲁书社2010年版,第3821~3822页。

71. 何驽:《陶寺考古:尧舜"中国"之都探微》,中共临汾市委宣传部编《帝尧之都 中国之源:尧文化暨德廉思想研讨会文集》,中国社会科学出版社2015年版。

72. 李琳之:《元中国时代——公元前2300~前1800年华夏大地场景》,商务印书馆2020年版,第134~139页。

73. (清)郝懿行著,李念孔点校:《竹书纪年校证》,(清)郝懿行著,安作璋主编:《郝懿行集(第五册)》,齐鲁书社2010年版,第3826页。

74. (清)王先慎撰,钟哲点校:《韩非子集解》,中华书局1998年版,第406~407页。

75. (汉)司马迁:《史记》,中华书局1982年版,第82页。

76. (清)王先谦撰,何晋点校:《尚书孔传参正》,中华书局2011年版,第358页。

77. 杨宽:《中国上古史导论》,上海人民出版社2016年版,第264~265页。

78. (汉)司马迁:《史记》,中华书局1982年版,第686页。

79. (宋)王象之编著,赵一生点校:《舆地纪胜》,浙江古籍出版社2012年版,第3174页。

80. 顾颉刚、刘起釪:《尚书校释译论》,中华书局2005年版,第1146页。

81. 方勇译注:《孟子》,中华书局2018年版,第96页。

82. 吴闿生著,白兆麟校点:《左传微》,黄山书社2014年版,第594页。

83. 王吉怀、辛礼学:《禹会遗址的发掘与发现考古研究》,《蚌埠学院学报》2014年第3期;李伯谦:《在考古发现中寻找大禹》,《光明日报》2018年8月5日。

84. (宋)张九成:《尚书详说》,(宋)张九成著,杨新勋整理:《张九成集(第1册)》,浙江古籍出版社2013年版,第304页。

85. (汉)宋衷注,(清)秦嘉谟等辑:《世本八种》,中华书局2008年版,第30页。

86. 何驽:《陶寺遗址石器工业性质分析》,见中国社会科学院考古研究所夏商周考古研究室编:《三代考古》(七),科学出版社2017年版。

87. 根据今本《竹书纪年》的记载:"(启)十一年,放王季子武观于西河。十五年,武观以西河叛,彭伯寿帅师征西河,武观来归。""(帝廑)元年己未,帝即位,居西河。"古本《竹书纪年》云:"帝孔甲,元年乙巳,帝即位,居西河。""帝孔甲即位,居西河。"再根据古本《竹书纪年》记载,夏王朝"从禹至桀,十七君,十四世"共历471(2)年或431(2)年,因此,自夏建立至帝孔甲时,应该已经历时二三百年了。这期间,夏王朝已经多次迁都,但西河却自始至终屹立不倒,说明西河是夏王朝一个代表政治或祭祖意义的非常重要的所在。

88. (宋)张九成:《尚书详说》,(宋)张九成著,杨新勋整理:《张九成集(第2册)》,浙江古籍出版社2013年版,第326~328页。

89. 张光直:《夏商周三代都制与三代文化异同》,见《中国青铜时代》,生活·读书·新知三联书店2013年版。

90. 吴毓江撰,孙启治点校:《墨子校注》,中华书局2006年版,第220页。

91. (汉)司马迁:《史记》,中华书局1982年版,第1556页。

92. (汉)司马迁:《史记》,中华书局1982年版,第130页。

93. (清)洪亮吉撰,李解民点校:《春秋左传诂》,中华书局1987年版,第659页。

94. (秦)吕不韦编,许维遹集释,梁运华整理:《吕氏春秋集释》,中华书局2009年版,第276页。

95. 王晖:《周武王东都选址考辨》,《中国史研究》1998年第1期;贾俊侠:《"钧台"、"黄台之丘"地望与启都阳翟关系考》,《三门峡职业技术学院学报》2014年第4期。

96. (宋)张九成:《尚书详说》,(宋)张九成著,杨新勋整理:《张九成集(第2册)》,浙江古籍出版社2013年版,第345页。

97. 北京大学震旦古代文明研究中心、郑州市文物考古研究院:《新密新砦——1999~2000年田野考古发掘报告》,文物出版社2008年版;赵春青:《新砦聚落考古的实践与方法》,《考古》2009年第2期。

98. (清)郝懿行著,李念孔点校:《竹书纪年校证》,(清)郝懿行著,安作璋主编:《郝懿行集(第五册)》,齐鲁书社2010年版,第3839页。

99. (清)郝懿行著,李念孔点校:《竹书纪年校证》,(清)郝懿行著,安作璋主编:《郝懿行集(第五册)》,齐鲁书社2010年版,第3840页。

100. (清)郝懿行著,李念孔点校:《竹书纪年校证》,(清)郝懿行著,安作璋主编:《郝懿行集(第五册)》,齐鲁书社2010年版,第3841页。

101. (清)郝懿行著,李念孔点校:《竹书纪年校证》,(清)郝懿行著,安作璋主编:《郝懿行集(第五册)》,齐鲁书社2010年版,第3834页。

102. (清)王聘珍撰,王文锦点校:《大戴礼记解诂》,中华书局1983年版,第130页。

103. 王震中:《商族起源与先商社会变迁》(商代史·卷三/宋镇豪主编),中国社会科学出版社2010年版,第146~147页。

104. 吴闿生著,白兆麟校点:《左传微》,黄山书社2014年版,第442~443页。

105. 王国维撰,黄永年校点:《古本竹书纪年辑校 今本竹书纪年疏证》,辽宁教育出版社1997年版。

106. 王震中:《商族起源与先商社会变迁》(商代史·卷三/宋镇豪主编),中国社会科学出版社2010年版,第115页。

107. (汉)宋衷注,(清)秦嘉谟等辑:《世本八种》,中华书局2008年版;王震中:《商族起源与先商社会变迁》(商代史·卷三/宋镇豪主编),中国社会科学出版社2010年版,第115页。

108. 王震中:《商族起源与先商社会变迁》(商代史·卷三/宋镇豪主编),中国社会科学出版社2010年版,第139~140页。

109. 方诗铭、王修龄:《古本竹书纪年辑证》(修订本),上海古籍出版社1981年版,第8~15页。

110. 张国硕:《夏都老丘考略》,《中国国家博物馆馆刊》2014年第9期。

111. (唐)徐坚著:《初学记》,中华书局2004年版,第717页。

112. (清)郝懿行著,李念孔点校:《竹书纪年校证》,(清)郝懿行著,安作璋主编:《郝懿行集(第五册)》,齐鲁书社2010年版,第3842页。

113. 郭明辉:《论二里头文化的东渐》,郑州大学2020年硕士学位论文。

114. 金荣权:《"夷夏之争"与夏人的东迁及对淮河流域的影响》,《中原文化研究》2019 年第 1 期。

115. 金荣权:《"夷夏之争"与夏人的东迁及对淮河流域的影响》,《中原文化研究》2019 年第 1 期。

116.(汉)司马迁:《史记》,中华书局 1982 年版,第 83 页。

117. 北京大学考古学系商周组等:《安徽省霍邱、六安、寿县考古调查试掘报告》,见北京大学考古系编:《考古学研究(三)》,科学出版社 1997 年版,第 240~299 页;张敬国:《安徽含山大城墩遗址第四次发掘报告》,《考古》1989 年第 2 期。

118. 陈朝云、周军玲:《夏商周与淮河流域》,《郑州大学学报》2005 年第 2 期。

119. 徐元诰撰,王树民、沈长云点校:《国语集解》,中华书局 2002 年版,第 130 页。

第六章
商代的逐鹿中原和向外扩张景观

商革夏命

商族在上甲微时期进入邦国阶段，至汤继主癸做商侯时，商国方圆虽然只有 70 里左右[1]，但农业和畜牧业得到进一步发展，社会财富得以大幅增加，国力因此有了较大的提高。彼时的夏王朝正处于桀统治时期，桀骄侈淫逸，宠用嬖臣，横征暴敛，暴虐无道，致使朝野上下人心涣散，天下骚动不安。

汤趁机将商人的势力发展到今河南商丘虞城县谷熟镇西一带，在此设立据点，作为商在东南方的战略指挥中心，史称南亳[2]。汤的战略意图显而易见，就是要利用夷夏之间的矛盾，联合夷人，蓄意灭夏。

从考古学方面观察，豫东的开封、商丘以及周口东北等地是夷、夏、商三种文化交汇地带[3]，其中以杞县最为典型。杞县境内发现，至迟自二里头文化三期晚段开始至四期之末，二里头、岳石和先商三种文化便在杞县境内共存。[4]二里头夏文化的分布限于该县域西部，岳石文化和先商文化则主要分布在该县东部。杞县鹿台岗遗址还显示，早在岳石文化第二期时，岳石文化和先商文化就有初步融合现象。之后，两支文化融合逐步加深，分别形成了各自的豫东地域特色。

第六章　商代的逐鹿中原和向外扩张景观

有了东夷这个强大的盟友，商人便开始向西进军，试探着先行剪除夏王朝部署在东方的屏藩势力。《竹书纪年》载，夏桀二十一年，商师征伐有洛国，有洛氏亡。有洛国大致在今洛阳东北[5]。紧接着，商师又讨伐荆国，荆国投降。[6]荆国在今禹州一带。[7]

夏桀二十六年，商人在沉寂五年后，突然发难，一举灭了在今温县西南一带的温国。[8]温国是夏王朝设在其都邑斟鄩亦即现在二里头遗址东北方向的一道屏障，与位于新郑一带的昆吾国毗邻。温和昆吾是祝融后裔己姓的两个分支，关系较为密切。昆吾还和韦、顾一起被称为夏桀"三蘖"[9]，不仅实力强大，而且是夏桀颇为依赖的死党一族。

商人灭温，昆吾受到刺激，在夏桀的支持下，于商灭温后第三年，即夏桀二十八年，对商进行了讨伐。[10]

昆吾伐商让汤清醒地认识到仅靠商族根本无法同强大的夏王朝对抗，于是在此后不久，汤便打出"有夏多罪，天命殛之"[11]的旗号，召集天下诸侯，举行了"景亳会盟"，成立了以商汤为首的反桀军事联盟集团。[12]

"景亳之会"的会盟地点可能是今山东菏泽曹县北境的梁堌堆遗址。[13]还有一说是在今河南省商丘市梁园区蒙县故城遗址，史称北亳。[14]同商一起盟誓的诸侯，都是位于鲁西南和豫东地区的几个夷人方国，如有施、有仍、有莘、薛、卞等。

为实现"乡有夏之境"[15]的计划，汤在"景亳之会"之后，将灭夏联军的战略指挥中心迁移至今郑州一带。考古发现，郑州地区有先商文化晚期末段南关外类型[16]——一种以先商文化为主、糅合部分东方岳石文化因素而形成的混合态文化。[17]其特征是形成时间短暂，遗迹主要为壕沟。沟内发现有凌乱的人骨和人骨架，表现出了明显的军事色彩。

另外，在郑州商城遗址内城的东北部，发现有先商时期——相当于二里头文化四期早段——修建的宫室基址。其中除包含有大量的二里头四期晚段文化因素外，还包含不少先商文化因素和少量岳石文化因素。[18]

▲ 郑州二里岗遗址出土的商早期陶镞范

汤将以商为主的灭夏联军指挥中心迁移至郑州地区，具有重大的战略意义。首先，这一地区是东上西下、南来北往的交通枢纽之地，占领它，进可以直入夏人腹地，退可以扼守要道拒敌于境外；其次，这一地区正好处在商人故地豫北冀南同商新开拓的根据地豫东鲁西中间的位置上，前后呼应的优势不言而喻。

夏附属国中实力最强且横挡在商伐夏道路上的拦路虎就是被称为夏桀"三蘖"的韦、顾和昆吾。其中，韦在今郑州市区，属豕韦氏故地；顾在郑州西北，今原阳、原武和荥阳北部一带，属于有扈氏故地；昆吾在今新郑一带。[19]

三国均在二里头遗址东面，可谓夏东疆一道坚固的防御屏障，正好切断了夏商和商夷之间的联系。商汤要伐桀，剪除"三蘖"势在必行。

位于郑州市南35公里处的新郑望京楼夏代城址很可能就是夏桀"三蘖"之一的昆吾都邑旧址。望京楼夏代城址规模宏大，总面积达168万平方米。城市规划严谨有序，内、外城布局分明。文化遗存丰富，规格等次较高，发现有二里头文化晚期铜爵和磨制精美的玉戈。军事防御色彩鲜明，既修筑有封闭式城垣和内护城河，还设置有外城垣及外护城河。[20]望京楼夏代城址和之后的早商城址前后衔接，且所处位置恰在古昆吾国疆域范围之内。

位于郑州市西北部黄河和古济水交汇处的荥阳大师姑遗址应该是夏末顾国都邑旧址。大师姑遗址有两个重要的发现：一是发现了一座二里头文化时期的夏代城址；二是发现了早商文化叠压打破二里头文化晚段的地层堆积。大师姑夏代城址的军事防御色彩很浓，不仅有城墙，外面还有城壕，而且城垣经过多次的续建和修补，总面积约51万平方米。[21]显而易见，这是夏统治者为阻止商人西进而设置在东境的一座具有举足轻重作用的军事重镇。

汤领导商夷联军剪除"三蘖"的过程，史料阙如，我们无法作详细的描述，但结果是打通了商师进军夏王朝腹地的道路，为即将到来的商夏总决战做好了准备。

或许是顾虑桀在伊洛河平原东部地区有重兵部署，商师于是从之前灭昆吾后所占据的新郑地区集结，然后向西进入登封地区，再沿登封西北山间小路，出其不意地出现在巩县西南。[22]毫无心理准备的桀措手不及，遂放弃斟鄩而仓皇向北越过黄河，逃往晋南安邑。

商师不费吹灰之力就取得了"未接刃而桀走"[23]的胜利，顺利占领了斟鄩。二里头遗址二至四期文化层中,迄今没有发现有战争焚燹或烧杀抢掠的"改朝换代"迹象,在一定程度上说明了这种记载有一定的史实依据。

前已述及,东下冯夏代遗址是夏王朝在晚期设在晋南的一个军事重镇,位于鸣条岗以西、夏县埝掌镇东下冯村青龙河两岸台地上,面积30万平方米左右。遗址周围修建有明显防御性质的回字形双层壕沟。壕沟内壁上挖建有窑洞式房屋和储藏室,沟底是经过修整的路面,能看到上面有长时间踩踏的痕迹。在沟壕围护的近1.8万平方米范围内,分布着密集的窑洞式房屋居址、水井、陶窑和墓葬。另外,这里还发现有不少乱葬墓,死者大多系非正常死亡。战争痕迹明显。[24]

▲ 东下冯夏代遗址出土的二里头文化石磬

晋南是夏中晚期重要统治势力范围,有着广泛而雄厚的夏文化基础。这里前后左右分别被灵霍大峡谷、太岳山、中条山与吕梁山所包夹,是一个十分利于防守并休养生息、积蓄力量的战略要地。

《尚书》记载"桀都安邑,在洛阳西北"[25]所反映的史实可能是,安邑曾作为桀一个临时避难场所或驻跸之地而存在。但桀做梦也想不到，商师竟绕道永济古渡口蒲坂，穿越陑山，进入运城盆地，随后又沿涑水河及其支流青龙河沿线北上，像天兵天将一样，又一次出其不意地出现在东下冯遗址即安邑的西北方。

桀不得已，只得率领残部向东仓皇逃进鸣条岗中，意图凭借复杂的地形地貌负隅顽抗。[26] 但在商师一鼓作气的进攻下，桀部又是"未战而败绩"。[27] 桀趁战场混乱之时逃走，后来被商师擒获，随后流放到附近的历山。

桀伙同妹喜等妃子和属下500余人乘守兵不注意的时候再次逃亡，"自安邑东入山，出太行东南涉河"，在"汤缓追之不迫"的情况下，得以逃奔南巢，最后死在那里。[28]

关于南巢的具体位置，自古以来便众说纷纭，莫衷一是，影响比较大的主要是居巢、巢县和桐城三说，都集中在巢湖流域及其周围。[29] 这一带发现有二里头三、四期文化因素，同传说中巢在夏代晚期才为桀所封以及桀奔南巢等情况大体一致。[30] 考虑到桀及其部属为逃避商师追杀以及其他一些因素，桀必然会多方辗转，而且这三个地方都有相关记载和传说，所以它们都可能是桀的逃亡避难之地。

桀部溃败逃亡后，商师又东进讨伐夏王朝残余势力三朡（䃺）国，迫使三朡降服。三朡国位居今菏泽市定陶区杜堂镇戚姬寺一带。[31] 三朡降服，意味着汤领导的商革夏命这场改朝换代的战争取得全面的胜利。

入主中原

商取代夏而拥有天下，商继承的不仅是夏国土疆域，还有夏的治国思想和文化传统。但商以偏居中原边缘的一蕞尔小国猝然就面临了一个极大的问题：如何让那些有不同文化信仰的族群及四土方国和平相处，并服从于商的统治。

汤从战略高度给出的答案是德治，并辅之以武力镇压。这从他即位后向各诸侯国君发出的第一道旨令——《汤诰》，可略窥一斑。汤在这篇简短的演说中，要求各诸侯国君为民众谋立功业，以此努力办好自己的事情，否则就会严惩不贷。汤从正反两面列举了大禹、皋陶、后稷"三公咸有功于民，故后有立"和蚩尤与其大夫"作乱百姓"，以至于上帝就不降福于他们的例子，谆谆告诫大家，要努力按照先王的教诲去做，否则就不允许他们回国："不道，毋之在国，女毋我怨。"[32]

随后，汤又命伊尹作了《咸有一德》，说明君臣都应该有纯一的品德；令咎单作了《明居》，告诉民众应该遵守的一些法则。

根据文献记载，成汤在建立新都时，可能考虑过将夏都斟鄩改造以后直接作为商都，但如此一来，他就必须把夏社从斟鄩迁出去，因为按照传统，商都只能是供奉商人宗庙先君的政治中心——一个都邑是不能允许两个宗庙先君同时存在的。或许是考虑到夏先人功高盖世，不能亵渎不敬，同时也为凝聚人心，不让夏遗民有被清算的恐惧，汤最终还是保留了夏社，并作了《夏社》《疑至》和《臣扈》三篇诰文，向天下宣告：新政权的执政理念是以德治国，商人会尊重夏人祖先，善待夏遗民，善待天下百姓。[33]

从二里头遗址发掘情况看，二里头四期早段以前是一个连续发展的过程，但在四期晚段时遭到破坏。[34] 宫殿区的大型建筑开始废弃，宫城城墙倒塌，作坊遗址也逐渐废弃，作坊区围垣出现重修现象，尤其是迄今所知规格最高、作为夏王权社稷象征的1号宫殿也在彼时被毁[35]，二里头遗址的都邑功能开始逐步消失。不过，这一阶段还继续保持了一定程度的繁荣。所有建于三期的宫城宫室建筑、绿松石器作坊、铸铜作坊及其外围的围垣设施，以及四条垂直相交的大路都沿用至此期结束。此外，至少有3座新建得以兴建，围垣作坊区的北墙得以加固增筑，随葬有青铜器和玉礼器的贵族墓也频频出现。这一时期，二里头仍然集中了大量人口，存在着贵族群体和服务于贵族的手工业现象。[36]

这一状况或许正是商人推翻夏王朝统治后，继续保留夏社以安抚这些夏遗民的历史反映：一方面继续保持这些夏遗民的贵族身份和地位，但实施了一定程度的监管；另一方面又为商朝建国后的经济复兴着想，在进行一些新的建筑项目时，有意保护了原来冶铜等手工业作坊的持续运营。

但新建商都，汤也遇到了一个难题，那就是新政权没有足够的财力。因为商灭夏接二连三的大规模战争给整个社会带来的是毁灭性的灾难。调查表明，二里头遗址所在的洛阳盆地中东部，在夏覆亡前尚有96处大小聚落,而到了夏商交接之际和早商时期,聚落数量锐减为40处,减少了56处,减幅高达58.3%。[37]

另外,这个时期,还遭遇了千年不遇的旱灾。连续五年,天上没有降下一滴雨水,文献还有"昔伊洛竭而夏亡"[38]以及汤"剪发断爪,自以为牲"前往桑林祷雨这样的记载[39]。

或许正是在这种情况下,汤为了对外显示承续"夏禹之绩"[40],并继续秉持夏人立都于"天下之中"的思想,才不得已在夏都斟鄩附近因陋就简地建起了新都西亳,也就是考古发现的偃师商城一期遗址。

偃师商城位于二里头遗址东北6公里处今偃师尸乡沟一带,是一处包括大城、小城和宫城三重城垣在内的早商时期遗址。小城位居大城内西南部,平面近似长方形,南北长约1100米,东西宽约740米,面积80多万平方米。大约经过成汤、外丙、中壬、太甲、沃丁、太庚、小甲、雍己8位商王共120余年后,偃师商城一期才在太戊时期扩展为二期的190万平方米。[41]

▲ 偃师商城西城墙遗址

商治国理政采取的统治方式是内、外服制。就是说，在外地，要靠侯、甸、男、卫、邦伯来治理，在朝中，要靠各级大小官吏、宗室贵族以及一些退休官员来治理。[42] 这一统治方式是对尧舜禹以来"甸侯绥要荒"五服制度继承基础上的创新和发展。

侯，最初是商王朝在边境地区设立的武装警卫组织，后来演变成正式的外服官；甸，在甲骨文中通常作"田"，开始是商王派到外面从事垦田活动的官员。这些官员赴任的时候，往往带着自己的族人一同前往，久而久之，族人不断繁衍生息，就形成了自己的武装力量，变为实质上的诸侯。至晚商时，商王接受这样的事实，就正式设立"甸"为诸侯。至于男、卫，也是商王派驻在外地实施保卫、管理等一类职责的官员，后来逐渐形成一方势力，得到商王认可，也被承认为诸侯。[43]

从外服制度观察，外服方国明显地体现出分封和同盟两个层次。前者在文化特征、社会习俗等方面同商王畿地区保持着较大的一致性，主体是商文化系统。而后者则坚守着自己的文化发展谱系和特色，表现出浓厚的地方特色，但因同时接受商王领导，其文化又与中央王朝存在着一定程度的相似特征。

从甲骨卜辞记载来看，内外服两大势力的生活方式和所得到的待遇完全不同。在卜辞中经常可以看到，众多的内服王室宗亲有多次享受白麂一类白色牺牲，以及一次祭祀就用上百头牛这样的记录。[44] 作为白色牺牲的野兽飞禽是珍稀动物，一般很难捕获到。可以说这些内服诸侯在祭品的使用上已经到了非常奢侈的地步。外服诸侯根本享受不到这样丰厚的待遇，相反，他们还对中央王朝负有田猎、战争、进贡财富、戍守边疆、开发经济、囤积粮食、拓疆前哨等多种义务，[45] 而其中最重要的义务，就是接受商王征召，上战场同敌人拼杀。

享受不到同内服官员一样的待遇，还要承担更多、更危险的义务，时间长了，就会导致外服诸侯的不满。而这些诸侯又都手握重兵，不满积累到一定程度就会起而造反。可以说，终商一朝，时叛时降就是诸侯方国的常态。所以历任商王都采取的是威逼加利诱的政策。这其中，"和亲"是最为重要，也是最为有效的一项策略。

晚商时期，妇好作为商王武丁和外服诸侯"和亲"的一个模板，就是在这种背景下，走到了历史的前台。妇好是商王武丁的第二王后，排在元妃妣戊即妇妌之后，死后庙号为辛。在周祭卜辞中，妇好被称为妣辛；武丁之子祖庚和祖甲称之为母辛。[46]

妇好地位极高，这从1976年发现的妇好墓可略窥一斑。妇好墓内共发现殉人16具，出土各种高等级随葬品1928件，其中青铜器就有468件。[47]

▲ 妇好墓

从甲骨卜辞看，妇好不仅以王室成员的身份参加祭祀大典，而且还亲自主持祭祀仪式。妇好主持过侑祭、伐祭、宾祭等多种祭祀大礼，也曾主持过商王朝最重要的祭祀先王、王后及嫔妃的仪式。每次祭祀仪式都特别隆重，或者是屠杀俘虏作为人牲，或者是屠宰牛用作牺牲等。甲骨文记载妇好曾亲自为占卜整治过5个龟甲，暗示妇好不仅当过重要的卜官，还是一位显赫的贵族成员。[48]

妇好还是统兵征战一方的大帅。甲骨卜辞记载妇好曾为武丁征集兵员，并带兵北上征伐土方，南下征伐巴方，东进征伐夷方，西进征伐羌方，并在对羌的战斗中统帅1.3万人作战，显示了极强的统兵作战能力。[49]

妇好墓曾出土一件带有"妇好"铭文的青铜嘬口罐，揭示了她的身世来源。这件造型独特、朴素无华，风格迥异于其他青铜礼器的嘬口罐，竟然与山西忻州晏村遗址采集到的一件陶制嘬口罐完全相同。[50]

忻州晏村文化遗存属于白燕商代遗存，核心分布区在晋中及其以北一带。这里地处安阳殷墟的西北，直面吕梁山区，是殷商王朝抵御土方等敌国侵扰的前沿要地。

白燕商代遗存就是前述有娀氏族群中的简狄氏部族所留下来的生活遗存。有娀族原活动在晋北、内蒙古岱海、冀北、燕山南北以至辽西一带，后来简狄氏从中分离出来，南下至晋中地区，一部分留下来，另一部分由此东上穿越太行山抵达冀南地区，与从海岱地区扩张而来的帝喾—后裔支系发生摩擦和冲突，最后两支人马融合形成了以契为首领的先商一族。"戎女即娀，有娀氏即有戎氏，晚期商王娶戎女为妇，因而加女旁称之为娀，犹之乎商王娶羌女为妇，因而加女旁称之曰姜。"[51]

白燕商代遗存的典型特点是本土的侈沿深腹鬲、商式翻缘鬲和介于二者之间的"中间型"鬲，一起共存伴生，从早商一直持续到晚商早期，这种和而不同的文化现象，反映的可能正是有娀与殷商的联姻结盟关系。

白燕商代遗存的前身是白燕夏代遗存，可以分为早晚两个阶段。其中早段的高领鬲最为典型，后来向两个方向演变：一是在本土发展为白燕商代的侈沿深腹鬲；二是东出太行，在豫北冀中南地区发展为先商文化的商式鬲。

再往前推，白燕夏代高领鬲演变于距今 4600～3800 年老虎山文化的双鋬鬲，换言之，老虎山文化是有娀文化的源起。[52]

显然，妇好墓随葬的青铜嚣口罐极有可能是模仿妇好娘家的陶器制作而成，属送嫁的媵器一类，代表着妇好的出身。妇好母国所在族群应该就是活动在晋中一带的有娀氏，进而言之，是有娀氏族群中的简狄氏部族。

武丁想要平息外服诸侯的不满，同时削弱内服诸侯的势力，有效的办法就是提拔并重用一名能够同时代表王室和外服诸侯利益的特殊人物，承担相应的义务和责任。妇好作为王后和外服诸侯势力的代表，自然是最合适的人选。

事实上，妇好也没有辜负武丁的期望，出色地完成了这一任务，这也使得妇好不仅是作为一个王后存在，更是作为商王可以依赖的一个股肱大臣而出现在了商王朝的历史舞台上。

征伐四方

相比于夏代，商代尤其是早商后段的疆域又扩大了很多。

北方的豫北冀南地区是商人的滥觞之地，早在商初，这里就建起了辉县孟庄、焦作府城、沁阳商城、博爱西金城和温县徐堡等区域中心城址；在西北晋南则建立了东下冯、垣曲和粮宿三座商城。商人通过这些城址控制这两个地区，对商都形成了拱卫之势。在此基础上，商人又步步为营，向更远的北方拓展，先后占领了邯郸、石家庄和易水以南地区。[53] 在今河北武安洺河边的赵窑、邯郸涧沟、龟台等遗址都发现了这一时期的商文化遗存。[54] 石家庄地区以今石家庄市所辖东部的藁城台西遗址最为典型。该遗址属于早商晚期的商文化遗址，面积在10万平方米以上，毁于晚商早期。遗址北接幽燕，南邻卫郑，西连秦晋，东通齐鲁，位居南北之枢纽中心位置，是四方文化荟萃之地。[55] 商人在这里建造这样一座重镇，战略意义不言而喻。

还不止于此，早商晚期的商文化脚步还远达太行山以北的张家口地区，蔚县就发现有庄窠和四十里坡两处商文化遗存。[56]

东方海岱地区，曾是商夷灭夏联军中夷人所在地，所以在商建立初期，几任商王对东夷采取的都是招纳和结盟的策略。[57]但这一情况在中丁即位后不久，由于"蓝夷作寇"，中丁果断出手，"征于蓝夷"[58]而有了改观。

从考古学观察，在早商晚段之始，商文化就以不可阻挡的迅猛之势进军豫东，将这一地区轻松收于囊中。随后，又从豫东进入鲁西南，在菏泽地区留下了安邱堌堆遗址，其文化层从早商一直延续到商末。[59]之后，商人长驱直入东夷腹地，在济南建立了他们在山东地区的第一个军事重镇——大辛庄遗址。大辛庄遗址面积超过30万平方米，从中丁时期一直延续到商末。[60]

商人在占领济南地区后，移师鲁中地区，随后沿泰沂山北侧东进，自西向东，留下了阳谷邑城、东阿王宗汤、茌平南陈庄、长清前平村、齐河尹屯和曹庙、禹城蒋芦和周尹，以及章丘马彭北等遗址、遗存。[61]商人再由此南下，进占鲁南地区，在这里留下了前掌大一类遗址。前掌大遗址地处滕州市官桥镇前掌大村西北约50米的河畔高地，是一处包括龙山、岳石、早商遗址和晚商墓地的大型遗址。[62]

西方是原来夏人的主要势力范围，夏灭亡后，商王朝占领并接管了这一区域，如关中东部和丹江上游的商洛北部地区，随后又推进至汧水东岸，范围扩大到关中平原的大部分和商洛南部部分地区。[63]

南方是早商统治者重点扩张的地区。[64]这主要是因为彼时南方气候温暖湿润，适合种植农业，可以满足商人对土地资源的需求。商人南下采取的策略是兵分两路，一路是在占领豫东以后，通过周口地区直达江淮，这里留下了以含山大城墩遗址为代表的众多早商文化遗址，大约从早商晚期一直延续到商王朝覆亡为止。

还有一路是，从郑洛地区南下南阳，经随枣走廊，沿涢水、溠水、澴水抵达长江岸边[65]，随后继续南下武汉地区，攻陷原夏王朝的军事重镇盘龙城，并将之改造为商人在南疆的政治、经济和文化中心，同时又延续了盘龙城作为军事重镇的性质，目的在于垄断武汉东南大冶、阳新、瑞昌一带的铜矿资源开采权。

  盘龙城还是商人向南方继续推进的一个中转站。商人在此兵分两路，一路沿长江下行，直达九江。赣北九江龙王岭早期商代遗址、瑞昌铜岭铜矿和檀树嘴早商晚期遗址、九江神墩遗址、湖口下石钟山遗址、德安陈家墩遗址和石灰山遗址、樟树吴城遗址、新余习家山遗址等，都是这路商师留下的足迹。[66]

▲ 盘龙城遗址一隅

  另一路在盘龙城北侧溯江而上，抵达江陵地区。商人在此留下了荆南寺遗址，并由此形成了由当地土著文化、商文化及其他外来文化混合而成的荆南寺类型,分布范围东达湖南岳阳铜鼓山,西到三峡,北至汉水两岸,南抵湖南澧县一带。时间大约在早商中期至早商和晚商交错的盘庚、小辛、小乙时期。[67]

从现有资料看,湘江下游受商文化影响最为强烈,而这种强烈又不似长时间潜移默化而成,更像是商文化由天而降似的突然插入,因此,铜鼓山遗址的主人很有可能是孤军深入的一支商师同当地土著融合而成的一个新的人群。这一人群又由湘江转道资江,再转道进入广西境内的西江,随后在此兵分两路:一路南下,经南宁武鸣抵达湛江徐闻、北海合浦和现在的越南;另一路继续沿西江东行,最后到达珠江口以及临近诸岛屿。近些年,在岭南、珠江口诸岛和越南等地都出土了不少具有明显商文化特征的青铜礼器和玉礼器。[68]

商王朝政治疆域的地理框架从内到外依次表现为王畿、四土与四至三个层次。王畿一般是指商都及其周围由商王直接统辖的区域;四土是紧紧围绕在王畿周围,与商王朝关系密切、经济文化交流频繁,商王可以通过诸侯和方国首领间接控制的区域;四至是指商文化可以影响到的东、西、南、北四方更遥远的区域。

"方国"一词源于甲骨文中的"方",广义的"方国"泛指所有的国,与商王朝对称;狭义的"方国"仅指甲骨文中那些称"方"的国。商王朝与臣服方国之间是统属与被统属的关系。但这种统属与被统属,只是一种较为松散的关系。方国的力量一旦强大,就可能反叛中央政府。

商代方国的数量,在甲骨文之前是个谜。但进入晚商时期,根据甲骨文和古代文献所见,至少有157个[69],其中西方方国有60个,包括吕方、𩁹方、沚方、羌方、北羌、䝼方、㱿方、䒱方、羞方、召方、

第六章　商代的逐鹿中原和向外扩张景观

巴方、龙方、商方、鬼方、马方、亘方、基方、井方、祭方、湔方、戈方、易方、周方、吴彭、耳、吕、丙、先、耆、丰、镐、崇等，大都散布在晋陕高原。

北方方国有 8 个，包括土方、吴竹、宋、下危等，主要分布在内蒙古东南、北京、河北东北至辽西一带。

东方方国有 23 个，包括人方、林方、危方、旁方、攸、元、及、杞、儿、侁、屯、告、醜、纪、薛、薄姑、逄等，主要分布在山东、豫东和皖北淮河流域。

南方方国有 12 个，包括虎方、髳方、暴、雇、息、归、彿、卢、蜀、贝等，大都分布在河南南部、江汉平原和成都平原。

地望待考的方国还有 54 个，包括兴方、宣方、矢方、围、而、引、麇、枚等。

从甲骨卜辞记载情况看，这 157 个方国中，有 40 个方国先后 52 次在武丁时期遭到商师的讨伐。不过，战争主要集中在武丁早期，有 35 次。到武丁中期猛降至 12 次，至其晚期，更是降到区区 5 次[70]，说明武丁晚期，商王朝已经通过实施胡萝卜加大棒的政策，收到成效，商王朝四土乃至边疆地区逐渐呈现出了国泰民安的和平景观。

西疆边患

伊洛河盆地是晚夏和早商腹心地区，随着商都由偃师商城迁到郑州商城，再进而迁到安阳殷墟，晚商时期，原来作为王畿的豫西地区下降为商王朝的西土，偃师商城也随之被弃。相比于早商时期繁盛热闹的景象，晚商时期的豫西地区，除了发现有区区几处小型遗址外，呈现出的基本上是千里无人烟的荒凉景象。

同豫西隔河而望的晋南地区，在商初就设立的夏县东下冯、垣曲和平陆粮宿三座军事重镇，晚商时期被废弃。虽然汾河以东从北至南崛起了一些具有战略据点性质的大型遗址，但在汾河以西呈现的却同样是千里赤地的荒凉场景。

这种局面的出现同晋陕高原上逐渐发展壮大起来的羌戎集团有关。羌戎集团是活跃在今甘、青、陕北、内蒙古中南部、冀西北、晋西北和晋中等地区的羌方、鬼方、吕方、土方、沚方、人方、虎方、吉方等众多羌戎方国和部族。甲骨文中，羌有狭义和广义两种含义，狭义的羌是指羌方——一个方国的名称，广义的羌是泛指西北那些具有以养牛为主的发达畜牧业并有崇拜羊习俗的古族。这些方国可一并称为羌戎集团。

前已述及，距今4300～3800年覆盖在这一地域内的石峁文化极有可能就是先夏和早夏人所留下的文化遗存，而齐家文化作为羌族的原生地文化，也是夏民间文化。夏族和羌族有着密不可分的关系——夏开国领袖大禹来自羌族。距今4000～3900年，由于黄河中下游地区遭遇黄河改道和黄河上游堰塞湖溃决所造成的特大洪灾，导致至少有70%以上的人口绝灭，彼时已把政治重心转移到中原地区的夏王朝，无奈之下从陕北、甘青等地对中原地区实施了大规模的人口迁移，由此托起了二里头王朝的崛起，但石峁遗址因此废弃。而作为夏民间文化或是夏附属国的齐家文化，也因此遭受打击，不复当年风光，但还是随着夏王朝的脚步绵延了200年之久，在距今3600年时同夏王朝一起覆亡。[71]

石峁、齐家文化先后绝灭以后，这一地区是赤地千里，新出现的遗址寥寥无几，其间虽然也有位于内蒙古中南部朱开沟这样吸纳了部分石峁齐家后裔以及其他外来人群的聚落，但其规模和兴盛程度同石峁齐家社会相比，已不可同日而语。

石峁齐家后裔，包括活动在内蒙古中南部的朱开沟人，可能还有从中原逃奔至此的陶唐氏遗民、夏遗民以及其他外来人群，经过数百年的交融、繁衍、积累和发展后，于武丁时期，即距今3300年左右时，在该地区不同区域以不同名号重新崛起，如羌方、鬼方、吕方、土方、沚方、人方、虎方、吉方等。但由于这个时间段的西北地区，气温持续下降，农耕文化逐渐退居次要地位，而适合游牧的草原文化开始成为主流，由此培育了这些羌戎部族彪悍的体格和性格。

▲ 朱开沟遗址出土的陶制酒器

他们分散在"三北"及更靠西甘青一带，各有自己的根据地和武装力量，规模大小不一，但大都具备了初国或酋邦的性质，时常东进或南下骚扰商王朝的"西土"，有的甚至迁徙至这一区域，给商王朝造成了重大隐患。

据甲骨卜辞，武丁在位59年发动的52次战争中，能称得上大规模的主要有三场，均来自羌戎集团，分别是武丁针对吕方[72]、土方和方方的战争。吕方，大致在今陕北和邻近的河套地区[73]，方方在今山西蒲县北，土方在山西石楼县。[74]

以对吕方的战争为例。[75]由于吕方距殷地不远，两国经常发生互相征伐的情况。甲骨文中记载与吕方相关的卜辞就有500多条，大多属于武丁晚期。常见辞例是"吕方戈我"——吕方直接侵扰商王朝，"吕方戈戉"——吕方侵略商诸侯，或者就是目标不明的"吕方出"，商于是"伐吕""戈吕方""正吕方"等。[76]

第六章　商代的逐鹿中原和向外扩张景观

商王朝参加伐吕战争的军队主要由三部分组成，一部分是商王直属军队，一部分是诸侯军队，还有一部分是各氏族兵种。在一例卜辞中，显示征召氏族兵达到了5000人。征用族兵如此之多，意味着战争规模较大，伤亡人员数量也较多。这场战争持续了足足有三年半的时间，商人才取得最后的胜利。

商王朝同羌戎集团的战争规模之大、时间持续之长，从商王朝举行祭祀仪式时所使用的羌人牲数量也可看出一二。据甲骨卜辞统计，自盘庚迁殷至帝辛（商纣）亡国，共用人祭13052人，另外还有1145条卜辞未记人数，如果1145条卜辞都以1人计算的话，全部杀人祭祀，至少当用14197人——这是个很不完备的数字，因为有很多甲骨流失在国外，还有被损坏的、没有被发现的，等等。其中仅祭用羌人牲，就达到了7426人，占全部杀殉人数的52.5%。这还不包括324条未记具体人数的卜辞。[77]

从文献记载和甲骨卜辞看，晚商时期，羌戎集团中已经有相当数量的方国发展到吕梁山东麓的山西地区[78]，如𫍙方，在今石楼县北一带；土方，在今石楼县一带；马方，在今朔州城区东北一带；羌方，在今太原一带；㺇，在今平遥县一带；甫，在今隰县北一带；基方，在今蒲县北一带；吉方，在今吉县一带；龙方，在今河津一带；稷，在今稷山县一带；吴，在今永济市虞乡吴山一带；条，在今运城市安邑区一带；讓，在今永济市东面；首，亦称道，在今永济市首阳山一带；缶，在今永济市陶城一带；方，在今夏县一带，如此等等。

可能正是羌戎集团步步紧逼，迫使商王朝从武丁后期开始，主动将散居在汾河以西的商国人群撤到了汾河以东，并以汾河为安全屏障，布设了一条战略防线。这条防线由位于晋南盆地东缘在内的若干据点组成，从北至南主要有洪洞坊堆—永凝堡、杨岳、前柏，浮山桥北，尧都庞杜，曲沃西周，绛县周家庄、乔野寨，闻喜酒务头等。这些遗址、墓地一字排开，大致沿太岳山西麓—中条山西麓一线绵延下来，形成了"居高临下，俯瞰西方，南北呼应，联通腹心的局势"[79]。如果再把太岳山以北的灵石旌介晚商遗址计算在内，那么这条防线事实上就已经从北到南贯穿了整个晋南地区。

▲ 浮山桥北墓地所出铸有"先"字的商凤鸟纹铜觚

　　从聚落分布的情况来看，这些聚落周围大都不见同时期的中、低等级聚落，与商王朝畿内地区由众多小型聚落环绕中心聚落的布局迥异，暗示这些大型聚落具有军事防御的性质，其首领可能是当地某一部族的首领，当然也不排除个别是由商王直接派出的军事统帅。如浮山桥北墓地出土的带墓道大墓形制特征，就与殷墟极为相似，另外，

第六章　商代的逐鹿中原和向外扩张景观　　　291

还有殉人、附葬车马等殷墟特色，所见车马器具也和殷墟大同小异。[80]值得一提的是，桥北墓地大都被盗，但即便如此，墓葬还出土了方罍、觚、爵、卣等一定数量的青铜器，而且上面大都铸有"先"字铭文。[81]安阳地区也曾出有"先"字铭文的青铜鼎，甲骨文中关于"先"的记载也为数不少，或地名，或族名，或称"先侯"，不一而足。不过，桥北墓葬所出陶鬲，形制与殷墟却有较大差别，说明其文化来源同殷墟有别，或许出自附近陶寺古国的主人陶唐氏，后来归附了商王朝，才被商王封于浮山桥北一带。[82]

闻喜酒务头商代墓地同浮山桥北墓地类似，也发现有带墓道的甲字形大墓、中型墓、车马坑、祭祀坑等重要遗迹，更重要的是，这里所出铜器部分铸有铭文"匿"字，暗示这里是晚商时期一处级别较高的匿族墓地。[83]

当然，由于商王朝和羌戎集团互有攻守，因此个别地方也出现犬牙交错的情形，如亘、召（亦称邵）两支羌戎势力就活动在今垣曲县及其东部邵城一带。[84]洪洞前柏遗址也发现有陕西清涧李家崖羌戎文化的诸多遗存[85]，说明这些羌戎武装势力曾一度到达晋南盆地汾河以东地区。

晚商时期，晋南盆地汾河以西遗址寥寥无几，整体呈现的是一派荒芜景观，说明这里可能已经成为商王朝同羌戎集团对峙的缓冲地带。

注释

1. 许富宏：《吕氏春秋先秦史料考订编年》，凤凰出版社2017年版，第56页。

2.（汉）司马迁：《史记》，中华书局 1982 年版，第 93 页。

3. 张国硕：《岳石文化研究综述》，《郑州大学学报》1996 年第 1 期。

4. 宋豫秦：《夷夏商三种考古学文化交汇地域浅谈》，《中原文物》1992 年第 1 期；郑州大学文博学院、开封市文物工作队：《豫东杞县发掘报告》，科学出版社 2000 年版。

5. 吕方：《商汤灭夏的战略战术》，《文史天地》2021 年第 1 期。

6.（清）郝懿行著，李念孔点校：《竹书纪年校证》，（清）郝懿行著，安作璋主编：《郝懿行集》，齐鲁书社 2010 年版，第 3848 页。

7. 吕方：《商汤灭夏的战略战术》，《文史天地》2021 年第 1 期。

8.（清）郝懿行著，李念孔点校：《竹书纪年校证》，（清）郝懿行著，安作璋主编：《郝懿行集》，齐鲁书社 2010 年版，第 3848 页。

9.（清）王梓材、（清）冯云濠编撰，沈芝盈、梁运华点校：《宋元学案补遗》，中华书局 2012 年版，第 459 页。

10.（清）郝懿行著，李念孔点校：《竹书纪年校证》，（清）郝懿行著，安作璋主编：《郝懿行集》，齐鲁书社 2010 年版，第 3848 页。

11.（清）孙星衍撰，陈抗、盛冬铃点校：《尚书今古文注疏》，中华书局 2004 年版，第 217 页。

12.（清）郝懿行著，李念孔点校：《竹书纪年校证》，（清）郝懿行著，安作璋主编：《郝懿行集》，齐鲁书社 2010 年版，第 3848 页。

13. 田昌五、方辉：《"景亳之会"的考古学观察》，《殷都学刊》1997 年第 4 期。

14.（汉）司马迁：《史记》，中华书局 1982 年版，第 93 页。

15.（清）王鸣盛著，陈文和主编：《尚书后案》，中华书局 2010 年版，第 412 页。

16. 邹衡：《试论夏文化》，见《夏商周考古学论文集》，文物出版社 1980 年版，第 129 页。

17. 张立东：《先商文化浅议》，见中国社会科学院考古研究所编《中国商文化国际学术讨论会论文集》，中国大百科全书出版社 1998 年版。

18. 河南省文物考古研究所：《郑州商城北大街商代宫殿遗址的发掘与研究》，《文物》2002 年第 3 期。

19. 张国硕：《夏代晚期韦、顾、昆吾等方国地望研究》，《中国历史地理论丛》2015年第2辑。

20. 张松林、吴倩：《新郑望京楼发现二里头文化和二里岗文化城址》，《中国文物报》2011年1月28日；薛文灿：《河南新郑县望京楼出土的铜器和玉器》，《考古》1981年第6期，第556页。

21. 郑州市文物考古研究所：《郑州大师姑（2002—2003）》，科学出版社2004年版。

22. 吕方：《商汤灭夏的战略战术》，《文史天地》2021年第1期。

23. （秦）吕不韦编，许维遹集释，梁运华整理：《吕氏春秋集释》，中华书局2009年版，第356页。

24. 中国社会科学院考古研究所等：《夏县东下冯》，文物出版社1988年版，第49~51页。

25. （宋）张九成：《尚书详说》，（宋）张九成著，杨新勋整理：《张九成集》，浙江古籍出版社2013年版，第357页。

26. （清）皮锡瑞撰，吴仰湘编：《皮锡瑞全集》，中华书局2015年版，第663页。

27. （晋）皇甫谧撰，徐宗元辑：《帝王世纪辑存》，中华书局1964年版，第58页。

28. （晋）皇甫谧撰，徐宗元辑：《帝王世纪辑存》，中华书局1964年版，第58页；（清）皮锡瑞撰，吴仰湘编：《皮锡瑞全集》，中华书局2015年版，第128页。

29. 杜金鹏：《关于夏桀奔南巢的考古学探索及其意义》，《华夏考古》1991年第2期。

30. 杜金鹏：《关于夏桀奔南巢的考古学探索及其意义》，《华夏考古》1991年第2期。

31. （清）孙星衍撰，陈抗、盛冬铃点校：《尚书今古文注疏》，中华书局2004年版，第568页；谢卫东：《三鬷国·鬷川·鬷丘》，《菏泽日报》2018年3月16日。

32. （清）孙星衍撰，陈抗、盛冬铃点校：《尚书今古文注疏》，中华书局2004年版，第570页。

33. （清）孙星衍撰，陈抗、盛冬铃点校：《尚书今古文注疏》，中华书局2004

年版，第449页。

34. 赵海涛：《二里头遗址二里头文化四期晚段遗存探析》，《南方文物》2016年第4期。

35. 李久昌：《论偃师商城的都城性质及其变化》，《河南师范大学学报》2007年第3期。

36. 许宏：《关于二里头为早商都邑的假说》，《南方文物》2015年第3期。

37. 中国社会科学院考古研究所、中澳美伊洛河流域联合考古队：《洛阳盆地中东部先秦时期遗址：1997—2007年区域系统调查报告》，科学出版社2019年版。

38. （清）阮元校刻：《十三经注疏·春秋穀梁传注疏》（清嘉庆刊本），中华书局2009年版，第5123页。

39. （清）孙星衍撰，陈抗、盛冬玲点校：《尚书今古文注疏》，中华书局2004年版，第217页。

40. （清）邵晋涵撰，李嘉翼、祝鸿杰点校：《尔雅正义》，中华书局2017年版，第60页。

41. 李琳之：《晚夏殷商八百年》，研究出版社2022年版，第108~113页。

42. （宋）蔡沉撰，王丰先点校：《书集传》，中华书局2017年版，第200页。

43. 王进锋著：《殷商史》，上海人民出版社2015年1月版，第13~15页。

44. 翟跃群：《试析妇好带兵征战的原因》，《南方文物》2016年第1期。

45. 王宇信、徐义华：《商代国家与社会》（商代史·卷四／宋镇豪主编），中国社会科学出版社2011年版，第321页。

46. 孟世凯：《商朝》（文明的历程丛书／李学勤主编），上海科学技术文献出版社2020年版，第163页；翟跃群：《试析妇好带兵征战的原因》，《南方文物》2016年第1期。

47. 中国社会科学院考古研究所：《殷墟妇好墓》，文物出版社1980年版。

48. 翟少冬：《妇好墓玉器的发现与研究》，《博物院》2018年第5期。

49. 王宇信、徐义华：《商代国家与社会》（商代史·卷四／宋镇豪主编），中国社会科学出版社2011年版，第137页。

50. 许伟、卜工：《万邦林立"有娀"乃大》，《中国文物报》2021年12月3日。

51. 于省吾：《略论图腾与宗教起源和夏商图腾》，《历史研究》1959年第11期。

52. 许伟、卜工：《万邦林立"有娀"乃大》，《中国文物报》2021年12月3日。

53. 罗琨：《商代战争与军制》（商代史·卷九/宋镇豪主编），中国社会科学出版社2010年版，第94~95页。

54. 河北省文物研究所等：《武安赵窑遗址发掘报告》，《考古学报》1992年第3期。

55. 苏秉琦、邹衡：《藁城台西商代遗址·序》，河北省文物研究所编：《藁城台西商代遗址》，文物出版社1985年版。

56. 罗琨：《商代战争与军制》（商代史·卷九/宋镇豪主编），中国社会科学出版社2010年版，第94页。

57. 罗琨：《商代战争与军制》（商代史·卷九/宋镇豪主编），中国社会科学出版社2010年版，第95~98页。

58. （南朝宋）范晔撰，（唐）李贤等注，中华书局编辑部点校：《后汉书》，中华书局1965年版，第2808页。

59. 宋豫秦：《论鲁西南地区的商文化》，《华夏考古》1988年第1期。

60. 山东大学历史系考古专业等：《1984年秋济南大辛庄遗址试掘述要》，《文物》1995年第6期。

61. 佟佩华：《山东考古的世纪回顾与展望》，《考古》2000年第10期；中国社会科学院考古研究所编著：《中国考古学·夏商卷》，中国社会科学出版社2003年版。

62. 罗琨：《商代战争与军制》（商代史·卷九/宋镇豪主编），中国社会科学出版社2010年版，第98页。

63. 国家文物局：《中国文物地图集·陕西分册》，西安地图出版社1998年版，第101~102页。

64. 罗琨：《商代战争与军制》（商代史·卷九/宋镇豪主编），中国社会科学出版社2010年版，第100~107页。

65. 罗琨：《二里头文化南渐与伐三苗史迹索隐》，见中国先秦史学会、洛阳第二文物工作队编：《夏文化研究论集》，中华书局1996年版。

66. 何介钧：《商文化在南方的传播》，见田昌五主编：《华夏文明》（第三集），北京大学出版社1992年版。

67. 何驽：《荆南寺遗址夏商时期遗存分析》，见北京大学考古系编：《考古学研究》(二)，北京大学出版社 1994 年版。

68. 何介钧：《试论湖南出土商代青铜器及商文化向南传播的几个问题》，见李伯谦编：《商文化论集》，文物出版社 2003 年版。

69. 孙亚冰、林欢：《商代地理与方国》(商代史·卷十/宋镇豪主编)，中国社会科学出版社 2010 年版；孟世凯：《商朝》(文明的历程丛书/李学勤主编)，上海科学技术文献出版社 2020 年版，第 275~279 页。

70. 陈梦家：《殷墟卜辞综述》，中华书局 1988 年版；林小安：《殷武丁臣属征伐与行祭考》，见胡厚宣主编：《甲骨文与殷商史》(第二辑)，上海古籍出版社 1986 年版。

71. 李琳之：《元中国时代——公元前 2300~前 1800 年华夏大地场景》，商务印书馆 2020 年版。

72. 吕旧释为邛或舌，见王恩田：《甲骨文吕方、戠方与廬方考》，《中原文物》2017 年第 1 期。本书使用这一地名或引用相关文献，一律以吕方为准。

73. (日)岛邦男撰、温天河等译：《殷墟卜辞研究》，(台湾)鼎文书局 1975 年版，第 384 页。

74. 何光岳：《商源流史》，江西教育出版社 1994 年版，第 81~82 页。

75. 胥润东：《谈"武丁中兴"》，《文史杂志》2019 年第 4 期。

76. 胥润东：《谈"武丁中兴"》，《文史杂志》2019 年第 4 期。

77. 胡厚宣：《中国奴隶社会的人殉和人祭》(下篇)，《文物》1974 年第 8 期。

78. 何光岳：《商源流史》，江西教育出版社 1994 年版，第 80~85 页。

79. 田伟：《商代晚期的东西对峙》，《中国国家博物馆馆刊》2021 年第 2 期。

80. 桥北考古队：《山西浮山桥北商周墓》，见北京大学中国考古学研究中心、北京大学震旦古代文明研究中心：《古代文明》(第 5 卷)，文物出版社 2006 年版。

81. 韩炳华：《晋西商代青铜器》，科学出版社 2017 年版，第 10~18 页。

82. 韩炳华：《先族考》，《中国历史文物》2005 年第 4 期。

83. 张天恩：《晚商西土考古学文化变迁与社会管理的认识》，《江汉考古》2020 年第 3 期。

84. 何光岳:《商源流史》,江西教育出版社 1994 年版,第 82、85 页。

85. 曹大志:《李家崖文化遗址的调查及相关问题》,《中国国家博物馆馆刊》2019 年第 7 期。

第七章
西周时期的逐鹿中原和向外扩张景观

西进伐商

前述山东龙山文化经河南地区西进关中，迫使当地土著庙底沟二期文化变脸为陕西龙山文化——一种由山东龙山文化和当地庙底沟二期文化冲突、交融而成的"混血型"文化，后改称客省庄二期文化。客省庄二期文化正是周人的始祖后稷及其部族所留下的生活遗存。由于客省庄二期文化同临近的三里桥类型和陶寺文化有一定联系，三者大约处于同一时期，正好对应了文献关于后稷曾为尧舜禹时期"农师"的记载。[1]

客省庄二期文化客省庄类型后续发展成郑家坡文化，亦即时间稍微靠后的先周文化。郑家坡遗址位于陕西省武功县漆水河东岸，正是文献记载的后稷被"封"古邰国所在地。遗址沿漆水河河岸分布，南北长约3000米，东西宽约50米，是一处大型城垣遗址，距今3800～3300年。[2]

《国语·周语》等文献记载，周人先祖后稷在尧舜禹时代为稷官，居住在邰地，但后来后稷的儿子不窋在夏初担任"后稷"一职时，因帝启不务农业，将不窋的官职废除，不窋只好逃窜到"戎狄之间"。

第七章　西周时期的逐鹿中原和向外扩张景观

再后来，第四代周先公公刘迁徙至豳地[3]，到古公亶父时，又迁徙到了岐。[4]这些地方都在今天的泾渭流域。其中，不窋逃亡的"戎狄之间"，在今甘肃省安化县南尉李故城及其周围；公刘所居豳，在今陕西省郇邑和彬州市之间；古公亶父所居岐即周原，在今陕西省岐山县东北境。[5]

古公亶父在周原变革戎狄风俗，营建房屋城郭，"邑别居之"，同时还设立了五官职事[6]，施行仁政，感召了当地土著，"从之者如归市焉。一年而成三千户之邑，二年而成都，三年五倍其初"。[7]周人由此跨入初国阶段的文明社会。

彼时商西北疆时常遭到羌人方国的骚扰袭击，让商王头疼不已。武乙继位第三年，古公亶父前往殷都朝见。古公亶父想找一个可以让周人发展强大的靠山，武乙想找一个可以让他放心的西北疆看门人，双方你有情，我有意，于是一拍即合。武乙把岐地赐给了古公亶父[8]——实际上是以"王赐"的形式从法理上承认了这块地方属于周人所有。

周人由于有了商王朝的支持，迅速发展起来。在武乙二十四年时，继古公亶父为周王的季历，果断出兵今宝鸡市周原凤凰山一带，灭掉毕程氏。武乙三十年，又出兵讨伐义渠国，擒获义渠君而归。[9]义渠国故地在今甘肃省东部平凉、庆阳、固原一带。公元前14世纪~前11世纪，活跃在这一区域的寺洼文化当是早期义渠国人留下的文化遗存。[10]

周族的成长壮大，让武乙喜在心头。他看到了他希望看到的周人对商王朝西北疆逐渐显露出来的屏卫作用，遂赏赐季历30里土地、10枚珏玉和10匹马[11]，并晋升季历为"周侯"。[12]

▲ 周原遗址发掘现场

武乙死后，其子文丁即位。文丁二年，季历率领周师北上，长途奔袭燕京之戎，不幸大败而归；文丁四年，周师东进太行山南麓的晋东南地区，征伐余无戎；文丁七年，周师征伐始呼之戎；文丁十一年，周师征伐翳徒之戎。始呼之戎和翳徒之戎也都在山西境内。这几次征伐，周人都获得了大胜。[13]

周人大举扩张的步伐引起商王文丁的惊惧和不安，文丁趁季历到商都朝拜之际，把季历软禁起来，致使季历郁郁而死。[14]季历死后，其子姬昌继位。姬昌即位没像父辈、祖辈那样以周侯、周公身份出现，而是公然称王[15]，史称周文王。姬昌称王事实上是向商王发出了分庭抗礼的战斗檄文。

文丁在姬昌成为周人首领两年以后不久，即在内忧外患中，给他儿子帝乙撂下一个烂摊子，撒手西归。周文王趁帝乙即位次年还立足未稳的时候，率军东进伐商。[16] 这场战争虽然失败了，但还是以必要而又较小的牺牲为代价，平息了"国"内外为季历复仇的舆论，为他下一步剪商大略的实施奠定了坚实的基础。更重要的是，这次战争从心理上给帝乙带来了沉重的压力。

帝乙内忧外患，万般无奈，想出了将自己妹妹下嫁周文王的"和亲"策略，史称"帝乙归妹，以祉元吉"[17]。

"帝乙归妹"暂时缓解了商王朝的危机，但也同时给周人带来了积蓄力量的良机。周文王从文武两方面不动声色地开始了剪商行动的总布局。从文的方面来说，周文王利用帝辛亦即商纣继帝乙为王后沉湎酒色、专横暴戾、胡作非为的暴政，有意把自己塑造成一个"厚德广惠，忠信爱人"[18]的"圣王"形象，以期赢得天下民心。结果不出所料，"士以此多归之"[19]"诸侯皆向之"[20]。

从武的方面说，周文王在想方设法博取了商纣的信任后，将其势力向商王朝鞭长莫及的南方和西南方推进。这一带，包括江淮、江汉和西南巴蜀等方国后来都先后归附文王，成为周伐商的重要盟国。周原甲骨有"其于伐麸夷"和"征巢"一类卜辞[21]，"麸夷"在江淮一带；"巢"就是夏桀失败后所逃亡的南巢之地，在今安徽巢湖流域。周原甲骨文还有"楚子迄今秋来，于王其则"[22]这样的记载。"楚子"是楚国之君熊绎。[23] 周原周文王时期的甲骨文还有"伐蜀""克蜀"[24]字样。"克"在这里是征服的意思。

同时，周文王又充分利用商纣赋予他的专征伐之权，乘纣集中精力征伐东夷之机，率领周师对周之东、北两面商属方国，发动了一系列的军事剪商行动，打通了周师进军商都殷墟的道路。这些方国包括

▲ 清·大会孟津图

犬戎、密须、崇、耆和邘。[25] 犬戎，在今甘肃省静宁县威戎镇一带；密须，在甘肃灵台一带；崇，最初就是鲧国，即石峁遗址，后来成为夏代早中期供奉夏人宗室正都所在地。夏亡后，夏人北逃，可能又在今陕西西安市鄠邑区一带建立了崇国；耆，即黎，在今晋东南地区；邘，在豫北沁阳西北西万镇邘邰村附近，向北毗邻黎国。

  周人事实上是通过武力征服和结盟的方式，从商之西北、西、西南和南四面形成了对商王朝腹地呈月牙形的半包围圈。为了东进中原调度指挥方便，文王还将国都由岐下东迁至丰。丰在今陕西西安西南，鄠邑区东面。[26] 至此，文王已为灭商做好了战略决战的准备。

  遗憾的是，周文王"出师未捷身先死"，子姬发仓促继位，号为武王。姬发继续文王的事业，在上位次年，即集结兵力，跨越黄河，东进至今河南孟津地区，准备对商王朝发起总攻。但由于前来助阵的大国诸侯都没有派人前来，武王感觉时机还不成熟，遂下令全军撤回。这次出征实际就变成了灭商预演，史称"孟津之会"[27]或"孟津观兵"。[28]

文王受命十年十一月戊子望，即公元前1047年10月16日[29]，周武王认为灭商时机已经成熟，于是遍告诸侯，再次举起讨伐商纣的旗帜，遣周师先头部队出发东进至崤函尾部，也就是今豫西伊洛河一带集结。由此拉开了伐商总决战的序幕。

十二月癸巳，即公元前1047年12月20日，武王又亲自率领兵车300乘、勇士3000人、甲士4.5万人，东上讨伐纣王[30]，并于次年1月2日抵洛，同先头部队会合。

随后，大军克服雨雪不利天气，长途跋涉，于公元前1046年1月20日黎明时分，抵达商都郊外一个叫牧野的地方，在此同商纣临时凑集的70万大军进行了决战。结果，商师溃败如泻。纣王见大势已去，慌忙逃回朝歌城，登上商王朝用来囤聚钱粮宝物的鹿台，穿上用宝玉做成的衣服，放火自焚而亡。

商纣死后，武王命部下对越、戏、方、靡、陈、卫、磨以及宣方、新荒、厉国等商死党方国进行清剿。清剿战争持续了大约有一个多月，直至武王凯旋镐京以后，才宣告结束。其间，共计攻灭99国，杀敌197779人，生俘30023人，总计征服652国。[31]

至此，经历了17世31王、总计554年的商王朝，大宇中倾，灰飞烟灭。而孕育着无限希望的西周，由此登上历史舞台，开始了中原族群自发自觉的民族认同形成的绚烂表演。

306

武王封建

周本就是商的一个附属小国，所以它灭商以后基本上延续了商人的传统文化和治国理政思想。在对待商遗民的问题上，周武王也采取了当初商汤对待夏遗民那样的安抚策略，他将原商王畿地区邶封给了商纣的儿子武庚。武庚，子姓，武氏，名庚，字禄父。邶，大约在今河南省淇县以北、汤阴县东南一带。但为了安全起见，又在武庚周围设立了"三监"——其实就是三路屯戍的周师，监视武庚的一举一动。邶以东为卫国，由管叔姬鲜监之；以西为鄘国，由蔡叔姬度监之；以北为邶国，由霍叔姬处监之。[32] 姬鲜、姬度和姬处三人都是周文王的儿子、周武王同母胞弟。姬鲜是老三，姬度是老五，姬处是老八。

随后，武王又将原来殷王畿地区的殷商遗民成族成群地迁到了周都镐京和周人的故土周原一带。这样一来，不但削弱了殷民的势力，而且可以利用殷民先进的文化，强干弱枝，帮助周人发展。后世著名的微氏家族和西郑伯家族就源出于此。[33]

与此同时，为了稳定天下民心，周武王又仿效夏商两朝治理办法，分封各地诸侯，一是分封古帝王之后，实际也就是从法理上承认其原居地的合法性，承认其作为周诸侯国的合法地位；二是分封周人子弟与贵戚，主要围绕着武王所选东都洛邑而展开。[34]

武王在众大臣帮助谋划下，将天下"百姓"分成了同姓、异姓与庶姓三类。[35] 同姓指姬姓，是周王室的子弟；异姓是与周有婚姻关系的诸侯、功臣；庶姓乃底层平民和奴隶。

封建主要是针对同姓与异姓而言，庶民百姓没有资格，属于封君统治者食邑的对象。同姓大国称"伯父"，异姓称"伯舅"；同姓小邦称"叔父"，异姓小邦称"叔舅"。[36] 其目的是在天子与诸侯、诸侯与诸侯之间，形成伯、叔、甥、舅的亲戚关系，使得异姓顺理成章地成为姬周大家族的一个成员，由家而国，由国而天下。

周武王首先对太公姜尚、周公姬旦和召公姬奭等"异姓""同姓"重臣进行了分封。[37] 姜尚是周武王的岳丈，又是主管军权战事的太师，在伐纣战争中，厥功至伟。周武王将姜太公封到了齐，即今河南南阳一带；周公旦被封到鲁，即今河南鲁山一带；召公奭被封至燕，即今河南郾城一带。周公是周武王的同母胞弟，召公是同父庶弟，二人都在周人伐商的战争中立有不世之功。

姬鲜、姬度和姬处分处邶地三面，监督武庚所统治的殷商遗民，责任重大，所以，周武王接下来封建的就是这三个兄弟，封姬鲜于管，封姬度于蔡，封姬处于霍，三兄弟因此分别被称为管叔、蔡叔、霍叔。管、蔡、霍三地都在三兄弟原来监政范围之内。

管地可能在今郑州一带，周初的郑州商城遗址或许就是管城所在。殷商由成汤立国至纣亡，活动中心区域在今豫东商丘（波及今鲁西南，以及皖北、苏北部分地区）、豫西偃师和豫北安阳这么一个范围内。如果把这三个点连成线，就呈现出一个三角形的形状，管城恰好处于这个三角形的中央位置，它的四周几乎全是殷商遗民。管的地理位置在政治上，尤其是在军事上，具有极为重要的战略意义。[38] 蔡地在今上蔡县一带，属于豫东南地区；霍地就是今山西霍州市一带，在原商王畿东部地区。

▲ 郑州商城遗址一隅

分封之后，管叔、蔡叔、霍叔这三个兄弟实际上就具有了双重身份：既是中央重臣，代表周王监殷，又是一方诸侯，成为地方势力。这种双重身份正是周代政治的重要特点之一，即中央与地方官兼职所呈现出来的中央与地方力量的互相渗透。

周武王还将自己的九弟姬封封到了康地，就是今禹州市境，姬封因此又被称为康叔封；将自己的十四弟姬绣封至滕地，就是今殷墟以北最初的卫国所在地，姬绣因此被称为滕错叔；将自己的十五弟姬高封至毕地，就是今陕西咸阳，还有一说是在今陕西西安，姬高因此被称为毕公高。

周武王分封的"异姓"，还有苏忿生和檀伯达两人。他们都是周初重臣，被分封于古代"河内"地区，也就是商王畿西南部的太行山与黄河夹角地带。苏忿生在武王灭商以后担任司寇，类似于今天的司法部长。[39] 檀伯达一般认为是西周最早镌刻有铭文的青铜器利簋的主人檀利。利簋腹内底部铭文记载：周武王在击败商纣的第七天，赏赐了有功的右史（一作"有司"）官檀利。檀利便用周王赏赐的铜、锡等金属材料制作了这一宝器，用来纪念这一事件并祭祀祖先檀公。[40] 周武王分封这两人于河内地区，其意义在于牢牢控制从关中、晋南进入华北平原的通道。

除此以外，武王可能还分封了一些诸侯，如郕、毛、聃、郜、雍、曹、酆、郇等，这些都是武王的兄弟，但不会太多。因为周王朝建立仅三年，武王就撒手西归，没有足够的时间和精力处理这些事情。

这样一来，周武王除了在可能有后患的原殷商王畿之地设立了"三监"之外，又在中原南、东、北三条边疆线上设立了十多个重要的诸侯国。而中原以西的关中地区就是周人的大本营。

周武王这种因循夏商封建形式的册封，更多的是顺应了原有的邦国格局体系，有很多弊病。其中最主要的就是，这些部族、酋邦和邦国的归附，大多是建立在武力强制基础上的屈服，周王朝并未改变其原有的组织结构，这样一来就使得新建立的周王朝对他们的控辖受到局限，留下了隐患。[41]

可能正是这种情况给了武庚可乘之机。周武王去世以后，由于继位的周成王年幼，作为周武王弟弟的周公旦独掌朝政大权，引起了管叔、蔡叔、霍叔三兄弟的猜疑和不满，武庚遂联合他们，公开举起了反叛的旗帜。

周公东征

武庚联合管叔、蔡叔、霍叔三兄弟发动的这次反叛，史称"三监之乱"或"武庚之乱"[42]，叛乱主体由三部分组成，一部分是由武庚领导的殷商遗民，一部分是同殷商有密切关系的奄、薄姑等东夷诸国，还有一部分就是管叔、蔡叔和霍叔领导的周人。

武庚是想恢复商国的统治，奄、薄姑等东夷诸国是想摆脱周人的控制，而管叔鲜和蔡叔度早已对周公将他们踢出周王室权力中心心生不满，试图重新分配周王室权力。三方各有所图，但又有共同的利益所在，于是一拍即合。

管叔鲜敢铤而走险，带头发动武装叛乱，并不是一时心血来潮。首先，管叔治下的管国，是黄河以南的战略要地。当初武王将他封于此地，就是为了便于在这里指挥攻克南国所有殷属诸侯的军事行动，处理有关政务，从而巩固中原地区的统治，并就近监视殷商贵族的行动。管叔、蔡叔和霍叔不同于一般的分封，他们首先是军管、军监，这决定了他们拥有强大的军事力量。武王的目的就是要他们从管、蔡、霍三地来控制殷地及整个东夷方国。这是一种就近控制的统治方式，其控制程度大大超过一般分封，正因为如此，"东方之隅"的诸侯国才能"咸受赐于王"。[43]

其次，由于管叔乃"三监"之首，周王通过管叔鲜来控制整个东方以及部分南方地区，管叔就成为这个广大区域事实上的总指挥，这使得管叔可以很容易地将武庚以及奄、薄姑等东方和南方诸国笼络到自己身边，摇身而变为他的军事同盟。

"三监之乱"爆发后，东夷诸国闻风而动，"景从响应"："徐、奄及熊、盈以略（畔）"[44]"三监及淮夷叛"[45]"淮夷、徐戎并兴"[46]，当时叛乱形式之严峻可见一斑。

周公在出征平叛前，为统一军心和民心，特意做了一次誓师动员报告，这就是流传下来的《大诰》。周公首先分析了当时国家所面临的严峻形势，指出这是一场必须荡灭的叛乱，他还强调这次占卜所使用的是文王遗留下来的大宝龟。为了说服反对派，争取各诸侯国的支持，周公从不同角度反复说明了武力镇压的必要性，并且说占卜结果是吉兆。尽管困难很大，但为了完成文王留下的未竟事业，周人没有退路，也不能过多考虑自身的安危。何况这次平叛是依天命而行，而天命是不会有差错的，所以周人一定会取得最终的胜利。[47]

前已述及，为了应对东部夷人势力的抵制与反抗，西周开国功臣受封的地点，大都选在原先殷商王朝与其同盟者的根据地，目的是就近监督与控制东部势力，并紧紧扣住其命脉，使殷商无法同他们勾结起来破坏天下稳定的局势。然而"三监"的陡然生变轻易就打破了这种平衡，半条防御战线顷刻间就变成了敌人西进的堡垒。

周公审时度势，有针对性地做了相应的平叛战略部署。首先，他的封国鲁，在今鲁山县一带，处于殷、管、蔡和淮夷、徐戎中间位置，他指示代他实际掌管鲁地的长子伯禽主动出击，切断几支叛军之间的联系。伯禽率军至肸邑，讨平徐戎，并将敌人赶到淮河下游地区，实现了"大启尔宇，为周室辅"[48]的战略目标。

周公又布置召公和康叔，命太公姜尚率领齐国精锐，在"东至海，西至河，南至穆陵，北至无棣"这一广大区域内，对所有闻风而动的"五侯九伯"，均可"征之，以夹辅周室"。[49]由于这一命令发布及时，太公又执行得比较坚决，上面的"五侯九伯"在三监叛乱中，大都未跟风相叛，反而是在召公率领下积极参加了平叛战争，后来还受到召公的褒奖。[50]

随后，周公亲率大军东进平叛，史称"周公东征"[51]。周公东征，士气高昂，一路势如破竹。周师先是攻陷武庚封地邶，武庚的军队溃败如泻，"殷大震溃"[52]，武庚惶惶如丧家之犬向北逃去。周军在召公指挥下乘胜追击，很快就将武庚残部彻底歼灭。

周公在攻陷邶地后，统率主力南下直捣管叔驻地鄘、管，叛军将帅士气低落，一触即溃，周军轻松诛杀管叔，转而又将兵锋直指蔡叔驻地，将其生擒活捉，囚禁在郭凌。与叛乱活动牵涉不多的霍叔，见大势已去，未做反抗，也被周军轻易拿下。[53]

周公没有就此罢手。他很清楚，这场叛乱之所以爆发，除了有周王室内部争斗的因素外，更深层次的原因还是东西两大集团之间的角逐，如果就此班师，放任东夷势力成长、壮大，他们以后还会闹出更大的动静来，周王朝的江山基业甚至有可能毁于一旦。为此，周公决定借此机会，放手一搏，荡平敌寇，毕其功于一役，彻底解决东部借以抗衡西部的要害问题。

在这样的考量下，周公指挥周军全面展开了对参与"三监"和武

第七章　西周时期的逐鹿中原和向外扩张景观

庚之乱那些东夷大小方国的讨伐。东征之役由此进入更为残酷、更为血腥的第二阶段。

周军携胜利余威继续向东挺进,剑锋直指鲁北的丰国和薄姑。杀红了眼的周军将士,遇人便杀,逢人便砍,薄姑上下几乎被屠戮殆尽。青铜器周公东征方鼎铭文记载:"唯周公于征东夷,丰伯、薄姑咸戈。"[54] 咸,意为全部,戈,就是斩杀的意思。

屠灭薄姑之后,周公挥师南下,迅速征服了在鲁南和泗水以北包括熊、盈(嬴)等17个小国,并俘虏了9个城邑的夷人。[55] 而召公在讨伐殷东各国之后,则是受周公之命,挥师西南,绥靖南国:"淮夷叛之,于是召公率德,安集王室,以宁东土。"[56]

至此,周军的征伐目标就只剩下最后一个敌手——奄国。奄是前朝商王南庚、阳甲的旧都,故史称"商奄"。[57] 今山东曲阜前掌大遗址很有可能就是奄国都邑所在。奄民与殷商有难以割舍的渊源关系,奄国势力又在东夷诸国中最为强大。所以,周公在没有十足把握取胜的情况下,也不敢贸然进攻。

《尚书大传》记载:"周公居摄,一年救乱,二年克殷,三年践奄。"[58] "践奄"的战争,周成王也参加了,但战争的指挥权还在周公手里。这次战争打得极为艰苦、惨烈。面对周军的大举进攻,奄国上下同仇敌忾,进行了殊死抵抗。"践"字充分体现了这场战争的激烈程度。所谓"践之者,籍之也。籍之谓杀其身,执其家,潴其宫"[59],大意是说,不仅奄国当地的青壮男子被残杀,其老弱妇孺也沦为奴隶,周师还捣毁其宫室,在原址上挖大池塘,从地面上把象征东夷方国存在的标志物彻底铲除。

这场鏖战,让双方都付出了沉重的代价。《诗经·豳风·破斧》一诗对此做了描述：

  既破我斧，又缺我斨。周公东征，四国是皇。哀我人斯，亦孔之将。
  既破我斧，又缺我锜。周公东征，四国是吪。哀我人斯，亦孔之嘉。
  既破我斧，又缺我銶。周公东征，四国是遒。哀我人斯，亦孔之休。[60]

  大意是说，在激烈的战斗中战士手中的椭形斧都砍坏了，方形斧也砍得残缺不全。亏得苍天有眼，使得"我们"成为战后余生的幸存者。尽管如此，这些幸存者也还是很高兴，因为周公率领他们取得了战争的最终胜利，得苍天佑护有了一个很完美的结局，四方之国秩序由此得以井然。

周公封建

平叛武庚之乱后,周公意识到原来分封制度的种种弊端,为了能有效地处置殷商和其他反叛国遗民,以便将他们纳入周人的实际统治秩序之内,周王朝遂在周公主持下,打破原来的分封体系,重新对所属土地和诸侯进行了分封[61]:齐国由河南南阳地区徙封到济水流域和山东北部一带;鲁国由河南鲁山地区徙封到山东曲阜一带;燕国由河南郾城地区徙封到北京一带。其余如蔡、郕、郜、雍、曹、滕、凡、蒋、邢、茅诸国,一并安置在原商朝畿内及其附近。其中,作为最重要的三个诸侯国齐、鲁、卫,分别建在薄姑、商、奄三国故地,这三个诸侯国都是武庚叛国的同盟。齐侯太公姜尚、鲁侯伯禽和卫侯康叔身份也非同一般,太公望是周开国功臣,伯禽乃周公长子,康叔封系周武王胞弟。还有,像之后不久封于唐旧地的晋侯唐叔虞,则是周成王的胞弟。可以看出,齐、鲁、卫、晋四国,皆以王室至亲为东方大藩,而其他新建之国也都是周王室的功臣、昆弟、甥舅一类。

周人分封的目的除了要将自己的势力渗透进当地土著中起主导作用外,还有非常重要的一点是,要将殷商和其他亡国遗民分化,改变其原有的氏族——地缘相统一的组织结构，使之分别以宗、族为单位，化入周人各封国之中，成为周王朝国民的一个有机组成部分，防止其沉渣泛起。《左传·定公四年》记载：

> 昔武王克商，成王定之，选建明德，以藩屏周。故周公相王室，以尹天下，于周为睦。分鲁公以大路、大旂，夏后氏之璜，封父之繁弱，殷民六族：条氏、徐氏、萧氏、索氏、长勺氏、尾勺氏。使帅其宗氏，辑其分族，将其类丑，以法则周公，用即命于周。是使之职事于鲁，以昭周公之明德。分之土田、陪敦，祝、宗、卜、史，备物、典策，官司、彝器。因商奄之民，命以伯禽，而封于少皞之虚。分康叔以大路、少帛、綪茷、旃旌、大吕，殷民七族：陶氏、施氏、繁氏、锜氏、樊氏、饥氏、终葵氏；封畛土略，自武父以南及圃田之北竟，取于有阎之土以共王职，取于相土之东都，以会王之东蒐。聃季授土，陶叔授民，命以《康诰》，而封于殷虚。皆启以商政，疆以周索。[62]

分给鲁公"殷民六族"，分给康叔"殷民七族"，实际上就是将殷商原来的世家大族分散到周人统治的区域，从而于无形之中完成对他们旧有封建性质的改造。如此一来，新封的诸侯国，就由周人、殷遗（或方国贵族）与当地土著氏族构成，其结构与原有的集军事、政治与生产一体化的氏族社会结构已然完全不同。[63]

当然，对殷商遗民进行分化，还必须考虑到其原有的社会结构，这就是由族长的嫡系亲属（宗氏）、旁支亲属（分族）和为族长从事生产劳动的被统治者（类丑）这三类群体组成的三个层级社会结构。为此，周统治者对殷商和其他亡国遗民给予很高的礼遇——仍然保存了其原有的贵族身份，让封君带到封国，成为封国都邑里的"国人"，这样不但可以消除他们对原住地区的威胁，同时还能够成为封君用来统治封国的一支重要力量。[64]

周统治者对殷商遗民所给予的较高礼遇不只表现在原来商王畿之外的封国中，在商王畿内也是如此。诛杀武庚以后，周公就把原来武庚统治的那批殷商遗民集体迁移到今商丘地区，建立了宋国，封纣王的长兄微子启为宋侯，让他在遵守周王朝法律的前提下，实施自治管理。[65] 武庚原来统治的商王畿邶地则划归康叔治下的卫国。

《尚书·康诰》记录了康侯由原封国康迁徙于卫的事。康叔徙封于卫，主要是为了监视宋国与其他殷商遗民，但《康诰》却处处嘱咐康叔要继续沿用商人的法律，尊重殷商的传统；告诫康叔要晋用殷商的显要和长老；还告诫要宽容商人的饮食习惯，不必重责，要引导教育，如此等等。[66] 这同上述《左传·定公四年》所言"启以商政，疆以周索"如出一辙。

殷商遗民还有一部分迁徙到了豫西成周新城中。据《尚书》"康诰""召诰"篇记载，新都洛邑的建筑工程虽然由周公和召公主持，但担任具体建筑任务的是商遗民。调查表明，洛阳东郊周代遗址残存有20多座商遗民墓葬，其版筑、墓制、腰坑、犬骨、陶器、蚌器和画幔等，体现的大多是殷商遗俗。发掘者认为，这种情形反映的是商遗民仍保留了商族种田打猎、自成聚落的风俗。[67]

洛邑有两个城，一是周王的东都，一是殷商遗民所迁成周[68]，王城在西，成周在东，两城合称新邑。[69] 成周除了有周师驻守外，还有商人自己的部队驻屯。总体而言，成周建成后，不少商遗贵族迁居过去，但并未沦为奴隶，反倒是仍然保留了自己的田宅领地和臣属部下。他们大都是殷商遗民自己的武装"殷八师"的成员，在平时也保持着军队的编制与指挥体系。[70]

这意味着，周公对诸侯的分封已经不是以承认的方式分封已有的邦国，而是以周人到其所征服的诸多战略要地去建立新国，并将聚居的殷人和其他亡国遗民以氏族为单位予以分化，将他们分别纳入其中，以此方式实现对殷以及其他东方邦国的实际控制。其意义在于，将土地和臣民分给子弟、姻戚和功臣是一个"天子建国"的自觉制度化过程，进而言之，就是周人在新征服地区建立长久"殖民地"，以武力作后盾进行的一种新型封建。[71]

这种封建彰显了周人在经过武庚叛乱后重新进行的战略部署调整，即将周人的势力从东、北、南三个方向渗透进当地土著中去。三个方向中以东方最为重要。这个方向是沿着黄河两岸向东伸展，在黄河北岸有魏、虞、单、邢、原、雍、凡、共、卫等，黄河南岸有焦、南虢、东虢、祭、胙等；向东则有郕、鲁、滕等；在黄河以北广大地区，沿汾水两岸的有耿、韩、郇、贾、晋、杨、霍等，在卫以北有邢，邢以北，有燕。燕系周人深入东北最远的一支姬姓王族；黄河以南广大地区，还有应、蔡、息、蒋、随、唐、宜等。[72]

周人将其势力从东、北、南三个方向渗透进当地土著中，是通过建立四个据点和三道战线来实施的：以豫西成周为东进的大本营，以卫国为支援东进的补给站，以齐鲁为东进的前哨，辅以梁山和郕城，由此北上抵达燕冀，南下及于徐淮江汉。第一线是山东的齐、鲁，第二线是河南东部的卫都，第三线是豫西的成周。三道战线进可攻，退可守，总指挥中心则在渭水中游的周都镐京。[73]

当然，由于这一战略体系的部署需要时间，所以这是一个长久的过程，布图中各个诸侯国，并不都是封建于周公摄政时期，像晋、唐、宜等就建立在成王和康王时期，但基本框架则是奠定于周公摄政时期。

镇抚四方

燕国是周人封建在西周王朝最北面燕山之野的一个诸侯国,大体在今北京和冀北地区,北京琉璃河西周城址就是燕国早期都城。[74] 燕国南接原殷商方国原(在今河北易县),东邻孤竹(在今河北迁安、卢龙一带),北靠蓟(在今北京市区北),穿越燕山向东又直面肃慎,军事和政治地位十分重要。不过,由于西周王朝的战略方针主要是向东、向南发展,燕国所镇守的北疆在西周近300年的时间里,相对较为平和安定。

东方九夷之地是周人重点扩张对象,周公东征,东夷诸国被分解纳入周王朝的管控之下,逐渐融入周人之中,东疆也得以安定下来。虽然后来东夷一些小国家也有附和南面淮夷、楚蛮闹腾的情况,但先后都被周人轻松镇压下去。总体来说,这里呈现出的是一片风和日丽中偶尔夹杂小风雨的景象。

西南方的巴蜀之地在西周时期也是一个相对和平安宁的世外桃源。早在周文王时期,巴、蜀等国就归附了周人,周武王伐商时,蜀、髳、微三国还是从征的同盟军。[75] 西周建立以后,双方相处友好,一直没发生战争。

周公东征之后，闹腾最厉害的是地处东南的淮夷、楚蛮和地处西北的犬戎。

班簋铭文记载[76]，周成王亲政以后，东夷一些诸侯和淮夷又发动叛乱，成王经过又一个三年，才最终平定叛乱。

▲ 班簋及其内部铭文

成王之后的康王时期，夷人再次举起反叛旗帜，向周王朝发难，声势十分浩大。周康王遂兵分三路东进征伐叛军，卫侯伯懋父统率驻扎在成周的殷八师作为主力出战，其他两路由周公的两个儿子和其他诸侯率领他们的族军配合主力部队向东挺进。伯懋父指挥周军长驱直入，很快就打到东海边，取得最终的胜利。[77]

康王时期，西周遇到的麻烦还有在北方捣乱的鬼方一族。鬼方崛起于晚商时期，主要活动在晋陕高原，大本营在今陕西省清涧县一带，考古发现的李家崖城址就是其都邑所在。[78] 鬼方属于游牧民族性质，神出鬼没，时常骚扰商朝的西疆，是晚商统治者最头疼的对手。周人崛起以后遏制住了鬼方的发展势头，鬼方逐渐淡出了历史的舞台。但是销声匿迹很久的鬼方，却在康王二十五年忽然发动了叛乱。康王于是命南宫盂挂帅出征鬼方，从征的将领还有费伯、明伯（明公）等人。这次战争规模较大，先后打了两次大仗，都是周师获胜。仅第一仗就擒获鬼方2个酋长，斩首割耳4812只，俘虏13081人，另外，还缴获战车30辆，牛355头，羊38只。

这次战争记载在青铜器小盂鼎铭文[79]中，但由于原件已经佚失，原来的拓片字迹模糊，只能大概看出第二次战役擒获敌酋1人，斩首割耳237只，至于具体俘虏人数，不详。

一次战役就斩俘敌军近2万人，这在人口不多的西周，算是一个庞大的数字了。当年，周武王率军征伐商纣所投入的总兵力才不过四五万人，这意味着，康王晚期，周王朝和鬼方经过长时间的休养生息，双方人口都有了大规模的增长。

鬼方受此打击，一蹶不振，直到100多年后才在周厉王、周宣王时期，改头换面为狁狁，重新出现在历史舞台上。狁狁即猃狁，乃王国维所谓"古时一强梁之外族"，其"西至汧陇，环中国而北，东至太行常山间……其见于商周间者，曰鬼方，曰昆夷，曰獯鬻；其在宗周之际则曰猃狁；入春秋后则始谓之戎，继号曰狄；战国以降，又称之曰胡，曰匈奴"。[80]

淮河和长江中游流域的淮夷、楚蛮一直以来就是周王朝的心腹大患，为了有效地控制这一地区，自周武王时期起，周王朝就先后在这个地区封建了吴、应、蔡、息、蒋、随、唐等诸侯国。宜侯夨簋铭文记载[81]，康王在其即位二十三年时，还将"虞侯矢"改封到江苏"宜"地，就是今江苏丹徒地区。唐兰等专家认为，虞可能就是吴，虞侯应该是虞仲曾孙、吴国第五任国君周章。康王赏赐给"虞侯"的人口，由三类组成：其一是周人同姓贵族"王人"，其二是来自其他地区的贵

第七章 西周时期的逐鹿中原和向外扩张景观

族"奠七伯",其三是"宜"地的土著居民。"王人"作为统治者处于社会顶层,"宜"地的土著居民处于社会下层,殷商遗民贵族"奠七伯"处于中层。这种三结合正是周公封建思想在康王时期延续实施的集中体现。

▲ 宜侯夨簋

康王通过一连串的征伐战争和怀柔政策的实施,大大拓展了周王朝的国土面积。《左传》借东周贵族詹桓的回忆大致道出了这一时期周朝领土的疆域范围:

> 魏、骀、芮、岐、毕,吾西土也;及武王克商,蒲姑、商奄,吾东土也;巴、濮、楚、邓,吾南土也;肃慎、燕、亳,吾北土也。[82]

这意味着，西周鼎盛时的疆域，南至江汉，北过幽燕，东抵东海，西达渭北，大大超越了夏商两朝的疆域范围。

周昭王时期，偏居汉水流域的楚国发展起来，占据了汉水以西大部分地区，并连同䣛、鄂、邓、方、洀、厉等国，一起形成了声势浩大的楚蛮集团。䣛，在今河南淅川县境；鄂，在今湖北随州一带；邓，在湖北襄阳北部至河南新野、邓州一带，其都城可能就是襄阳西北部的邓城遗址；"方"即"方城"，在今河南方城境内；"洀"即"朝"，在今邓州东南；厉在今随州市东北百余里的殷店一带。另外，还有一个以虎为图腾的虎方国，在今湖北安陆京山以南、汉水以北这片区域，也是楚蛮集团的一个重要成员。[83]

周师先后两次对"楚蛮"进行征伐，都取得了胜利。但在第二次胜利返回途中，不幸遇上地震，昭王在汉水便桥上落入水中淹死。同时丧命的，还有昭王率领的西六师几乎全部将士。[84]周王朝的实力和声誉由此受到巨大损伤。

周穆王即位之初，雄心勃勃，想对周初确定的朝贡服制进行改革，加强对荒服进行管理，达到恢复王道、重整社会秩序的目的，于是，就以犬戎君没有按对等级别缴纳贡赋为由向西北出兵，对犬戎大肆讨伐。战争的经过因为文献阙如，我们不得而知，不过结果是周师取得了一次小胜，擒获了犬戎五个部落首领，占领了他们的东部地区，迫使犬戎余部西迁至时称太原的陇东固原一带。[85]

然而，犬戎经此一役，不但没有屈从，反倒从此摆脱了周王朝的控制。由此还导致另一个恶果就是，几乎所有的戎狄部族、方国从此以后都不再朝觐周王了。[86]西周原本安定的西北疆域从此进入频繁的战乱时期，犬戎成为周王朝的心腹大患。

第七章 西周时期的逐鹿中原和向外扩张景观

穆王时期最大的一次战争是平定徐国叛乱。[87]徐国传说为皋陶之孙、伯益次子费氏若木受大禹所封而建，乃嬴姓东夷之国，在"三监"举兵造反时，也是重要的帮凶之一。周公东征，徐国臣服；周军班师后，徐国又蠢蠢欲动，一度逼得鲁国手忙脚乱，不过，最后还是被鲁侯伯禽率军击退，被迫辗转迁徙至今皖东北、苏西北的淮河流域定居。

南迁后的徐国，虽还在夷人活动范围以内，但按传统的说法，已由东夷变成了淮夷。经过几十年的养精蓄锐、潜心发展后，在第32代国君徐诞当政时，徐国一跃而成为淮河流域最强大的国家，并征服了周围36个大小方国。徐诞自觉不含糊，便趁周穆王西游无暇东顾之际，率领淮夷发动叛乱，并违背周朝礼制，公然僭越称王，史称徐偃王。

叛军规模声势浩大，一度攻占了今河南中南部地区，直逼周东都洛邑。

穆王闻讯，一方面组织人马东征，另一方面派造父飞马赶往楚国，命楚侯出兵策应。穆王命毛公作为统帅带领大部队出征，同时又指派吴国国君吴伯做毛公的左翼军，命吕国国君吕伯做毛公的右翼军，命毛公的儿子毛班率本族族军随父出征，并保护毛公的安全；穆王还命伯雍父率领包括禁卫军"虎臣"在内的王师，在䢵、唐师、棫林等地阻击淮夷。䢵，在今河南漯河；唐师，在今河南西平县西北；棫林，在今河南叶县东北。

另外，从周中期青铜器竞卣铭文记载看，周朝大将伯犀也奉命率领军队对部分参与这场叛乱的南夷进行了讨伐。

战争进行得很艰苦，周师历经三年才平定叛乱，取得最终的胜利。

徐国经此一役，一蹶不振，春秋时期被楚国灭掉。[88]

这场征伐同之前的征伐相比不一样之处在于，以前的征伐战争大都是在中原之外进行，但这场战争却波及中原王畿地区，而且规模之大、时间之长，也超过了以往除周公东征以外的任何一场战争，周王朝虽然最终取得了胜利，但也付出了惨重的代价。

西周王室自此"遂衰"，于是，先前那些慑于周王朝强大实力而不得不臣服的"四夷"，趁机开始频频出手，"戎狄交侵，暴虐中国"[89]。至周夷王时，出现了"王室微，诸侯或不朝，相伐"[90]的局面，周王朝的共主地位不断受到"荒服"诸侯的挑战，政治权威和经济实力都大幅下降。虽然，周厉王和周宣王经过多次平叛，逐渐稳定了边疆的形势，外患暂时得以消弭，但朝中这种积重难返的局面，却一直无法破解。

宣王后期直至幽王时期，周王朝积弱积贫，内忧外患，在同犬戎等"戎夷"交手时，几乎是每战必败。正是在这种情况下，西周末年，西下讨伐申国的周师轻易就被申、鄫和犬戎三国联军打败，乘胜追击的犬戎军不但劫掠了西周都邑镐京，还乱刀砍死了仓皇出逃的周幽王和太子伯服，西周遂告覆亡。

注　释

1. 姜捷：《客省庄二期文化遗存分析》，见西安半坡博物馆编：《史前研究》（2002），三秦出版社2004年版。

2. 尹盛平、任周芳：《先周文化的初步研究》，《文物》1984年第7期；牛世山：《先周文化探索》，《文物世界》1998年第2期。

3. 徐元诰撰，王树民、沈长云点校：《国语集解》，中华书局2002年版，第

3~4页。

4.（清）阮元校刻：《十三经注疏·毛诗正义（清嘉庆刊本）》，中华书局2009年版，第1097页。

5.丁山：《由三代都邑论其民族文化》，见《历史语言研究所集刊》第5集，商务印书馆1935年版。

6.（汉）司马迁：《史记》，中华书局1982年版，第114页。

7.（晋）皇甫谧撰，徐宗元辑：《帝王世纪辑存》，中华书局1964年版，第81页。

8.（清）郝懿行著，李念孔点校：《竹书纪年校证》，安作璋主编《郝懿行集》，齐鲁书社2010年版，第3867页。

9.（清）郝懿行著，李念孔点校：《竹书纪年校证》，安作璋主编《郝懿行集》，齐鲁书社2010年版，第3868页。

10.张多勇、李并成：《义渠古国与义渠古都考察研究》，《历史地理》（第三十三辑），上海人民出版社2016年版。

11.（清）郝懿行著，李念孔点校：《竹书纪年校证》，安作璋主编《郝懿行集》，齐鲁书社2010年版，第3868页。

12.《合集》20074。《合集》即《甲骨文合集》，是中国现代甲骨学方面的集成性资料汇编。郭沫若主编，胡厚宣总编辑，中国社会科学院历史研究所《甲骨文合集》编辑工作组集体编辑。1978~1982年由中华书局出版。共13册，选录80年来已著录和未著录的殷墟出土的甲骨拓本、照片和摹本，共41956片。本书注释，按学界通例以《合集》n的形式标注，"n"为甲骨文编号。

13.（清）郝懿行著，李念孔点校：《竹书纪年校证》，（清）郝懿行著，安作璋主编：《郝懿行集》，齐鲁书社2010年版，第3868~3869页；郑伟丽：《〈豳风〉———纪念周公季历的史诗》，《河北师范大学学报》2017年第6期。

14.（清）郝懿行著，李念孔点校：《竹书纪年校证》，（清）郝懿行著，安作璋主编：《郝懿行集》，齐鲁书社2010年版，第3869页。

15.刘国忠：《周文王称王史事辨》，《中国史研究》2009年第3期。

16.方诗铭、王修龄：《古本竹书纪年辑证》，上海古籍出版社2005年第39页；

陈全方:《陕西岐山凤雏村西周甲骨文概论》,《古文字研究论文集》(《四川大学学报丛刊》第十辑),四川人民出版社1982年版。

17. 杨军:《周易经传校异》,中华书局2018年版,第127页。

18. (清)郝懿行著,安作璋主编:《郝懿行集》,齐鲁书社2010年版,第3968页。

19. (汉)司马迁:《史记》,中华书局1982年版,第116页。

20. (清)孙星衍撰,陈抗、盛冬铃点校:《尚书今古文注疏》,中华书局2004年版,第452页。

21. 周原甲骨H11:232、H11:110。

22. 周原甲骨H11:83、H11:14。

23. 陈全方:《周原与周文化》,上海人民出版社1988年版,第140页。

24. 周原甲骨H11:68、H11:97。

25. (汉)司马迁:《史记》,中华书局1982年版,第118页。

26. 顾颉刚、刘起釪:《尚书校释译论》,中华书局2005年版,第1066页。

27. (清)马骕撰,王利器整理:《绎史》,中华书局2002年版,第2483页。

28. (汉)刘安编,何宁撰:《淮南子集释》,中华书局1998年版,第693页。

29. 罗琨著:《商代战争与军制》(商代史·卷九/宋镇豪主编),中国社会科学出版社2010年版,第365页。下面所引具体阳历日期,均见此书,不再特意注明。

30. (汉)司马迁:《史记》,中华书局1982年版,第121页。

31. 黄怀信:《逸周书校补注译》,三秦出版社2006年版,第195~200页。

32. (晋)皇甫谧撰,徐宗元辑:《帝王世纪辑存》,中华书局1964年版,第90页。

33. 许倬云:《西周史:增补二版》,生活·读书·新知三联书店2017年版,第126~134页。

34. 王晖:《商周文化比较研究》,人民出版社2000年版,第324页。

35. (宋)郑樵撰,王树民点校:《通志二十略》,中华书局1995年版,第2页。

36. (宋)郑樵撰,王树民点校:《通志二十略》,中华书局1995年版,第2页。

37. （清）阮元校刻：《十三经注疏（清嘉庆刊本）》，中华书局2009年版，第2362页；陈槃：《春秋大事表列国爵姓及存灭表撰异》，台北"中央研究院"，1969年版。

38. 王健：《论周初管叔的方伯地位》，《中州学刊》2003年第1期。

39. （汉）司马迁：《史记》，中华书局1982年版，第152页。

40. 杨曙明：《利簋——西周第一青铜器》，《中国文物报》2019年4月30日。

41. 陈赟：《赐姓命氏与西周封建的创制》，《广西大学学报》2015年第6期。

42. （清）孙家鼐等主编，钱伟彊、顾大朋点校：《书经图说》，浙江人民美术出版社2019年版，第998页；皮锡瑞：《尚书大传疏证》，中华书局2015年版，第236~237页。

43. （清）魏源撰，魏源全集编辑委员会编校：《书古微》，岳麓书社2004年版，第314页。

44. 黄怀信等：《逸周书汇校集注》，上海古籍出版社1995版，第548页。

45. 孙星衍：《尚书今古文注疏》，中华书局2004版，第597页。

46. 孙星衍：《尚书今古文注疏》，中华书局2004版，第511页。

47. （清）魏源撰，魏源全集编辑委员会编校：《书古微》，岳麓书社2004年版，第286~289页。

48. （清）阮元校刻：《十三经注疏·毛诗正义（清嘉庆刊本）》，中华书局2009年版，第1328页。

49. （清）阮元校刻：《十三经注疏·毛诗正义（清嘉庆刊本）》，中华书局2009年版，第1351、3891页。

50. 郭旭东：《召公与周初政治》，《华中师范大学学报》2003年第1期。

51. （清）阮元校刻：《十三经注疏·尚书正义（清嘉庆刊本）》，中华书局2009年版，第499页。

52. （清）魏源撰，魏源全集编辑委员会编校：《书古微》，岳麓书社2004年版，第286页。

53. （清）魏源撰，魏源全集编辑委员会编校：《书古微》，岳麓书社2004年版，第331页。

54. 中国社科院考古研究所:《殷周金文集成》,中华书局2007年版,第1409页。

55. 黄怀信等:《逸周书汇校集注》,上海古籍出版社1995版,第552页。

56. (汉)司马迁:《史记》,中华书局1982年版,第3307页。

57. (清)魏源撰,魏源全集编辑委员会编校:《书古微》,岳麓书社2004年版,第302页。

58. (清)魏源撰,魏源全集编辑委员会编校:《书古微》,岳麓书社2004年版,第286页。

59. (清)阮元校刻:《十三经注疏·尚书正义(清嘉庆刊本)》,中华书局2009年版,第850页。

60. (汉)毛亨传,(汉)郑玄笺,(唐)陆德明音义,孔祥军点校:《毛诗传笺》,中华书局2018年版,第201~202页。

61. 陈槃:《春秋大事表列国爵姓及存灭表撰异》,台北"中央研究院",1969年版;许倬云:《西周史:增补二版》,生活·读书·新知三联书店2017年版,第167~170页。

62. (清)洪亮吉撰,李解民点校:《春秋左传诂》,中华书局1987年版,第810~812页。

63. 陈赟:《赐姓命氏与西周封建的创制》,《广西大学学报》2015年第6期。

64. 杨宽:《西周史》,上海人民出版社1999版,第375页。

65. (清)魏源撰,魏源全集编辑委员会编校:《书古微》,岳麓书社2004年版,第286页。

66. (宋)张九成著,杨新勋整理:《张九成集·尚书详说》,浙江古籍出版社2013年版,第528页。

67. 郭宝钧、林寿晋:《一九五二年秋季洛阳东郊发掘报告》,《考古学报》1955年第1期。

68. (汉)班固撰,(唐)颜师古注:《汉书》,中华书局1962年版,第1555页。

69. (清)阮元校刻:《十三经注疏·尚书正义(清嘉庆刊本)》,中华书局2009年版,第466页。

70. 许倬云：《西周史：增补二版》，生活·读书·新知三联书店2017年版，第139页。

71. 杜正胜：《古代社会与国家》，(台北) 允晨文化实业股份有限公司1992年版，第484页。

72. 杨宽：《西周史》，上海人民出版社1999年版，第387~389页。

73. 杜正胜：《古代社会与国家》，(台北) 允晨文化实业股份有限公司1992年版，第336~337、481页。

74. 黄石林、朱乃诚：《北京琉璃河燕国墓地与城址》，《中国重要考古发现》，商务印书馆1998年版。

75. 方诗铭、王修龄：《古本竹书纪年辑证》，上海古籍出版社2005年版，第239页；(汉) 司马迁：《史记》，中华书局1982年版，第123页。

76. JC：4341。JC即《殷周金文集成》(修订增补本)，全套8册，由中国社会科学院考古研究所编辑，中华书局2006年出版。后面注释，按学界通例以"JC：n"的形式标注，n为金文序号。不再特意说明。

77. 刘源：《西周早期大师在军事活动中的作用》，《军事历史》2019年第2期。

78. 吕智荣：《陕西清涧李家崖古城址陶文考释》，《文博》1987年第3期。

79. JC：2839。

80. 王国维：《鬼方昆夷玁狁考》，见《观堂集林》，中华书局1959年版。

81. 王文轩：《宜侯夨簋及其相关问题研究综述》，见《苏州文博论丛》(第7辑)，文物出版社2016年版。

82. 吴闿生著，白兆麟校点：《左传微》，黄山书社2014年版，第453页。

83. 高崇文：《从曾、鄂考古新发现谈周昭王伐楚路线》，《江汉考古》2017年第4期。

84. (清) 郝懿行著，李念孔点校：《竹书纪年校正》，齐鲁书社2010年版，第3888页。

85. 范祥雍：《古本竹书纪年辑校订补》，上海人民出版社1962年版，第27页。

86. (汉) 司马迁：《史记》，中华书局1982年版，第135~136页。

87. 唐封叶：《简说西周史》，华文出版社2019年版，第361~364页。

88.（汉）班固撰，（唐）颜师古注，中华书局编辑部点校：《汉书》，中华书局1962年版，第1589页。

89.（汉）班固撰，（唐）颜师古注，中华书局编辑部点校：《汉书》，中华书局1962年版，第3744页。

90.（汉）司马迁：《史记》，中华书局1982年版，第1692页。

第八章
华夏形成

华夏概念形成

周公封建的主要内容概括起来就是，天子赐姓，受封者由此建国而成为诸侯；诸侯命氏，受氏者得其采地以立家而成为卿大夫；卿大夫再以所受之氏致邑立宗，成为宗法制意义上的"大宗宗卿"。[1]姓意味着血缘，氏意味着居地。简而言之，就是分民、裂地、建国。[2]这些诸侯国均以周人、殷商遗民和当地土著"三结合"为基本立国原则，其中，居于主导地位的是周人与友族的宗亲子弟。

宗是指宗族。宗族可分为大宗和小宗。周天子是上帝的长子、天下的大宗、政治上的共主，而各同姓诸侯国则为小宗。诸侯对天子来说是小宗，但在其国内则又是大宗。天子分封诸侯，诸侯分封卿大夫，他们的职位由嫡长子继承。这些世袭的嫡长子，称为宗子。他们掌握军政大权和本族财产，负责本族的祭祀，管理本族的成员，同时代表贵族统治人民。

这就是周人反复强调的尊尊亲亲长长的宗法关系。宗法制的核心和基础是由嫡长子世袭王位和诸侯国君位。嫡是相对于庶而言，指正妻、王后；庶指妾或嫔妃。

为什么又非得是嫡长子呢？道理很简单，为了排除人为因素，避免引起纷争，所以"立嫡以长不以贤，立子以贵不以长"[3]。

宗法制同周公施行的分封制是紧密结合在一起的。周天子按嫡长子继承制世代相传，是天子"大宗"，其他庶子、次子分封为诸侯，则成为从属"大宗"的"小宗"。这些诸侯也按照嫡长子继承制世代相传，剩下的非嫡长子则由诸侯分封为卿大夫。诸侯对于这些卿大夫来说，又是"大宗"。大夫以下又有士，士是贵族阶级的最底层，就不再分封了。由此就在周王朝范围以内形成了以天子为根基的宗法系统。

在这一封建制度中，由姓而氏、由氏而族逐层分化，这个分化顺应了血缘群体因人口繁衍而导致的自然分化，为姓统氏、氏统族找

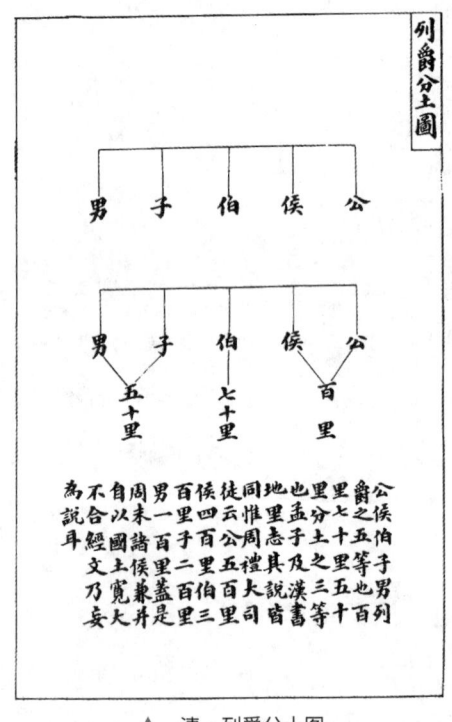

▲ 清·列爵分土图

到了合法的理论依据。这样一来，周人就达成了上下、尊卑、贵贱的有序化，并从横向层面上增强了政治与社会的合一，使得尊卑有序的"尊尊"与和谐团结的"亲亲"达到完美的统一，从而最终实现"封建亲戚，以藩屏周"[4]的宏伟蓝图。

这里需要提醒的是，西周分封制不只是周人殖民队伍分别占有东方一片土地，事实上，分封制度可视为人口的再编组，是分领了不同土地上的不同人群。其在族群衍裂以组成新族群方面的意义远大于裂土分疆的意义。新封国因其与原居民的交融而成为有共同利益关系的地缘性的政治单位。从这个意义上说，分封制下的诸侯国，一方面保持了宗族族群的性格，另一方面也由于地域的不同，形成了地缘单位的政治性格。[5]

问题是，怎样才能保证这种上下、尊卑、贵贱的有序化长久维系下去？周公给出的答案是，用礼予以规范，并把它制度化，形成朝野上下都可以认可并奉为圭臬的准则。

周公所谓的礼，简而言之，就是体现等级制度的典章和仪规，防止阴谋分子"僭越"行为的工具。它首先规定的是从天子到士大夫各个等级可以享受到的待遇，这种待遇包括了日程和政治生活等各个领域，名目繁多。[6]如在饮宴列鼎方面，周天子用九鼎，诸侯用七鼎，卿大夫用五鼎，士只能用三鼎；在立祖庙方面，天子立七庙和一坛一墠，诸侯立五庙和一坛一墠，大夫立三庙二坛，士立二庙一坛，官师只立一庙。坛就是祭坛，墠是古代专门用以祭祀的场地。

除规定立庙数量以外，还规定了每庙每年祭祀的时间和次数，甚至规定了由于下代繁衍导致撤庙以后，祭祀者需要对原庙主祭祀的时间和场地。

其次，周公在继承夏商两朝礼制的基础上进一步完善并制定了涉及国家和私人生活方面的各种礼仪，如吉礼、嘉礼、凶礼、宾礼、军礼等。

有了明文规定的礼制虽好，但总显得有点高冷，毕竟只用强制的办法迫使人们执行，总不是长久之计。怎么让它深入人心，甚至沦肌浃髓，成为国人日常生活中不可缺少的一部分，才是最重要的。对此，周公打出的王牌是用人们喜闻乐见的乐舞形式进行春雨润土般的洗脑教育。换言之，就是把"乐"打造成"礼"之表，将礼仪用"乐"制度化，赋予"乐"以重大政治意义。

为此，周公对各级贵族在使用相应的配享、列鼎规制之外，又特别在乐器、乐曲、舞队规格、用乐场合等方面，做出了严格的规定。如对于乐舞的使用，天子用八佾，诸侯用六佾，卿大夫用四佾，士用二佾。佾是奏乐舞蹈的行列，用以体现社会地位的乐舞等级、规格。一佾就是一列，八人；八佾就是八列，六十四人。

乐的本质是使人快乐。《荀子·乐论篇》说："夫乐者，乐也，人情之所必不免也，故人不能无乐。乐则必发于声音，形于动静，而人之道，声音、动静、性术之变尽是矣。"因为"夫声乐之入人也深，其化人也速"，所以荀子又接着说："故先王谨为之文。乐中平则民和而不流，乐肃庄则民齐而不乱。"[7]这正是周公所要达到的目的：各个人、各个阶层都须安于现状，大家和谐相处。如此，各个等级就都会各就其位，整齐而不会陷于纷乱，周王朝因此就能日月皆春，江山永固。

礼仪的系统化与制度化，一方面意味着统治阶层已经由使用武力统治，逐步演变到通过法律手段来维护其所谓的合法统治地位，由此减少了内部无序的竞争与冲突，增强了统治阶层的稳固性；另一方面，封建和礼仪的制度化，极大地提高了西周各诸侯国的文明化程度和整个周王朝人民的归属意识，使得周人在同中原边缘地区诸族群的比较中，体验到了这种高度文明所带来的自豪感和荣耀感，"华夏"以及与之对应的"狄戎蛮夷"概念由此得以诞生，周人，或者说是中原人，也随之由以前华夏族群自在的感知阶段过渡到了自为的认知阶段。可以说，彼时的各诸侯国就是"诸夏"，而由"诸夏"共同组成的政体及其人民就是"华夏"，亦即屹立在中原大地上的周王朝。

"华夏"概念形成的标志就是成王时期青铜器何尊铭文"中或"的出现。正如我们在"前言"中所说，何尊铭文的"或"就是国的繁体字"國"。在西周及其以前，所谓"国"是以城圈为限的，城圈以内为国中，住在城圈里的人称"国人"；城圈以外为郊，住在城圈外的人称"野人"。成周正处于"土中""中土""天下之中"的"城圈"以内，故称为"中国"。

"中国"其实就是华夏的另一种表述形式："华、夏，皆谓中国也。"在大多数情况下，古代文献里的"华""夏""华夏"和"中国"表述的是同一个意思，大都是指位居"天下之中"的中原之国或中原族群。

华夏民族形成（一）

一般而言，一个族群通常是通过集体记忆他们共同的祖先、共同的血缘关系，来加强、维系他们的凝聚力，并以此宣称、巩固或扩张其可以享用的资源和边界。周人也不例外。周王朝各诸侯国之所以被称为"诸夏"，是因为周人自认为是夏人，这在《尚书》中有多处体现，如《周书·立政》："帝钦罚之，乃伻我有夏，式商受命，奄甸万姓……"[8]；如《康诰》："肇造我区夏"[9]；如《君奭》："惟文王尚克修和我有夏"；等等。[10]前述作为周人始祖的后稷考古学文化遗存就是覆盖在渭河流域的客省庄二期文化，而客省庄二期文化则是由来自海岱地区的龙山文化和本地的庙底沟二期文化即先夏文化融合而成。所以，周人自称夏人是有一定的历史根据的，并非为了攀附高枝，给自己找一个显赫的出身。

从姓氏角度观察西周各封国及其外围族群，大致可以分为两类[11]，一类是姬姓、姜姓与子姓。姬姓是周人的国姓，姜姓是周人最重要的一支姻亲封国，子姓是商人的国姓。他们正是商周交融的主要族群，如成周、卫、鲁、晋、燕、齐等，大致分布在中原殷商旧土以及在东、北两个方向新开拓的疆土上。《荀子·儒效》说周公，"兼制天下，立七十一国，姬姓独居五十三人"[12]，反映的正是周人主要以封建同姓子弟以藩屏周这一史实。

不过，西周封建同姓子弟以藩屏周，可能"封人"的意味更重于"封地"，像不少姬姓、姜姓大国，都有过迁徙现象，除了上述齐、鲁、燕外，还有滕、虢、申、郑等国。滕国是周文王子错叔绣的封国，姬姓，始封地在卫地，后迁至今山东滕州市一带[13]；虢国是文王三弟虢叔的封国，姬姓，原来在今陕西宝鸡市区陈仓一带，后来一分为三，先是虢叔的儿子，可能被派往今河南荥阳地区建立了东虢国。后来又从原虢国中分出一部分，迁徙到今河南三门峡地区，建立了南虢国，而原来的虢国，就被称为西虢国。[14]

唐国原来在晋南临汾盆地，周王朝灭唐以后，成王将弟弟唐叔虞分封于此，而将一部分唐国遗民迁至今西安市东南一带，成为日后的"杜唐氏"一族。后来，唐叔虞之子燮父被徙封至南邻的"晋水之阳"，国号遂由唐改为晋，再后来，周王又从晋分出一支，徙封至今随州西北40公里左右的唐县镇，建立了姬姓唐国，成为西周早期分封于江汉之间的"汉阳诸姬"之一。[15]

申国是姜姓，属于同周人有上千年姻亲关系的最重要的"异姓"力量，其具体位置在今甘肃平凉一带。后来一分为二，其中一部分由周宣王徙封到今南阳地区。后人为了区分，就把居于甘肃平凉的老申国称作西申国，而将徙封到南阳地区的新申国称为南申国。[16]

郑初为畿内郑邑，是周宣王分封其庶弟友在今陕西凤翔一带建立的诸侯国（一说为今陕西省渭南市华州区），后来在周幽王时迁徙到了今郑州地区，立都于新郑。[17]

清人顾栋高在《春秋大事表》中说，西周时有20个诸侯国都有迁徙的历史[18]，而陈槃在其《春秋大事表列国爵姓及存灭表撰异》一书中则指出，除了《春秋大事表》列举的20个诸侯国之外，还有71个诸侯也都有迁徙的历史。陈槃还对其中大多数给予了详细的例证。[19]这些封国大多迁徙数百里甚至上千里，每一处留居数十年至数百年不等，所以他们和原土著居民的融合是全方位的，包括风俗习惯、精神信仰，乃至血缘关系等，这是华夏形成的一个重要因素。

从姬姓和姜姓封国迁移的路线来看，基本上是由渭河平原和中原腹地迁往更东、更南的地方，为周王朝建立新的屏藩。他们居住在都

▲ 周人通道夷蛮图

邑之中，成为新领土上的统治阶级，是所谓的"国人"，而原居民则散居在城外各聚落之中，成为"野人"。"国人"和"野人"共同构成了"诸夏"族群，而"诸夏"族群作为一个整体就是华夏民族。

随着封国的增多，周之疆域比商代扩大了许多。尤其是齐、鲁、滕、徐、燕，包括周人自己都是处在中原边缘的准异族国家，这就使得西周在整体进行华夏民族身份认同的同时，也产生了对华夏边缘这一概念的认知。[20]

华夏边缘是处于中原华夏和四方蛮夷之间的一个人文地理概念，其最大的特点就是华夏人群和四方蛮夷杂居其间。周人对其采取的是区别对待的安抚策略。

以晋国为例。晋国系尧舜古国和夏墟所在地，在晚商时期，随着晚商政权的衰败，有相当一部分羌戎势力迁徙至此，如前述基方、吉方、龙方、稷、吴、条、首、缶、方等，这里也随之成为羌戎集团和晚商政权交锋的前沿阵地。周初统治者注意到这一问题，所以在周成王封建晋国时，特命晋国封君唐叔虞"启以夏政，疆以戎索"[21]。"启以夏政"说明，在周人意识中，华夏内部也有不同的情况，要区别对待；"疆以戎索"则意味着，周人在逐渐形成华夏民族这个概念的同时，也形成了以"戎"为先声的"蛮夷"族群概念，对"蛮夷"，要按照他们的风俗习惯进行治理。

华夏和"蛮夷"是一对具有对立统一关系的概念，双方互为前提，华夏的形成要以"蛮夷"的出现为参照物，同样"蛮夷"的出现也要以华夏的形成为参照物。

华夏民族形成（二）

华夏边缘形成还有一个重要因素是周人所在的特殊地理位置。周人从先周直至入主中原前夕，一直居住在西北大地"戎狄之间"，所以，从某种意义上说，周人也属于戎狄或羌戎族群系列。

西北大地在进入距今4000年以后，气候趋冷，生态环境变得恶劣，游牧文化得以诞生，并在随后几百年中占据主导地位。周人逐渐成长壮大后，于晚商时期变成商王朝在西北疆的代理人。受殷商先进文化的影响，周人对戎狄游牧文化的落后有了切身的感受，并有意将自己同戎狄区别开来。这种意识随着周人入主中原，逐渐变成了通过以记忆祖先等方法来实施他们的"华夏"身份认同，周人因而"变成"帝喾和夏人后裔，成为名正言顺的"华夏"人群，与此同时，戎狄也就随之顺理成章地变成了"非我族类"。

从中国各地区农业发展的史实来观察，至迟在春秋以前，中国大地就已经形成了旱作农业、稻作农业和游牧业三种地域经济类型。旱作农业类型主要分布于渭河—黄河中下游流域，稻作农业主要分布于长江流域及其以南地区，游牧业主要分布于黄河上游—西辽河流域。

这一过程肇始于晚商武丁时期。正是武丁以后尤其是在西周时期，伴随着农牧关系的形成，中原王朝与戎狄的界限才开始逐渐明晰起来。[22]

更重要的是，这一时期原来那些文化较为发达的边缘地区都进入衰败时期，整体呈现出的是一片荒凉景象，这种特殊的时代场景，也为"华夏"认同提供了契机和充足的理由，所以，就有了"中国有礼仪之大，故称夏；有服章之美，谓之华""冕服华章曰华，大国曰夏"这样新的说法，华夏因而被赋予了疆界广阔与文化繁荣、文明道德兴盛的全新含义。

华夏人由无意识的自在阶段进入自觉自愿的自为阶段以后，进一步用通过唤醒共同祖先记忆的办法来打造他们的血缘感情纽带。迄今所能见到的关于华夏祖先的最早文献是来自春秋早期的《左传》。《左传·昭公十七年》记述郯国国君郯子在讲述少昊氏以鸟命官的故事时，最先提到了太昊、少昊、炎帝、黄帝和共工五位"古帝王"名号。[23]《国语·晋语》记录晋国司空季子语，提到了少典氏、有蟜氏、黄帝和炎帝四位古帝王。[24]而孔子删定《四书》《五经》，则是断自唐尧、虞舜，这也成为先秦儒家建立古史体系的开端。

另外，《周礼·大司乐》记载，西周有"六舞"[25]，分别是黄帝的《云门》、唐尧的《咸池》、虞舜的《大韶》、夏禹的《大夏》、商汤的《大濩》和周武王的《大武》，都是歌颂各个朝代贤明圣君的古典乐舞，是国家"三大祭"所用的大型祭祀乐舞。所谓"三大祭"，一是圜丘之祭，圜丘象征"天圆"，乃祭天大典；二是方丘之祭，方丘象征"地方"，乃祭地大典；三是宗庙之祭，乃祭祀祖先以配享上帝大典。

出现这种情况不是偶然的，一是因为这些"古帝王"都是客观存在的事实，新形成的华夏民族还需要一段时间来整理、修饰这份共同记忆。所以，西周时期国人关于共同祖先的记忆尽管已经开始被唤醒，但仍然无法形诸文字，或者说，书写载体的珍贵和书写的不便，导致了这种记忆流传的缺失；二是因为周人在山东地区封建了齐、鲁、滕等国，东夷族群大部分正在融合，或者说是已经融合到了华夏民族当中；三是周人本身来自渭河流域，严格来讲，也属于"西戎"系列，而其始祖后稷则是羌戎族群的姜嫄氏，同来自东夷族群少昊后裔帝喾一支融合的产物，从这个意义上讲，周人也是东夷族群少昊氏的后裔；四是同周人有上千年姻亲关系的最重要"异姓"——姜姓，在西周时期就有齐、申、吕、许四国。而姜姓不但是戎狄中的一支——"姜戎"，而且还是炎帝后裔的一个重要分支；五是作为周王朝"国人"重要组成部分的殷商子姓遗民、夏姒姓遗民等，又同黄帝、尧、舜、禹等有着这样或那样的密切关系。

或许，正是因为如此，《左传·昭公十七年》才最先提到太昊、少昊、炎帝、黄帝和共工五位"古帝王"，而黄帝的《云门》、唐尧的《咸池》、虞舜的《大韶》、夏禹的《大夏》、商汤的《大濩》和周武王的《大武》才能成为西周王朝法定的"三大祭"所用大型祭祀乐舞。正如我在《前中国时代》一书中所述[26]，炎帝族群滥觞于渭河流域，黄帝族群诞生于晋南黄河流域，共工部族承蚩尤族群崛起于豫北冀南地区，而太昊、少昊两族群则先后形成于海岱地区。这五位"古帝王"恰好就是西周初期几个主要族群——统而言之，就是华夏民族在最初形成时的共同祖先记忆。

由此，不少部族祖先的谱系也开始清晰起来，并最终与华夏同归一源："有虞氏禘黄帝而祖颛顼，郊尧而宗舜；夏后氏禘黄帝而祖颛顼，郊鲧而宗禹；商人禘舜而祖契，郊冥而宗汤；周人禘喾而郊稷，

348

祖文王而宗武王。"[27]

　　"华""夏"都是记忆认同的产物。"华"代表远祖华胥、伏羲，"夏"象征近祖鲧、禹；"华"是四方族群的共同始祖，"夏"乃夏人和周人自己的先祖，"华""夏"连用，就从时间和空间两个方面通过远近祖先这条血缘纽带，将周人和所有"中国之人"连接在了一起。

华夏民族形成（三）

观察西周各封国及其外围族群的姓氏，还有一类是处在华夏边缘的以音译为人名的族群。[28] 所谓音译，就是在长期流传过程中发生的流变现象，如邹与邾、娄，是同一个国家姓氏的名称，只是因语音缓急而出现了不同的书写情况。[29]

这一类姓氏包括中原祝融集团后裔己、董、彭、秃、妘、曹、斟、芈八姓，淮河流域徐偃集团后裔嬴、偃、盈诸姓，夏人后裔姒、己、戈诸姓，还有南方的吴越和北方的戎狄，他们大都分布在华夏边缘，甚至距离中原更遥远的地区。

前述祝融族群原居地在今郑州地区，距今5300~4800年的秦王寨文化就是其生活遗存。祝融政权覆亡后，有相当一部分人融进了屈家岭苗蛮文化中，成为苗蛮集团的一员。屈家岭文化后来发展为石家河文化，在距今4000年左右时，被大禹领导的中原族群击溃，苗蛮集团四分五裂，逐渐演变成戎蛮各部成员。据统计，祝融后裔八姓中，除了一部分一直留居中原外，其余大都迁徙到海岱、江南、西南、西北等地，如彭姓中的彭祖一支分布在今江苏徐州市，妘姓中偪阳一支分布在今山东峄县；曹姓分为邹（邾）、莒两支，其中邹（邾）原来在今湖北黄冈一带，后迁至今山东邹城；莒分布在今山东莒县一带；芈姓分为夔、越和楚三支，其中夔分布在今湖北秭归，越分布在"江上楚蛮之地"，楚原在江苏丹阳，后迁至郢。春秋时，楚文王建都之郢，在今湖北江陵西北纪南城。后来由于楚国都城屡有迁徙，凡迁之地均称为郢，所以郢不确指某一个地方。[30] 如湖北荆州楚纪南故城遗址就是春秋战国时期的楚国都城，史称"纪郢"。

▲ 湖北荆州楚纪南故城遗址

徐偃集团是指以西周时期徐国第32代国君徐偃王为代表的东方文化圈，属于大汶口—龙山—岳石文化系列。徐国统辖今淮、泗流域，建都下邳良城，即今江苏省邳州市。其从太昊、少昊、颛顼、帝喾到帝挚、皋陶一脉相承。

夏人后裔姒、己、戈诸姓除了有一部分分布在中原以外，还有一部分分布在晋南和淮河流域等南北地区，这和夏人建国至覆亡后不断迁徙有关。

吴越文化分布在长江以南，属于良渚—广富林文化系列，也同前述逐鹿之战后蚩尤族群南逃以及颛顼发动"绝地天通"运动迫使九黎后裔南逃有关。

另外，据相关史籍记载，商王武乙十五年时，周太王古公亶父去世，三子季历继位。古公亶父认为三个儿子中季历最为贤明，季历之子姬昌还有"圣瑞"之兆。长子太伯和次子虞仲知道古公想立季历，以便将来能传位于姬昌，两人为了让位给季历，便躲到荆蛮之地，按当地风俗身刺花纹，剪短头发，隐居到梅里，即今江苏无锡梅村一带。当地居民认为太伯德行高尚，便纷纷追随归附，拥立他做当地的君主，太伯遂自号"句吴"，由此开始了吴国600余年的江山基业。[31]

一言以蔽之，这些华夏边缘族群从其族源角度观察，都同中原族群从距今八九千年前滥觞的裴李岗文化、仰韶文化、中原龙山文化以及夏商周文化等向四面八方扩张、迁徙有关，所以，等华夏族群用唤醒共同祖先记忆的办法来维系血缘感情纽带时，这些华夏边缘族群的祖先记忆其实也同时被唤醒，如春秋时期的吴、越、楚、秦等国统治者阶层就都宣称华夏祖先是他们的祖先，他们因而也以华夏自居。东南的吴国王室宣称自己是周王子太伯的后裔，越国王室自称是夏王子少康的后代，秦国和楚国则自称是颛顼帝的后代。偏居西北的羌人也认为他们是古代姜姓炎帝和大禹的后裔，如此等等。

或许正是因为在这一祖先记忆认同的"浪潮"中，不管是华夏正统的周人，还是华夏边缘的"四夷"，尽管为争夺土地和人口，双方打得难分难解，但他们举起的是同一块祖先的牌子，都以华夏祖先"三皇五帝"后裔自居，所以，周人在后来为缓解这种矛盾，就又有了"诸侯用夷礼则夷之，夷而进于中国则中国之"的新项选择。

总而言之，在西周时期，华夏族群从潜意识中的自在阶段跃升到了有意识的自为阶段，华夏族群得以成为华夏民族，而其形成的标志就是西周封建制度的颁布、实施和前述西周青铜器何尊铭文"中国"的出现。中国实际上就是华夏的另一种表述。其实质在于超越了之前夏、商两代仅局限于部族范围的政治视角，而抟铸了一个具有"天下"意识的文化共同体。周人自觉地把自己纳入历史发展过程的一个环节，承认周代商、商代夏，都是天命的交接，是一个文化系统的延续。中国因此不再是不同文化体系人群竞争的战场，而成为华夏内部追求延续、追求强大的角逐舞台。

华夏的"天下"观、"共同祖先"观以及"夷而进于中国则中国之"的和合观，既有开放，又有凝聚。华夏就像一个持续散开的巨大文化旋涡，不断地将那些边缘族群吸纳进来，又不断地将不合时宜者甩出去，这种开放而又具备凝聚力的文化理念，深深影响着华夏边缘族群，使他们一方面吸取新的营养，一方面又不断反哺着华夏。在经过西周270余年的血乳交融后，最终铸成了一个有机文化整体。其活力、韧度和凝聚力，均非任何政治实体可以与之比肩。后来周厉王和周幽王时期，西周虽然两度丧乱，周王室的威权被大大削弱，但是这种活力、韧度和凝聚力，反被更大地激发出来，诸夏万众一心，终将侵略者驱逐，使得继之而起的东周诸国能够继承华夏大统，傲立于世界文明之巅而不败。[32]

华夏文化这种特质使得中国在之后近3000年的历史发展中，像滚雪球似的不断成长、壮大，却又能始终保持一种华夏意识的向心力和凝聚力，举目全球，没有哪个民族可以与之相提并论。

但我们要注意的是，这种凝聚力和向心力不是西周时期统治者的突发奇想，而是从八九千年前的伏羲时代一直到西周时期华夏族群连绵不断、赓续发展的必然选择，是华夏族群在这6000年内血与火交融中百炼成钢的结果。

注　释

1. 吴闿生著，白兆麟校点：《左传微》，黄山书社2014年版，第4页。
2. 杨希枚：《先秦赐姓制度礼论的商榷》，《先秦文化史论集》，中国社会科学出版社1995年版，第106~154页。
3. （清）孙诒让著，王文锦、陈玉霞点校：《周礼正义》，中华书局2013年版，第1940页。
4. （清）阮元校刻：《十三经注疏·毛诗正义（清嘉庆刊本）》，中华书局2009年版，第870页。
5. 许倬云：《西周史：增补二版》，生活·读书·新知三联书店2017年版，第139页。
6. （清）孙希旦撰，沈啸寰、王星贤点校：《礼记集解》，中华书局1989年版，第670~698页、1198~1201页。
7. （清）王先谦撰，沈啸寰、王星贤点校：《荀子集解》，中华书局1988年版，第379~380页。
8. （清）阮元校刻：《十三经注疏·尚书正义（清嘉庆刊本）》，中华书局2009年版，第491页。
9. （清）阮元校刻：《十三经注疏·尚书正义（清嘉庆刊本）》，中华书局2009年版，第431页。
10. （清）阮元校刻：《十三经注疏·尚书正义（清嘉庆刊本）》，中华书局2009年版，第477页。

11. 许倬云：《西周史：增补二版》，生活·读书·新知三联书店2017年版，第143～158页。

12. 梁启雄：《荀子简释》，中华书局1983年版，第78页。

13. 陈槃：《春秋大事表列国爵姓及存灭表撰异》，台北"中央研究院"，1969年版。

14. 河南省文物考古研究所等：《三门峡虢国墓》，文物出版社1999年版。

15. 李学勤：《盘龙城与商朝的南土》，《文物》1976年第2期；赵燕姣、李华丽：《"汉阳诸姬"之唐、沈二国考》，《文博》2010年第6期。

16. （宋）王应麟著，王京州、江合友点校：《诗地理考》，中华书局2011年版，第302～303页。

17. （汉）司马迁：《史记》，中华书局1982年版，第1757页。

18. 顾栋高著，吴树平、李解民点校：《春秋大事表》，中华书局1993年版。

19. 陈槃：《春秋大事表列国爵姓及存灭表撰异》，台北"中央研究院"，1969年版。

20. 王明珂：《华夏边缘——历史记忆与族群认同》，上海人民出版社2020年版。

21. （清）洪亮吉撰，李解民点校：《春秋左传诂》，中华书局1987年版，第812页。

22. 赵越云、樊志民：《农牧关系：中华文明早期发展的农史考察——兼论历史早期的"中国"边界》，《南京农业大学学报》2016年第4期。

23. 吴闿生著，白兆麟校点：《左传微》，黄山书社2014年版，第587～588页。

24. 徐元诰撰，王树民、沈长云点校：《国语集解》，中华书局2002年版，第336页。

25. （清）孙诒让著，王文锦、陈玉霞点校：《周礼正义》，中华书局2013年版，第1711～1794页。

26. 李琳之：《前中国时代——公元前4000～前2300年华夏大地场景》，商务印书馆2021年版。

27. 俞志慧：《〈国语〉韦昭注辨正》，中华书局2009年版，第54页。

28. 许倬云：《西周史：增补二版》，生活·读书·新知三联书店2017年版，第143～145页。

29. 江头广:《姓考——周代の家族制度》,东京风间书屋1970年版。

30. 徐旭生:《中国古史的传说时代》,科学出版社1960年版,第63~66页;李学勤:《谈祝融八姓》,《江汉论坛》1980年第2期;王震中:《大河村类型文化与祝融部落》,《中原文物》1986年第2期。

31. (清)边连宝著,刘崇德主编,韩胜等副主编:《边随园集·列国说荟辑要》,中华书局2007年版,第1849页。

32. 许倬云:《西周史:增补二版》,生活·读书·新知三联书店2017年版。

尾声："逐鹿中原"背后的玄机

"逐鹿中原"语出《史记·淮阴侯列传》："秦失其鹿，天下共逐之。"[1]说的是秦朝覆亡，群雄并起，争夺天下。后来就逐渐演变成了争夺天下的代名词。以后又有"得中原者得天下"一语，更凸显了中原在神州大地上的重要地位和作用。

中原又称中土、中州、华夏，原指古代以"三河"为中心的地域——古代的河内、河南和河东地区，亦即今黄河中游地区。古代以黄河为坐标参照，称今天山西西南部为河东，河南西部为河南，王屋、太行两山与黄河所夹的地区为河内，总称三河。司马迁在《史记·货殖列传》中说："昔唐人都河东，殷人都河内，周人都河南。夫三河在天下之中，若鼎足，王者所更居也，建国各数百千岁。"[2]

广义的中原包括今河南全部、山西中南部、河北南部、陕西东部和山东西部地区。在古人的认知中，中原与"四夷"共同构成"天下"，中原与四夷形成"东西南北中"。中原之"中"有两个层面的意义：一是空间概念。古代国家为了便于对东西南北四方管理与统治，选择中原作为管理国家的都城所在地，即"择中立都"。由此在中国古代文化中,"中原"与"天下""中国"成为同义语;二是文化思想上的观念。"中"是相对于四方及居住于此的四夷而言的公允、公正、不偏不倚,后来引申为"中正""中和"等思想观念。[3]

中原,顾名思义,就是天下至中之原野,这正是自传说时代以来华夏族群"天下之中"概念深入人心的结果。自距今9000~7000年的裴李岗文化时期,至距今6000~5300年的西阴文化时期,这里就一直是东亚大陆文化的重心所在,是彼时最为先进的中原文化的策源地。距今5300~4300年的大汶口文化时期和龙山文化前期,中原文化虽然一度沉寂,甚至沦为东夷集团和南方苗蛮集团的半殖民地和准半殖民地,但也从另一个侧面说明了中原在他们心中的重要地位,这个时期事实上也成为东亚群雄"逐鹿中原"的肇始。

陶寺古国建都于晋南,也在广义的中原范围以内,至陶寺古国覆亡,华夏文明的重心又一次漫过黄河,向南推进到"河内""河南"一带。

洛阳盆地位居中原腹地,正处黄土高原的东南边缘,属于中国地势的第二阶梯向第三阶梯过渡地带。其东临嵩岳,西依秦岭,北倚太行,南望伏牛,境内山川丘陵绵延起伏,崤山、熊耳山、外方山、伏牛山、龙门山林立其间,地形复杂多样;河渠纵横交错,黄河、洛河、伊河、清河、磁河蜿蜒流淌,土壤膏腴肥沃。河山拱戴,形势甲于天下,自古就是兵家必争之地,是历代帝王建都筑城的理想场所。周武王当年灭汤后,对在这里建都念念不忘:"自洛汭延于伊汭,居易毋固,其有夏之居。我南望三涂,北望岳鄙,顾詹有河,粤詹洛、伊,毋远天室。"[4]新的政权定都洛阳盆地,首先是看中了这里居中天下、八方辐辏的地理优势。清人顾祖禹在《读史方舆纪要》卷四十七中说："河南阃域中夏，道里辐辏……中天下而立，以经营四方，此其选也。"[5]

文献上记载的禹"都"阳城、启"都"阳翟，考古学都找到了相应的依据，尤其是二里头遗址被众多考古学家确定为夏晚期都城遗址，乃是不争的事实。新朝的都城南移，新的"天下之中"的理论就得出笼，以尽快俘获人心，赢得天下人的认可。但由于相关文献资料和地下出土文物的匮乏，夏商两代关于新的"天下之中"理论阙如至今。

不过，借助于这些残缺不全的文献资料和斑斑驳驳的出土文物，我们按图索骥，还是可以略微窥到这一时期"天下之中"理论演变的一丝端倪。

▲ 元代登封观象台示意图

首先是登封王城岗城址的出土让后人体味到了"禹都阳城"作为夏人南下临时都城的真实存在，而西距王城岗遗址不足2公里的河南登封告成镇的观星台，更让我们看到了《周礼·大司徒》所记周人追逐夏禹"以土圭之法测土深、正日景，以求地中……"[6]的"王者逐中"思想真实演变的痕迹。

前述夏启曾"有钧台之享"，钧台就是地处中央的"钧天"之台，它为"四方主"，故可观天测星、祭祖祀天、享神卜筮，所以，《水经注》引《太平御览》说："昔夏后启筮，享神于大陵，而上钧台枚占，皋陶曰不吉。"[7]钧台实际上就是陶寺遗址观象台在新王朝南移中原后的变种，是新王朝"择中以立国"宣威天下新思想体系的物质体现。

周代，部分相关的古文献资料完整地保留了下来，借助于考古学的成果，我们便能够更清楚地观察到这一理论演变的轨迹。

"圭"字出现在西周金文中，似乎可以印证早就有了圭表这一概念。圭尺，商代和陶寺文化时期称为"中"。甲骨文"中"字其实就是圭尺的象形：丨为圭尺杆体，囗或○描绘的是游标玉琮，囗像玉琮外廓，○像玉琮内圆，而游标两"端"似"飘带"者传统称为"斿"，即旗帜的飘带，其实并非飘带的象形，而是圭尺上彩漆色段的指示。实践中具体"立中"的方法，就是观测日影在圭尺"中"上的"位置"，以确定"王者居中"的核心位置。卜辞中屡见"立中"，表达的也是同一个意思。[8]

陶寺圭尺测定的陶寺当地夏至影长39.9厘米，约合1.6尺。这是《周髀算经》"夏至影长尺六寸""立中"判定"地中"的标准。但到了夏朝时，这个标准变成了1.5尺，《周礼·大司徒》云："日至之景，尺有五寸，谓之地中……乃建王国焉。"[9]

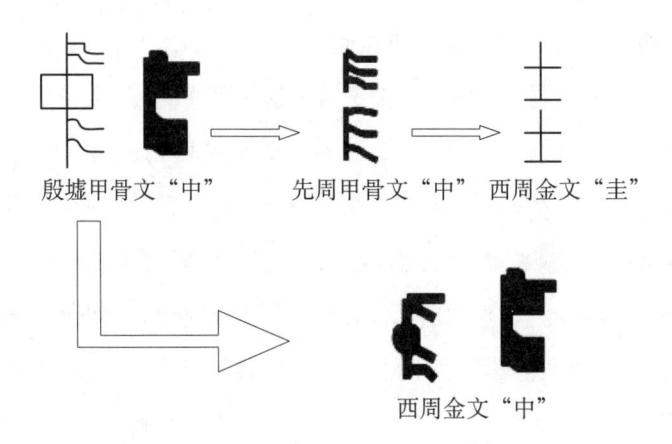

▲ 甲骨文、金文"中""圭"字形演化示意图

《周礼·大司徒》所载"夏至影长尺五寸"正是河南登封告成——禹"都"阳城——的观测数据。

到了西周，统治者继续沿袭了古人"以土圭之法，测土深，正日景，以求地中"的思想，但具体方法又有了创新，从更"精准"的方面有了突破，至少在表面上更加增强了"地中"的权威性。

洛阳古称"洛州"，在西周时称洛邑。周公曾经在洛邑附近测日影，以确定"地中"，地点在今天登封的观星台。唐义净和尚《南海寄归内法传》提到"洛州无影"，认为在夏至之时，与南海、印度和中国的其他地区有日影长短变化不同，唯独中国的洛州日中无影，因此称为"洛州无影"。"洛州无影"的标志就是登封观星台，因为在夏至的正午13点零8分，不仅在石台正北的地面上见不到石表的日影，石台自身的日影也完全消失，石台旁边的树荫此时也全部退开。以当地的天文位置为准，应该说此时就是太阳运行一年中的最高点，也就是夏至点。这是古人的一种巧妙发明，而不是真的"无影"[10]。

与此同时，西周统治者还发扬并光大了自夏以来就存在的"五服"

尾声："逐鹿中原"背后的玄机　　361

和"九服"两种理论模式，加强他们"天下之中"的统治思想。《尚书·禹贡》和《周礼·职方》都记载了这种理想的国土规划模式，前者为"五服"，后者为"九服"，二者名称和区域大小虽然有所不同，但都是根据距离都城的远近不同来推行相应的政治、经济、军事和文化等政策，以实现统治者居天下之中以均统四方的治国方略。

成周洛邑作为西周的东都，既然位居天下之中，那理所当然就是"中央之国"之"中国"了。《逸周书·作雒》云："周公敬念于后曰，予畏周室不延，俾中天下。及将致政，乃作大邑成周于土中。"[11]《史记·周本纪》云："成王在丰，使召公复营洛邑，如武王之意。周公复卜申视，卒营筑，居九鼎焉。曰：'此天下之中，四方入贡道里均。'"[12]

历经夏、商，又经西周统治者别出心裁的营造并大力宣扬，"天下之中"在洛邑、在中原的思想更为深入人心，问鼎天下必据中原便沦肌浃髓，成为"天下"人根深蒂固的思维模式和观念。

与此相联系，象征江山永固、接天通地因而为历代帝王常祭的"五岳"之"中岳"昆仑，变成了嵩山；原来代表华夏"九州"中心之"冀州"，被豫州替代，称为"中州"……自此，金戈铁马是为了"逐鹿中原"，刀光剑影是为了"问鼎中州"，割据一方是为了"宅中图大"，奠基王朝是为了"居中御远"。

种瓜得瓜，种豆得豆。同一种思维模式牢牢奠定了洛阳"天下之中"稳固的帝都地位。从东周到五代，定都洛阳者就有东周、东汉、曹魏、西晋、北魏、隋、唐、武周、后梁、后唐、后晋十一朝，时间长达880多年。

洛阳长久左右了中国古代的政治军事形势，影响了华夏民族各方面的发展态势。逐鹿中原，其背后的玄机，除了中原八方辐辏的特殊地理位置因素外，就是几千年以来"择中立都"的华夏传统观念在"作祟"，换言之，立国中原才是华夏正统的象征，才是对祖先最庄严的祭祀。

注　释

1. （汉）司马迁撰，（南朝宋）裴骃集解，（唐）司马贞索隐，（唐）张守节正义：《史记》，中华书局1982年版，第2629页。

2. （汉）司马迁撰，（南朝宋）裴骃集解，（唐）司马贞索隐，（唐）张守节正义：《史记》，中华书局1982年版，第3262～3263页。

3. 冯时：《陶寺圭表及相关问题研究》，见《考古学集刊19》，科学出版社2013年版；刘庆柱、韩国河：《中原历史文化演进的考古学观察》，《考古学报》2016年第7期。

4. （汉）司马迁撰，（南朝宋）裴骃集解，（唐）司马贞索隐，（唐）张守节正义：《史记》，中华书局1982年版，第129页。

5. （清）顾祖禹撰，贺次君、施和金点校：《读史方舆纪要》，中华书局2005年版，第2132～2133页。

6. （清）阮元校刻：《十三经注疏·周礼注疏（清嘉庆刊本）》，中华书局2009年版，第1516页。

7. （北魏）郦道元著，陈桥驿校证：《水经注校证》，中华书局2007年版，第539页。

8. 何驽：《"中"与"中国"的由来》，《中国社会科学报》2010年6月2日。

9. （清）孙诒让著，汪少华整理：《周礼正义》，中华书局2015年版，第10页。

10. 王邦维：《"洛州无影"与"天下之中"》，《四川大学学报》2005年第4期。

11. （清）郝懿行著，李念孔点校：《汲冢周书辑要》，（清）郝懿行著，安作璋主编：《郝懿行集》，齐鲁书社2010年版，第3978页。

12. （汉）司马迁撰，（南朝宋）裴骃集解，（唐）司马贞索隐，（唐）张守节正义：《史记》，中华书局1982年版，第133页。

图片来源

西周金文中的"华"字，引自晁福林：《从"华夏"到"中华"——试论"中华民族"观念的渊源》。

西周金文"夏"字，引自金辉：《赤日炎炎且说"夏"》，《光明日报》2015年6月12日。

小篆"夏"字，引自金辉：《赤日炎炎且说"夏"》。

贾湖遗址出土的刻符龟甲，摄于河南博物院。

贾湖遗址出土的骨制叉形器，引自文丽：《姬英明：八千多年的贾湖遗址发现了骨制"规矩"》。

贾湖遗址出土的龟甲和石子，摄于河南博物院。

桥头遗址所出7件陶制器皿中的啤酒残留物，引自贺梨萍：《中国考古学家在义乌桥头遗址中发现9000年前南方人喝啤酒证据》。

新郑裴李岗遗址出土的乳钉纹红陶鼎，摄于河南博物院。

兴隆洼遗址出土的骨笛，引自席永杰等：《内蒙古敖汉旗兴隆洼文化八千前年骨笛研究》。

贾湖遗址出土的骨笛，摄于河南博物院。

后李文化陶釜，摄于山东博物馆。

后李文化红陶折腹鼎和红陶鼎，摄于山东博物馆。

大地湾半地穴式房子复原场景，摄于秦安大地湾遗址。

双墩遗址出土的部分刻符摹写，引自王蕴智：《双墩符号的文化特征及其性质》，《中国海洋大学学报》2011年第5期。

高庙遗址出土的白陶罐，颈部所绘獠牙兽面和"梯阙"，引自湖南省文物考古研究所：《湖南黔阳高庙遗址发掘简报》。

高庙遗址出土陶器上压印有八角星纹，引自器晤公众号2016年5月8日。

凌家滩遗址出土的八角星图案玉版，摄于凌家滩遗址公园。

大汶口遗址出土的八角星纹彩陶豆，摄于山东博物馆。

宝鸡北首岭遗址出土的船形彩陶壶，摄于中国国家博物馆。

大地湾遗址仰韶早期文化层所出小口尖底瓶，摄于大地湾遗址博物馆。

后岗一期文化夹砂红陶鼎，摄于河南博物院。

西阴文化彩陶钵，摄于河南博物院。

西阴文化"水鸟衔鱼"彩陶壶，引自杨晓君：《"水鸟衔鱼"——鱼鸟纹彩陶壶》，《文旅中国》2021年1月15日。

西阴文化"一枝花"，引自郑岩：《早期艺术里的花花朵朵——从古彩陶到唐代壁画里的花卉》，《美术遗产》2020年8月11日。

城头山古城全景空中俯瞰图，引自城头山古文化遗址官网。

崧泽文化折角足盆形陶鼎、剔刺纹镂孔陶豆，引自孙维昌：《上海崧泽遗址出土陶器和玉器》，《收藏家》2015年第3期。

崧泽文化双层镂孔花瓣足陶壶、带盖竹编纹陶罐，引自孙维昌：

《上海崧泽遗址出土陶器和玉器》,《收藏家》2015年第3期。

马家窑文化彩陶罐,摄于天水市博物馆。

石岭下类型人面鲵鱼纹彩陶瓶,摄于天水市博物馆。

西进大汶口文化颍水类型器物,引自许永杰:《距今五千年前后文化迁徙现象初探》。

大河村遗址出土的SX网纹彩陶罐,摄于大河村遗址博物馆。

屈家岭文化黑陶镂空高柄杯,摄于河南博物院。

郑州大河村遗址所出屈家岭文化器物,引自许永杰:《距今五千年前后文化迁徙现象初探》。

良渚遗址出土的"玉琮王"和"玉琮王"上刻画的神人兽面像,引自浙江省文物考古研究所等:《良渚考古八十年》。

花厅遗址所出良渚文化神人兽面纹琮,摄于南京博物院。

陵阳河遗址出土的带有刻符的大口尊,摄于莒州博物馆。

南阳淅川下王岗遗址出土的屈家岭文化彩陶壶,摄于河南博物院。

肩部带有12个刻符的良渚文化黑陶罐,引自良渚博物院官网。

大汶口文化部分鸟形陶鬶,摄于山东博物馆。

广富林遗址所出王油坊类型红陶鬶,摄于广富林文化遗址博物馆。

龙山先民生活聚落场景复原,摄于龙山文化博物馆。

西安太平遗址所出客省庄二期文化陶器组合,引自《重磅:第二届陕西重要考古新发现揭晓》,西安市文物局公众号2022年1月24日。

复原后的陶寺遗址观象台,摄于襄汾陶寺遗址。

陶寺遗址出土的彩绘龙盘,引自中共临汾市委宣传部:《尧文化暨德廉思想研讨会文集:帝尧之都,中国之源》。

长江中游流域石家河文化时期城址空间分布示意图,改自刘辉:

《长江中游史前城址的聚落结构与社会形态》,《江汉考古》2017年第5期。

陶寺中期王墓出土的玉兽面,引自何驽:《怎探古人何所思——精神文化考古理论与实践探索》。

清·命官授时图,引自(清)孙家鼐等主编,钱伟彊、顾大朋点校:《书经图说》,浙江人民美术出版社2019年版。

石峁外城东门址墙基下面埋藏的人头骨,引自陕西省考古研究院等编:《发现石峁古城》。

中年妇女阴部被插入一支长达30厘米的牛角,引自何驽:《怎探古人何所思》。

汪家屋场遗址出土的牙璋,引自荆州博物馆编著:《石家河文化玉器》,文物出版社2008年版。

公元前1920年左右黄河上游极端溃决洪水示意图,改自QingLong Wu et.al., Outburst Flood at 1920 BCE Supports Historicity of China's Great Flood and the Xia Dynasty, Science 2016:Vol. 35, Issue 6299.

石峁遗址出土的玉钺等器物在二里头遗址也屡有所见,摄自山西博物院"石峁陶寺文物展览"。

长江中游流域石家河文化时期城址分布示意图,改自刘莉:《长江中游流域史前城址的聚落结构与社会形态》,《江汉考古》2017年第5期。

二里头聚落变迁示意图,改自许宏、刘莉:《关于二里头遗址的省思》,《文物》2008年第1期。

二里头1号宫殿复原图,摄于偃师博物馆。

清·四岳举舜图,引自(清)孙家鼐等主编,钱伟彊、顾大朋点校：《书经图说》。

郑州二里岗遗址出土的商早期陶镞范，摄于河南博物院。

东下冯夏代遗址出土的二里头文化石磬，摄于河南博物院。

朱开沟遗址出土的陶制酒器，引自甄自明：《鄂尔多斯新石器时代的中心——朱开沟遗址》，鄂尔多斯博物馆2018年6月2日。

清·大会孟津图，引自（清）孙家鼐等主编，钱伟彊、顾大朋点校：《书经图说》。

班簋及其内部铭文，引自《废品堆里淘出的"镇馆之宝"》，收藏界杂志社公众号2020年9月22日。

宜侯夨簋，引自镇江博物馆：《镇江出土吴国青铜器》，文物出版社2008年版。

清·列爵分土图，引自（清）孙家鼐等主编，钱伟彊、顾大朋点校：《书经图说》。

周人通道夷蛮图，引自（清）孙家鼐等主编，钱伟彊、顾大朋点校：《书经图说》。

元代登封观象台示意图，改自肖金亮：《用精确测量与科技检测解开历史建筑之谜——解读河南登封观星台》，THAD6清华大学建筑设计六分院公众号2019年5月13日。

甲骨文、金文"中""圭"字形演化示意，引自何驽：《陶寺圭尺"中"与"中国"概念由来新探》。

后　记

　　2022年6月，研究出版社出版了我的《晚夏殷商八百年》，连同之前两年由商务印书馆出版的《前中国时代》和《元中国时代》，这三本书初步构成了我从公元前4000至前1046年这样一个跨度达3000年的中国上古史体系。

　　在这个体系中，前中国时代是指"中国"处在孕育的"胚胎"时期，大致时间为公元前4000～前2300年，亦即传说中的黄帝至帝喾时期；元中国时代是指"中国"诞生并初步发展时期，大致时间为公元前2300～前1800年，即传说中的尧舜禹至夏代早中期；早中国时代是指"中国"早期发展阶段，大致时间为公元前1800～前1046年，即夏代晚期至商代覆亡这段时期。

　　这三本书出版以后，在社会上都程度不同地引起了一定的反响，像《晚夏殷商八百年》，先后入选了长安街读书会2022年6月好书、百道网2022年7月好书、中国出版集团2022年第四期好书以及中国社会科学网社科好书、今日头条好书等多种好书推荐榜单。此外，本书还入选了长安街读书会2022年度推荐干部学习书单（经典篇）——

"2022长安街好书（十部）"，并且是唯一一部入选的中国古代史著作。

这本《何以华夏》是在前三本书的基础上写作而成，是对前三本书所构建的中国上古史体系的一个延伸、总结和升华——实际上是对华夏民族、华夏国家怎样滥觞、怎样形成这一终极问题做出的属于我自己的一个终极回答。

由于距今9000年至西周时期这段历史久远而漫长，关于她的传说又五花八门，学界利用考古学成果对它做出系统梳理和阐述的论著少之又少，因此，本书出现纰漏、缺陷乃至错误在所难免，希望读者予以批评指正。

本书一如既往得到了山西省"1331工程"重点学科建设计划、山西大学三晋文化与旅游产业协同创新中心的出版资助。

山西大学副校长孙岩教授、哲学社会学院院长尤洋教授、乔莎老师，研究出版社的总编辑丁波先生、编辑谭晓龙先生、安玉霞女士，以及临汾市三晋文化研究会副会长石耀辉、高建录等，也为本书的出版付出了辛勤的劳动。

还有注释中提到的各位前贤、专家和同人，我正是站在他们的肩膀上，才看见了那轮旭日在东方的冉冉升起。

在此一并致谢！

李琳之

2023年9月8日于京城合生·世界村